DYS
FASHION
AL

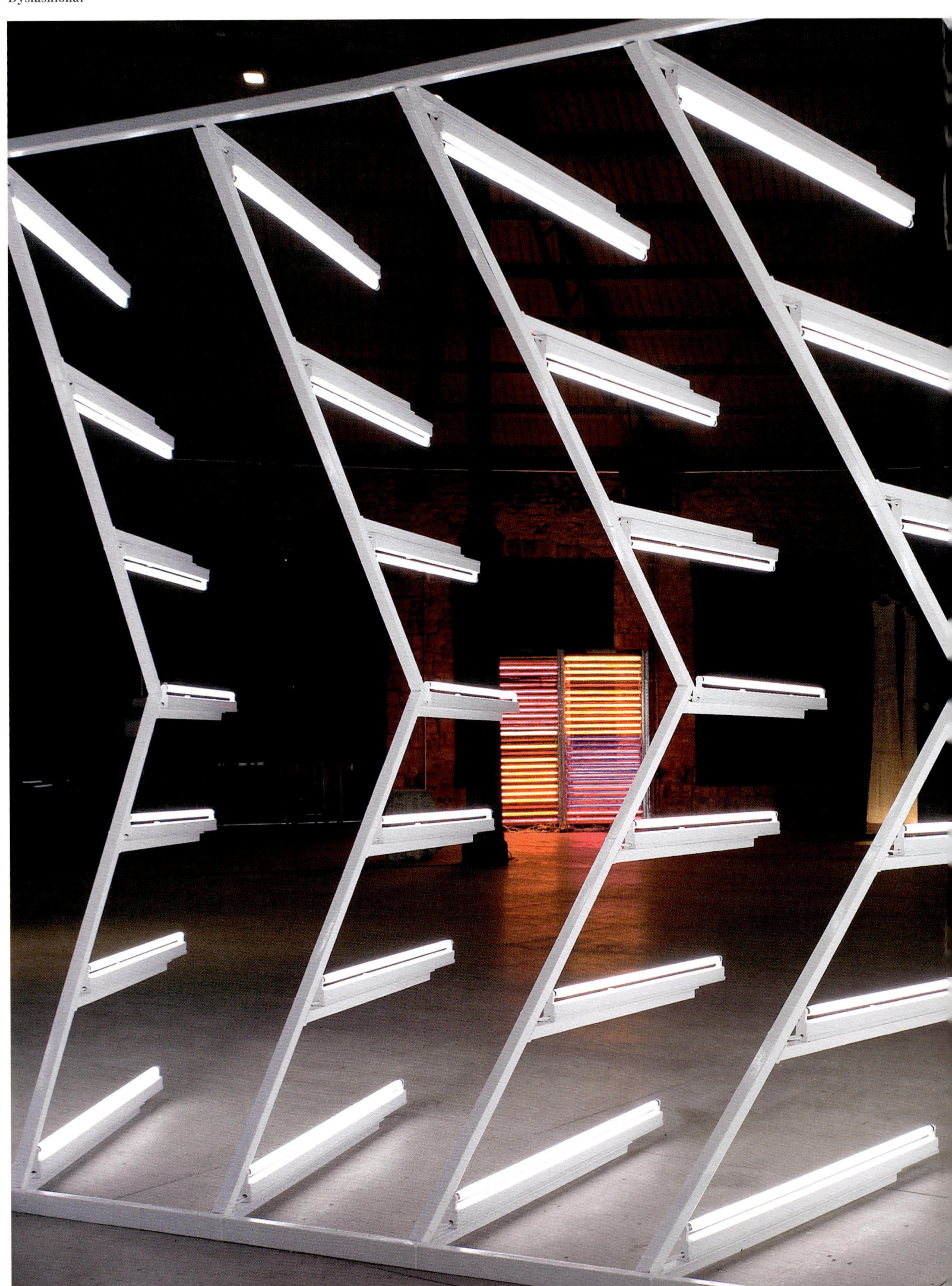

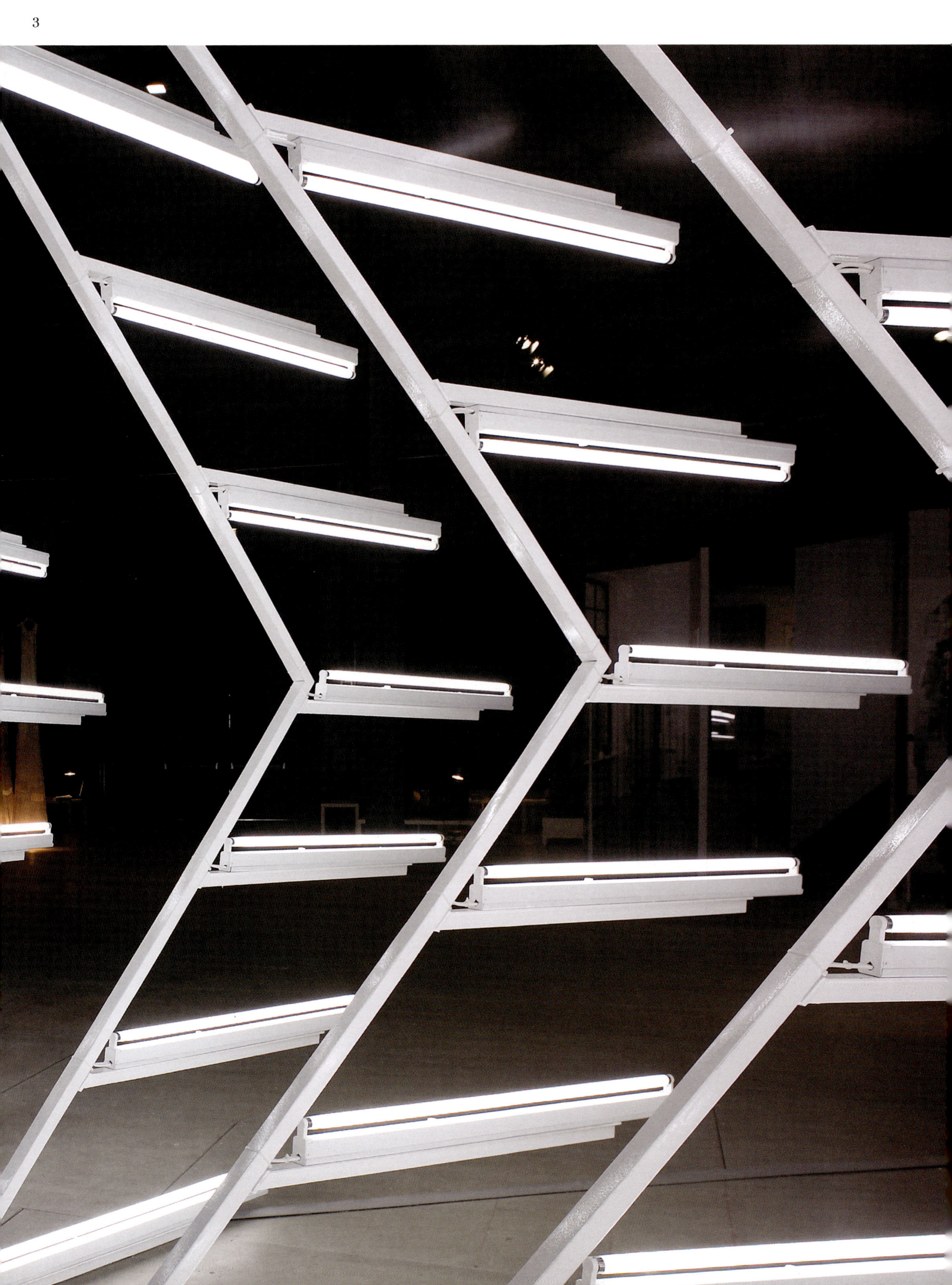

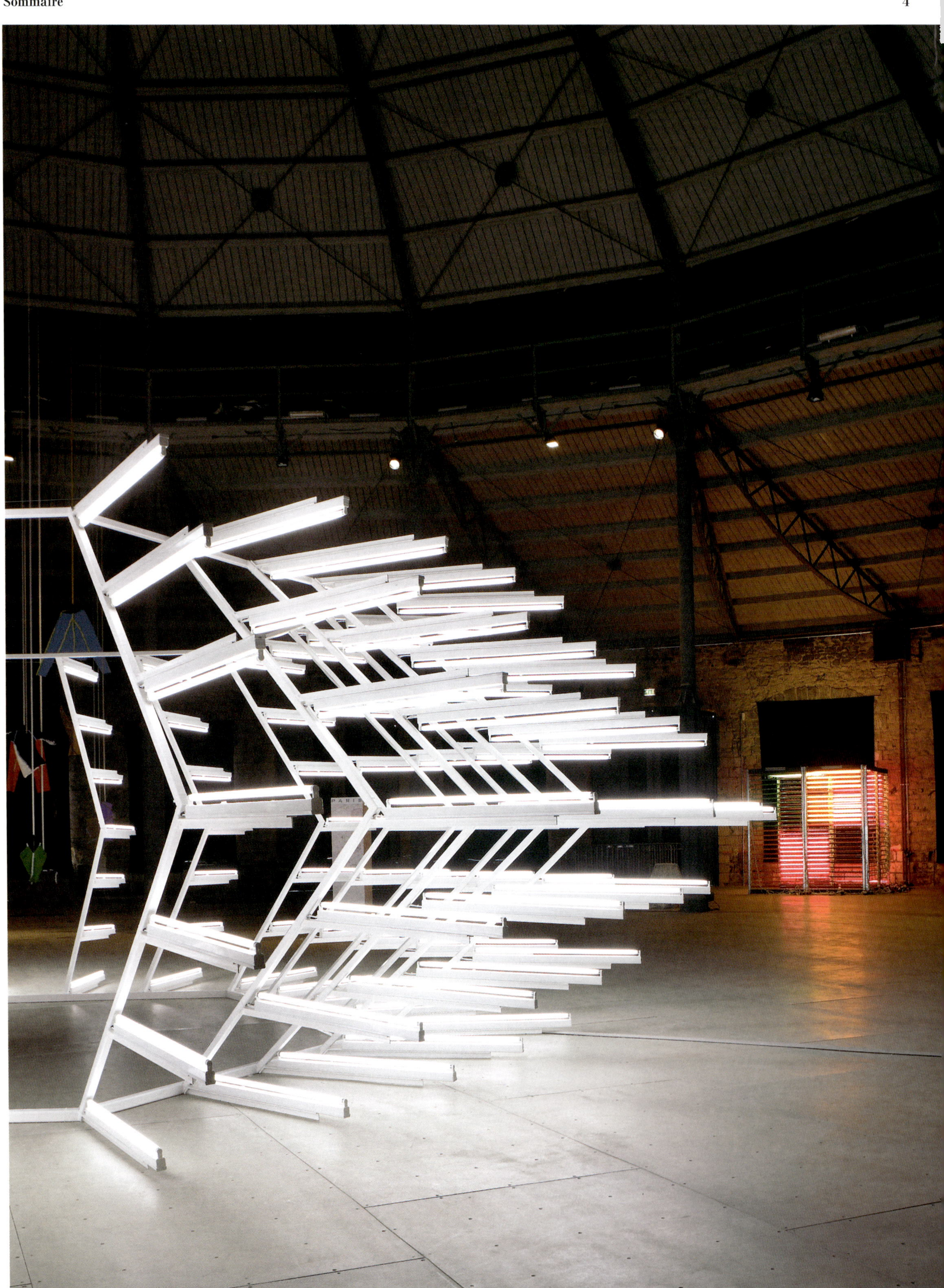

Sommaire

6   *Dysfashional* · Du concept au chantier
Dialogue entre Luca Marchetti & Emanuele Quinz

10   Mot-ifs · Avant, après le vêtement : le texte
Olivier Saillard

12   Interview de Marie-Claude Beaud
Luca Marchetti

14   Sur son tee-shirt, on pouvait lire « dance or die »
Laurent Goumarre

24   Etre mode · Notes sur les modes d'affirmation dans le monde
Alberto Abruzzese

30   **Installations**
32   Hussein Chalayan
36   Jean Colonna & Jeff Burton
42   Hiroaki Ohya
46   Maison Martin Margiela
56   Antonio Marras
60   Grit & Jerszy Seymour
64   SHOWstudio
68   Raf Simons
72   Sissel Tolaas
76   Gaspard Yurkievich

84   **PS · installation et performances pour danseurs bien habillés**
87   Philippe Rahm
89   Le vestiaire
90   Marco Berrettini
91   Fanny De Chaillé
92   Maria-Clara Villa-Lobos
93   Damien Jalet
94   Jennifer Lacey

96   **Para-Site**
99   BLESS
106   Nino Chubinishvili
107   Fabrice Laroche
108   Anne-Marie Herckes
109   Véronique Mersch
110   Leyla Peidayesh
111   Alfredo Piola
112   Ben Hassett
114   Justin Morin
116   Cem Bora
117   Elise Magne
118   Samuel François
120   Marianne Stoll
122   Sarah Maurer
124   Wilhelm Beestermöller
126   François Cadiere

128   **Hermès · Le salon de musique**

130   **Lounges**
132   *You Wear it Well*
136   Three girl's matter · Julie Nioche
138   Shirtologie · Jérôme Bel
141   100% polyester (Objet dansant à définir n°…)
Christian Rizzo et Caty Olive
142   Colophon · International Magazine Symposium 2007

Dysfashional
Du concept au chantier

Dialogue entre Luca Marchetti & Emanuele Quinz, Commissaires de l'exposition

LM : La mode est aujourd'hui un ensemble de phénomènes très vaste et difficilement saisissable. Le but de *Dysfashional* n'est pas de le définir, mais de mettre l'accent sur des phénomènes de mode particulièrement pertinents par rapport à l'évolution du panorama créatif actuel. Quitte à simplifier excessivement la question, il est possible d'isoler dans les discours de mode des codes résiduels qui se sont consolidés dans le passé, des codes dominants qui représentent bien notre présent et des codes émergents qui impliquent des processus nouveaux. Les codes d'expression résiduels de la mode renvoient à la mode-image et à l'esthétique dans le sens littéral du terme… Là où, quoi qu'il se passe, on reste dans le régime de l'image : la mode se donne à voir. Les codes dominants sont au contraire liés à la notion d'identité, dans toutes ses nuances. La mode contribue à construire l'identité à partir de la représentation sociale de soi typique de l'époque moderne jusqu'à ses manifestations les plus fluides, complexes, et fragmentées, typiques de la culture postmoderne. Elle permet donc de communiquer qui l'on est, qui l'on veut être et de s'interfacer avec les autres. Par codes émergents, en revanche, on indique le dépassement de ce stade pour se concentrer sur ces cas dans lesquels l'objet assume une véritable forme d'autonomie.

EQ : L'objet devient enfin sujet.

LM : Du coup, il devient pour l'individu un interlocuteur. Un dialogue s'installe, parfois même une contradiction. Le vêtement en tant que sujet nous construit, voire nous définit, mais non plus par l'image, plutôt par le va-et-vient de relations que nous instaurons avec lui.

EQ : Le processus émergent ne serait donc pas une objectification du sujet, mais la subjectivation, le « devenir-sujet » de l'objet.

LM : Ce processus a ses origines dans la naissance même de la mode actuelle et du design, en tant que principes d'esthétisation diffuse du quotidien.[1] L'esthétisation de l'objet lui confère une aura affective. Et l'individu reconnaît cet objet affectif comme un objet doté d'une âme, mieux encore d'une vie inanimée, de sens et de pouvoir. On dépasse pourtant la notion de fétiche qui, de par son origine religieuse (*re-ligo)* reste un objet intermédiaire entre deux réalités.

EQ : D'ailleurs, on dépasse aussi la notion d'objet-interface. Il y a des zones d'hybridation de plus en plus importantes entre sujet et objet. Les frontières deviennent poreuses et l'objet n'est plus juste instrument ou surface de communication mais il prend la parole. Si, d'un côté, il est le vecteur d'une relation entre deux sujets, d'un autre côté, il peut incarner lui-même l'un des deux sujets communicants. Il assume un certain nombre de caractères du sujet : sensibilité, réactivité… On le constate de plus en plus dans l'art contemporain aussi, on passe de la forme à la « force ».[2]

LM : Voilà pourquoi *Dys-fashional* : par contraste avec une mode qui se veut « littérale », comme collection de vêtements et d'accessoires…

EQ : Le préfixe *dys* pointe une perturbation, un trouble à l'intérieur du système ou du processus. L'idée de départ est de vérifier la dimension « dysfonctionnelle » de la mode, c'est-à-dire ces éléments qui résistent et qui s'opposent à une définition de cet univers en termes de beaux objets commerciaux, images et produits identitaires.

LM : La dysfonction réside dans la *complexité* du système mode contemporain et non pas dans sa *complication*. C'est-à-dire que la clé pour sa compréhension réside dans les logiques qui l'animent, et non pas dans la quantité et dans la diversité matérielle de sa production-consommation.

EQ : Cette première résistance, le fait que la mode soit habitée par des pulsions complexes, par des forces virales qui en troublent le fonctionnement, agit à un niveau profond. De l'autre côté, à un niveau plus superficiel, la dysfonction comme stratégie de déplacement devient pour nous une ligne directrice. *Dysfashional* n'invite pas des créateurs de mode à présenter leurs collections, mais accueille leurs propositions plastiques, installations ou vidéos… parmi les contributions d'autres artistes contemporains.

LM : C'est de cette vocation au déplacement que relève le choix d'envisager l'exposition plutôt comme un ensemble d'aventures.

EQ : Dans un double sens. D'un côté, celle de l'artiste qui s'aventure sur un territoire inconnu. C'est d'ailleurs la définition du processus expérimental. Une approche de moins en moins commune dans un système hautement réglementé comme celui de la mode actuelle. De l'autre côté, c'est le public (le spectateur, l'usager, mais aussi le client) qui cherche dans la mode une dimension d'aventure, une voie de sortie ou de transformation du quotidien. Dans ce sens, la notion d'aventure révèle en filigrane celle d'expérience : le dépassement du monde des images et des identités à la recherche d'une expérience de *l'ailleurs*.

LM : De manière presque paradoxale, il s'agit d'une tendance émergente pour le marché aussi. Les années 1980 et 1990 se sont concentrées sur la connaissance détaillée du consommateur. La recherche quantitative et qualitative en marketing a envoyé des *talent-scouts*, des *trend-hunters*, puis elle a enquêté, dépisté, observé, analysé, rédigé des bilans afin de savoir comment le consommateur fonctionne. Aujourd'hui, cette stratégie montre enfin sa faiblesse. Suivant la logique du besoin et du désir, le consommateur a été tellement maximisé, qu'on en arrive à lui demander ce par quoi il voudrait être surpris, en oubliant qu'il n'est pas forcément conscient de ce qui le stimule ni de ce qui va lui donner l'envie de payer le prix de la mode.[3] Le tournant des années 2000, par contre, consiste à réévaluer les rôles créatifs dans le processus de production. C'est par leur impulsion qu'on arrive à proposer un imaginaire, ou mieux encore un « inimaginable ». Seul le regard artistique peut lancer l'aventure…

EQ : Si ce n'est pas le déclin, c'est au moins la crise d'un modèle monolithique de la mode, qui cristallisait des images, des icones capables de constituer des formes d'identité sociétaire. On passe à une dimension plus fluide, plus stratifiée, plus contradictoire et complexe. L'idée de *post-style* renvoie au moment où l'icone prolifère, devient plurielle et s'annule.

LM : Dans le surplus, le style comme bricolage identitaire, comme kit de signes pour se construire un « qui suis-je ? » et pour se représenter à ses propres yeux et aux yeux des autres perd progressivement son pouvoir de signification. Au-delà de cette frontière, se dresse l'objet autonome. Vêtements, accessoires, bijoux, parfums… dotés d'un caractère véhiculent une mémoire culturelle, technique et imaginaire partagées et ils s'offrent comme source d'expérience.[4] Le vêtement contraint le corps, le déforme, en oriente la perception, imprime une sensation, interagit avec l'individu non seulement au niveau de l'image, mais aussi de la proprioception et du mouvement. Une paire de talons permet de se « sentir » plus grand, plus léger et changent le point de vue de qui les porte. La panoplie vestimentaire offre un feed-back aussi discret que constant sur soi-même : un pantalon différent, une ceinture plus large, une chemise plus épaisse ou plus serrée permettent de ressentir le corps différemment, imposant une expérience originale de soi et de son environnement.

EQ : Plus généralement, l'attention se déplace du monde des simulacres (des représentations) et revient vers le corps comme sujet du sentir, comme noyau de la perception et de la sensation, mais aussi de la mémoire et de l'expérience. C'est l'antidote même de la société du spectacle et du post-modernisme, du remplacement des grands récits traditionnels par les petites mythologies du quotidien.[5] Cette idée reposait sur l'indifférence, ce que déjà Duchamp appelait « anesthésie » : tous les signes se superposent, sont réversibles, interchangeables, donc neutralisés. Aujourd'hui, nous nous tournons vers une culture de la différence, qui ne se situe pas au niveau des signes, mais dans le sentir. Tout en restant dans un processus dynamique de transformation, l'attention dépasse le seuil problématique des images (dont le statut de vérité a été définitivement mis en question) pour se recentrer sur la perception et sur l'expérience.

EQ : Quelques mots sur la méthode… *Dysfashional* a été conçue comme un chantier où l'espace d'exposition devient un espace d'expérimentation, un terrain d'exploration et d'aventure à la fois pour les artistes et les visiteurs. Exposition de mode sans vêtements, *Dysfashional* montre que la mode est, au-delà des objets qui la matérialisent, un état de la sensibilité en devenir.
Le projet est articulé en plusieurs parties : d'un côté les installations des créateurs de mode, de l'autre les projets spéciaux comme *P.S.*, croisement entre l'installation et la performance et seule occasion de visibilité pour le vêtement, ou comme *Para-Site*, espace hybride entre la boutique et la galerie. L'image fixe et l'image en mouvement sont très présentes dans l'exposition qui se veut comme un *panop-tikon* montrant d'un côté l'omniprésence et la puissance des codes iconiques et de l'autre leur dépassement. Il ne s'agit plus ici de présenter des images, mais des traces d'actions, d'usages, des dynamiques.

LM : Le dispositif de présentation *in progress* des œuvres se veut en accord avec le thème « migration » de la Capitale européenne de la Culture 2007. La mode y fait figure de protagoniste en tant que système de migration identitaire là où identité ne signifie pas seulement représentation du soi, mais aussi reconnaissance de sensibilités et de dynamiques relationnelles. L'idée de migration répond à la capacité de la mode de suivre cette fluidité, ce déplacement perpétuel, cette conversion continue entre codes et langages différents qui la maintient en prise directe avec l'expérience.

EQ : Dans cette perspective, la mode qui essayait de saisir les pulsions du moment se révèle dysfonctionnelle, sans la nécessité de se poser comme système.

LM : En fait, les manifestations les plus intéressantes de la mode ne sont pas à la recherche ni à la poursuite de la *tendance*. Depuis au moins trente ans – en particulier grâce à certains talents japonais et ensuite grâce à la vague belge – la notion de tendance perd son importance. Des designers tels que Rei Kawakubo (Comme des Garçons) ou Yohji Yamamoto ont plongé leur recherche dans la structure du vêtement, dans la texture, dans la sensation, en s'intéressant de moins en moins aux problématiques de style. Leur vêtement sectionne le corps, il devient un principe narratif de la réalité du corps. Cette approche n'a plus rien à voir avec le fait qu'il « faut » faire du bleu, qu'on retourne aux années 1950 ou à l'époque victorienne… Les designers belges ont poursuivi voire étendu cette recherche en attribuant à l'accessoire et au vêtement une valeur de fétiche (comme Ann Demeulemeester), mais aussi un fort impact perceptif. Pensons à Martin Margiela, avec ses multiples mises en abîme, avec son travail de trompe-l'œil et de faux-semblant.

EQ : Alberto Abruzzese[6] parle d'habitat comme de la possibilité d'habiter son propre corps qui est à la fois sujet et environnement, habitant et habitat.

[1] Voir Ernesto Francalanci · *L'Estetica dell'Oggetto* · Bologna, Il Mulino · 2007
[2] Selon les termes de Gilles Deleuze, Felix Guattari · *Mille Plateaux* · Paris, Les Editions de Minuit · 1980, p. 422 ss.
[3] Nello Barile · *Manuale di Sociologia, Comunicazione e Cultura della Moda. Vol II : Moda e Stili* · Milano, Meltemi Editore · 2005
[4] Paolo Inghilleri · *La Buona Vita* · Milano, Guerini & Associati · 2003
[5] Jean-François Lyotard · *La Condition Postmoderne* · Paris, Editions de Minuit · 1979
[6] Voir le texte inclus dans ce catalogue

LM : La mode est, entre autres choses, une stratégie pour s'approprier cet habitat qu'*est* le soi : un outil pour prendre possession des dimensions sensibles qui nous définissent. Voilà pourquoi, par exemple, l'odeur est mode, encore plus que le parfum.
L'objectif du projet *The In-Betweens* de Sissel Tolaas est précisément de faire vivre le sensible à travers l'odeur, au-delà de toute représentation. Nous ne sommes plus en train de représenter, de noter, de le traduire : nous nous retrouvons, à travers l'évocation, dans l'expérience même.

EQ : D'autre part, avec *Anechoic*, SHOWstudio travaille le sensible non pas à travers l'odeur, mais à travers le son…

LM : L'accent est mis ici sur un autre aspect marginal de la mode, le bruit du vêtement, comme un des éléments capables de nous donner un feedback sur les corps impliqués dans la mode (le nôtre et celui du vêtement), au-delà de l'image et de toute représentation.

EQ : Le vêtement devient la trace d'une présence et la caisse de résonance du mouvement, voire des libertés et des contraintes qu'il impose au corps.

LM : Une dimension, elle aussi touchée par *Cubismes* de Gaspard Yurkievich. L'installation définit un espace de *physicalité* et de performance tout à fait particulier où la température de l'air, la lumière et les capacités de mouvement sont altérées par ce qui pourrait être défini comme la transfiguration plastique d'un ring, d'une scène voire d'un podium.
Anaesthetics d'Hussein Chalayan enquête sur le sensible, mais en négatif, mettant en valeur son effacement. Se concentrant sur les processus formels de neutralisation de la violence, la vidéo met l'accent sur les procédures d'anesthésie de la présence. La séquence de préparation d'un plat de sashimi est emblématique de cette intention, là où l'esthétique désincarnée de l'assiette évacue totalement la violence nécessaire à sa réalisation.
Dans la même ligne de recherche physique, *P.S.* qui est le véritable noyau de *Dysfashional* offre deux interprétations de son titre. D'un côté le *peep-show*, la spectacularisation de la rencontre entre deux sujets (l'interprète et le vêtement). De l'autre, l'idée de *post-scriptum*, c'est-à-dire tout ce qui se situe en marge d'un texte, d'une lettre. En l'occurrence, il est question ici de l'inter-définition entre ces deux corps, relation qui reste habituellement en marge de la mode, mais qui en offre une lecture différente.

EQ : À l'intérieur de l'architecture lumineuse conçue par Philippe Rahm, cinq chorégraphes avec des poétiques très hétérogènes développent des solos ou des duos à partir de la notion d'habillage/déshabillage. C'est une polyphonie, une pluralité d'univers esthétiquement éloignés : Damien Jalet, qui transforme le geste de l'habillage/déshabillage en une mue, une métamorphose entre masculin et féminin, dans la fluctuation suggestive du son concocté par Fennesz ; Maria-Clara Villa-Lobos, avec son univers pop, haut en couleurs, qui met en scène avec dérision les clichés, ou mieux les icones de notre société manipulée par la publicité et la consommation ; Jennifer Lacey, qui procède par provocations subtiles et troublantes, explore avec la complicité de Sandra Berrebi, styliste, une véritable « dramaturgie de vêtements » ; Fanny De Chaillé, qui déconstruit avec ironie conceptuelle les mécanismes d'attribution du sens et révèle comment un accessoire minime comme une écharpe peut, selon la manière avec laquelle elle est disposée, attribuer une identité à celui qui la porte… ; enfin, Marco Berrettini, qui questionne d'une manière grotesque la réversibilité d'un vêtement « classique » et suggère par là une réversibilité des corps et des rôles.

LM : Et, à l'hétérogénéité des poétiques chorégraphiques correspond l'hétérogénéité des univers des créateurs, dont les vêtements ont été choisis : de l'enfant terrible (et prodige !) Romain Kremer jusqu'à la maison Givenchy, et sa longue histoire, en passant par les talents flamands d'Ann Demeulemeester, de Walter van Beirendonck et du japonais Jun Takahashi pour Undercover…

EQ : La dimension performative n'est pas déclinée que par *P.S.*, avec ses actions et ensuite les traces en vidéos. D'autres installations plus plastiques sont « prolongées » par des écrans qui montrent des actions, qui racontent des usages, des manières de vivre le vêtement. Dans les *Lounges* de *Dysfashional*, des vidéos de danse questionnent la mode, ou plus généralement la relation entre le corps et le vêtement, d'un point de vue chorégraphique. Plus loin, la cape-housse *Peau d'housse* de Gaspard Yurkievich et Florence Doléac est présentée sous forme d'installation, mais également « en performance » par une vidéo qui montre l'appropriation de la pièce par une danseuse du Crazy Horse. Même destin pour les vêtements en tissus et scotch de Grit & Jerszy Seymour qui, façonnés directement sur le corps en mouvement du mannequin, prennent entièrement leur sens lorsqu'ils sont montrés dans leur processus de création dans la vidéo associée à l'installation *T-A-P-E*.
C'est justement pour attirer l'attention du public sur le processus qu'a été conçu le deuxième projet spécial au sein de *Dysfashional*. *Para-Site* est en même temps un lieu d'exposition et de vente, dédié aux expressions artistiques autour de la mode.

LM : Imaginé comme un site nomade, voué à voyager, *Para-Site* envahit toujours un autre espace déjà existant et habité, pour un temps déterminé. Il s'inscrit comme une cellule qui présente un horizon d'objets particuliers destinés entre autre à la vente. Ce n'est pas un *concept-store*, car il ne se construit pas à partir d'un noyau thématique autour duquel sont réunis des objets différents… C'est plutôt un point de contamination entre création et commerce, dans un esprit de laboratoire où les objets deviennent des prétextes pour mettre en scène le processus créatif même et la

valeur ajoutée qu'il apporte. Ces photographies, accessoires, dessins, maquettes, etc. ponctuant le discours vestimentaire ont été réalisés par une jeune génération d'artistes qui s'est formée dans la société des flux et dans cette complexité que l'exposition tente de cerner.
Le design de BLESS pour *Para-Site* n'est pas juste le garant de l'unité structurale dans cet espace. Il fonctionne comme manifeste de sa démarche travaillant la fusion (la confusion ?) d'images et d'objets apparemment incompatibles qui trouvent pleinement leur sens seulement dans l'ambiguïté de la démarque artistique et dans les interrogations qu'elle suscite.

EQ : La valeur ultime de la mode s'identifie avec cette valeur ajoutée.

LM : Oui, elle rend compte de ce qui fait la différence entre un simple vêtement et un vêtement de mode, entre un gadget et un accessoire.

EQ : C'est pour cela que nous avons invité Lil Stegemann, en tant que complice de BLESS dans *Para-site*, qui a contribué à la création et au développement des *Guerrilla Stores* signés *Comme des Garçons*, un des premiers exemples de « boutique *pop-up* ».

LM : Initiés à Berlin en 2004, les premiers *Guerrilla Stores* s'inscrivaient dans des villes marginales par rapport aux circuits de la mode, dans des quartiers marginaux de ces villes et dans des espaces marginaux de ces quartiers qui n'étaient pas modifiés pour la vente, mais juste investis de la valeur-mode, pour une durée limitée à un an.
Articulant différemment la question de l'impermanence, *Repeat* de Raf Simons lève le voile sur l'imaginaire fluctuant du créateur flamand, irréductible à une simple notion de style. Le regard de Raf Simons est ici en grande partie concentré sur ce territoire mystérieux qu'est l'adolescence, sa quête de définition et de recherche d'identité individuelle, sexuelle et sociale. *Repeat* rappelle à quel point sa mode concerne tout autant sa création vestimentaire que les typologies corporelles de ses mannequins, ou encore, la ponctuation narrative imprimée par Peter De Potter à ces vidéos souvent énigmatiques.
L'énigme persiste dans *The Wizard of Jeanz* de Hiroaki Ohya, où le vêtement récupère son potentiel narratif dans l'hybridation avec le livre. La *physicalité* est absente, il est plutôt question ici de scénariser un contenu pour le corps.

EQ : Ce qui fait penser aux *Airmail Dresses* d'Hussein Chalayan où le vêtement en papier inscriptible se prête à devenir support, véhicule identitaire. Mais Hussein Chalayan insiste aussi sur la dimension géographique, socioculturelle et même politique de la migration. La dimension du voyage devient une aventure qui questionne les racines.

LM : D'ailleurs la pièce *Afterwords* montrait déjà comment les frontières de l'individu s'étendent bien au delà de sa peau et de cette deuxième peau qu'est le vêtement, jusqu'à l'habitat et au contexte géographique. Dans le déplacement (voyage, exil ou retour) de nouvelles relations se tissent, avec le lieu qu'on abandonne et avec le lieu qui nous accueille et tout en est transformé.
Le Orfanelle d'Antonio Marras, connu pour son langage sophistiqué et ses influences ethniques, offre aussi un regard sur la contamination entre signe vestimentaire et imaginaire culturel, au travers d'une installation dont la densité synesthésique des matières et la rugosité des textures sollicite le corps et le sens du toucher plus que la vue. L'effet d'évocation sensorielle de cette pièce est d'autant plus fort que Marras choisit de ne pas intervenir de manière figurative mais juste par des traces allusives et fondamentalement abstraites.
La trace, figurative cette fois-ci, est le terrain de jeu aussi choisi par Jean Colonna & Jeff Burton. Leur travail photographique sur la pornographie court-circuite le sens même de ce genre voué à l'exhibition en ne montrant que des allusions, des traces de l'acte. Le regard de l'artiste, re-voile plus qu'il ne révèle, ouvrant tout un champ de lectures possibles. Nous revenons donc ici à une dimension fondamentale de la mode, c'est à dire au spectacle – entre autre celui des corps – et à sa « mercantilisation » seuil souvent pris par les détracteurs de l'univers du luxe comme marquant la frontière par rapport au champ artistique pur.

EQ : Pourtant, le *business* est une dimension qui devient également de plus en plus centrale dans le milieu de l'art contemporain. Elle a toujours été présente, mais aujourd'hui – sans doute sous l'impulsion de la mode – le système de l'art contemporain se surprend à constater l'impact du marché non seulement sur les institutions mais également sur la création. Du point de vue stratégique, de nouveaux jeux d'influences s'installent entre pouvoirs publics et privés, tandis que du point de vue des contenus artistiques, il est de plus en plus difficile de comprendre ce qui ou qui détermine la valeur ajoutée rendant un objet unique… L'analyse et la critique risquent d'être impuissantes face aux énigmes de l'expérience et de la relation. Et cela est vrai aussi bien en art qu'en mode.

LM : D'où l'intérêt d'une exposition autour de ce *waste land* créatif qui a un impact important dans l'imaginaire contemporain, mais qui reste encore en grande partie à explorer.[7] D'ailleurs, très peu d'institutions légitiment les pratiques de ces artistes qui dépassent les frontières des arts et des techniques pour regarder tout simplement la création.

EQ : Pour que ces projets soient plus facilement acceptés, il faut encore franchir des seuils, abattre des barrières ou du moins se laisser distraire d'une culture artistique qui a plus à voir avec l'inertie et l'habitude qu'avec la valeur des pratiques créatives en elles-mêmes.

---

[7] Il faut rappeler d'autres exemples proches de cette vision comme la récente exposition *Fashination* de Lars Nittve, Lars Nilsson, Salka Hallström Bornold et Magnus af Petersens (Moderna Museet, Stockolm · September 5th 2004 - January 23th 2005), ou bien *Rapture: Art's Seduction by Fashion · 1970-2002* de Chris Townsend (Barbican Art Gallery, London · Sept 2002 - Jan 2003)

La mode n'est pas que le vêtement, comme l'explique Olivier Saillard, responsable de la programmation du Musée de la Mode et du Textile à Paris. Parallèlement à son activité de commissaire d'exposition, il cultive également une recherche artistique au travers de lectures, d'actions et d'installations qui explorent de préférence l'imaginaire du vêtement et de la mode par le biais du pouvoir évocateur de la parole.

Olivier Saillard

Mot-ifs
Avant, après le vêtement : le texte.

Avec emphase, Chanel a condamné les excès de lyrisme des milieux de la mode et leurs inclinaisons à diverses époques à assimiler le travail de l'écrivain et la création de mode. Ses propos recueillis par Paul Morand (dans *L'allure Chanel*, Hermann, 1977, p. 107-108) témoignent de l'intransigeance qui était la sienne à l'égard de son travail, de sa quête d'une vérité toute crue qui masquait une autre vérité déguisée sous des phrases mitraillettes.

« Craignant que les journalistes ne s'embêtent pendant le défilé des mannequins, que certains reporters étrangers ne comprennent pas bien mes intentions, je décidai un jour de faire imprimer à leur usage un petit programme pour expliquer la collection, donner les numéros des robes, indiquer les prix en face de chaque numéro, etc.
Dans les quelques phrases préliminaires se trouvait la clef du programme dirigé qui mâchait la besogne aux journalistes, leur glissait gentiment leur article tout fait, prêt à être télégraphié le soir même ; ce programme eut un certain succès et les commissionnaires, de même que les rédacteurs en chef, m'en furent reconnaissants. Les couturiers s'empressèrent à leur tour d'avoir cette idée originale et, par raffinement, se mirent à rédiger eux-mêmes ; ils étaient non seulement des artistes, mais des écrivains, parfois même des penseurs. La presse reprenait en mineur, commentait, glosait, *talmudait*. Ainsi naquit ce lyrisme extravagant, ainsi s'organisa ce délire que j'ai nommé « la poésie couturière », publicité aussi peu coûteuse qu'indigente et inutile.
Ce lyrisme avait déjà montré le bout de l'oreille lors du baptême des robes. Les noms, dont j'entendais dans les autres maisons parer les collections, me faisaient tellement rire que, par réaction je ne donnai aux miennes que des numéros. Mon confrère P. n'intitulait-il pas une de ses créations « le rêve d'un jeune abbé » ? Le ridicule tue bien des choses, mais il n'a jamais tué le ridicule. À la poésie couturière s'est annexé le génie : on appela Claudel, Valéry, Charlie du Bos, Kafka, Kierkegaard, Dostoïevski, Goethe, Dante, Eschyle à la rescousse.
Ce ne furent que des *Connaissance de la beauté, des Présences du couturier, des Théories de la ligne, que Prétextes, Préséances et approximations…*La poésie couturière donna des cocktails, des bals, des dîners. Le V.P. coula à flots, si on ne vend pas après ça !, soupiraient L., ou P., ou W., ou encore M. »

À la fin de sa vie, Mlle Chanel ne ratait jamais une occasion de régler ses comptes avec ses contemporains et homologues masculins. À Christian Dior, elle reprochait son historicisme qu'elle abhorrait ; à André Courrèges, son futurisme qu'elle dénigrait, comme le pantalon pour femmes qu'elle fustigeait avant d'y venir elle-même timidement.

Chanel se refusait à voir par écrit ce qu'elle mettait avec
véhémence en paroles, comme elle se refusa à sa propre
histoire, multipliant les anecdotes vagues, les contradictions
successives quant à ses origines et son passé qu'elle aimait
à falsifier – d'autant mieux qu'il n'en restait aucune trace.
Louise de Vilmorin, répondant à une commande, ne réus-
sira qu'une pâle biographie de Chanel, en raison de la ro-
mance imposée par la couturière, laquelle aurait fait sourire
le plus crédule des lecteurs. Chanel préférait le caractère
définitif des chiffres, surtout ceux qu'elle pouvait choisir
– du parfum Numéro 5 aux numéros de passage des défilés –
mais ne réussit pas à éteindre la « poésie couturière » dont
le charme haute couture commença à se répandre grâce
à la couturière Lucile dans les années 1910 pour nommer
ses modèles et théâtraliser ses mises en scène. Mlle Chanel
contribua par ses emportements à nourrir cette « poésie
couturière » autant qu'à lui construire un mur d'opposition,
derrière lequel des suiveurs allaient lui emboîter le pas. On
ne compta bientôt plus que des parfums aux chiffres porte-
bonheur (le 10 de Balenciaga, le 1000 de Jean Patou, etc.).
On copia aussi ses positions campées, ses avis tranchés,
relayés par voie de presse, qui n'eurent d'autre effet média-
tique que de nourrir cette littérature de coiffure officielle, si
prompte à dessiner le portrait d'un couturier donneur de
leçons, qu'une décennie consacre, que la suivante ensevelit.

Chanel, comme ses contemporains, ne saurait échapper à
cette forme de littérature qui devance le vêtement par des
mots d'esprit cinglants ou bienveillants. Si aux *Mathilde*,
aux *Geneviève* ou aux *Corinne*, qui donnent aux robes l'état
civil d'une époque, elle préfère la numérologie, les descrip-
tions qui suivent ces robes ne sont jamais exemptes du
philtre de la décennie à laquelle elles appartiennent. Couleurs et matières citées dans les dossiers de presse suivent les
engouements d'une exposition, d'un film, d'un nouveau lieu
à la mode. Les plumes – qui ne signent pas toujours au bas
de ces mêmes documents inspirés ou factuels – se teintent
malgré elles des motifs et des textures en vogue. Tweed sera
Chanel et soixante, Gazar sera Balenciaga et cinquante,
Jersey sera Courrèges et soixante-dix. « Gorge de pigeon »
est terriblement XIXe siècle, « mandarine » est soixante-dix,
« moutarde » est quatre-vingt.

La description à vocation organisatrice demeure, que ce
soit pour un carnet de commandes à venir, un répertoire ou
un programme de défilés. On y perçoit le style « ampoulé »
d'une époque ou la mécanique d'une autre.

La presse suit les quelques lignes d'intention des dossiers de
presse, mais l'histoire ne dit pas si la grande Mademoiselle
était à l'origine de leur édition.

Jusqu'à ce que la photographie occupe le terrain qu'on
lui connaît depuis les années cinquante et ne supplante le
texte, la presse écrite se fait fort de décrire abondamment
les collections, à travers de véritables opuscules d'élégance
à suivre. Les auteurs ne manquent pas : de Frivoline dans
L'Art et la Mode dans les années 1910, à Lucien François
pour *L'officiel* dans les années 1950, jusqu'à Mallarmé qui
fonde son propre magazine de mode, *La dernière Mode*. Il
en rédige tous les articles publiés entre 1874 et 1876 sous
les noms de Miss Satin, Zizy, Olympe ou Violette Leduc, qui
écrira de nombreuses appréciations de mode publiées dans
Pour Elle dans les années 1940. En dépit de signatures illus-
tres – dont celle de Susy Menkes pour l'*International Herald
Tribune* – cette production énorme peut donner à elle seule
le vertige par son flot et son style.

En conséquence, la littérature de mode n'a jamais trouvé
son rayon dans les bibliothèques, à l'exception des centres
de documentation spécialisés.

Équivoque, critique instantanée pour certains, la littérature
de mode semble s'effondrer devant le vêtement en boutique :
elle le précède toujours.

Les dossiers de presse distribués sur les chaises des défilés
sont encore de mise chez Christian Lacroix ou Adeline André. Plus encore, le dossier de presse peut être un exercice
de style habile et drôle, au service d'une collection de haute
couture, comme Maud Molyneux en avait donné l'exemple
en 1997 pour Jean-Paul Gaultier, en lisant les textes à voix
haute, reprenant à son compte la tradition des « aboyeurs de
salon » des années 1940.

Dans les quotidiens, la critique succède aussitôt au vêtement
les lendemains de show, mais ne lui survit pas, pas plus que
certains vêtements ne survivent aux modes.
Archives journalistiques, documents publicitaires déguisés,
témoignages rares d'instants de mode, sont au mieux pris en
considération par les historiens de mode. Partout ailleurs,
les mots de la mode se rangent sur les étagères dites de la
« littérature grise », là où l'on ne saurait identifier ni le genre
ni le style littéraire.

Dans *Système de la mode*, de Roland Barthes (Paris, Seuil,
1967), c'est la sémiologie de la presse de mode qui est
abordée, notamment par des démonstrations, comme celle
qui définit « la fonction d'emphase » du texte, par rapport à
l'illustration de mode, et qui conduit à donner une description fragmentaire du vêtement, pointant certains détails ou
en occultant d'autres.
Personne, en revanche, ne s'est encore consacré à une étude
sur le contenu pseudo-poétique des mots de la mode qui la
décrivent avant qu'elle ne se donne à voir en
boutique.
Si les légendes photographiques, sujets d'études de Barthes,
n'intègrent pas ce qui est caché à l'image, les commentaires
écrits des journalistes et des couturiers reposent parfois
sur l'impression et l'imaginaire poétique au-delà de la robe
présentée. Il n'existe pas davantage d'étude ni de répertoire
sur le genre textile qu'est la poésie sauvage des tee-shirts ou
le slogan publicitaire.

« N'aimez que moi », publicité des années trente pour la
poudre de riz de Caron. « Too young too die », imprimé sur
des tee-shirts d'adolescents du monde entier s'écrivent,
décrivent le vêtement avant de le montrer, comme autant
de poésies spontanées et sauvages qui ont, pour peu qu'on
s'y attarde, la forme et la fonction d'un motif, la forme
d'une émotion.

Parmi les rares musées d'Art contemporain qui présentent dans leurs collections des œuvres d'artistes provenant du domaine de la mode, le MUDAM (Musée d'Art moderne Grand Duc Jean) fait figure d'exception. À l'occasion de la présentation de cinq de ses oeuvres au sein de *Dysfashional,* Marie-Claude Beaud, directrice du musée, explique sa vision de la rencontre difficile entre l'art et la mode.

Interview de Marie-Claude Beaud

Luca Marchetti : Concernant la collection d'art du MUDAM, pouvez-vous nous expliquer l'intérêt que vous portez à acquérir des pièces réalisées par des artistes qui sont à l'origine des créateurs de mode ? Et comment orientez-vous vos choix dans ce sens ?

Marie-Claude Beaud : Mes années de formation aux États-Unis m'ont très tôt permis d'élargir mon champ artistique. La musique comme le spectacle vivant ont joué un rôle important pour moi dans ce processus d'« élargissement » et de décloisonnement des disciplines. Mon premier patron, Maurice Besset, était quelqu'un qui s'intéressait à l'architecture et au design. C'était un ami de Le Corbusier et, pour lui, le design ne se limitait pas à l'objet, c'était plutôt un art de vivre.
Quand on s'intéresse à la création en général, au théâtre, à la danse, à la musique, au cinéma, aux arts plastiques, ce sont les artistes qui vous emmènent dans leur univers. Les disciplines artistiques ne m'ont jamais paru être des entités qui devaient être séparées les unes des autres. Cette conviction ne m'a jamais quittée. Je pense que les catégories sont liées à un système idéologique, fondé au XIXe siècle et magnifié par le XXe, qui met les personnes et les choses dans des boîtes. Nous sommes dans une période de changement : le passage au XXIe siècle permet à beaucoup de gens de se libérer. Tout ce qui était complexe, difficile à exprimer à la fin du XXe siècle, devient parfaitement négociable aujourd'hui grâce aux mouvements de mondialisation et au virtuel… Le monde virtuel a permis par exemple à Hussein Chalayan de développer une véritable démarche artistique, autant dans ses vidéos que dans ses vêtements.

LM : Mais n'y a-t-il pas un paradoxe, justement, entre la position d'un créateur de mode, qui est amené à projeter une démarche artistique dans le quotidien, et votre position, qui est plutôt de faire l'inverse, c'est-à-dire de sélectionner des exemples intéressants de créativité et de les ramener dans un lieu officiel d'art contemporain ?

MCB : Pour moi, cela n'a jamais posé de problème, et
je pense que ça en pose de moins en moins, parce
qu'aujourd'hui on ne se pose plus la question, comme dans
les années 1970, de savoir quelle place a la mode. Pour
avoir dirigé le Musée des Arts décoratifs à Paris, incluant
le Musée de la Mode, je peux vous dire que par rapport
au Louvre, ce musée était considéré comme un musée de
seconde zone. Ce n'est plus le cas maintenant.
N'oublions pas que depuis toujours demeure une hiérarchie
des arts : au-dessus de tous les arts il y a l'architecte,
ensuite il y a les artistes, et parmi les artistes, il y a encore
des hiérarchies. Au MUDAM, le restaurant, la boutique,
les salles de musée sont des lieux d'expérimentation et
des lieux où tout doit être pensé par les artistes dans le but
de transmettre toutes les formes de création au public.

LM : D'après vous, le travail d'un créateur de mode est-il
aussi perçu comme un travail de seconde zone ?

MCB : C'est souvent le cas. Son travail est considéré comme
éphémère, et ce qui est éphémère se jette…
Rappelons déjà que le but des défilés est de vendre. Et pa-
reillement, faire un tableau c'est peut-être vouloir le vendre
aussi. On parle de production. Le marché existe, chaque
œuvre est une production. La question est de comprendre si
dans cette chaîne une peinture m'apporte plus qu'un vêtement.

LM : Et que peut donc apporter le travail artistique d'un
créateur de mode, lorsqu'il s'exprime à travers une installation ou une performance et non pas à travers des collections
vestimentaires ?

MCB : Gaspard Yurkievich a mis au point un système
complexe pour travailler d'abord sur des dispositifs de mise
en scène. Ses vêtements n'ont pas pour but de bouleverser le
vocabulaire classique ni de remettre en question fondamentalement le statut ou l'usage du vêtement. Ils accompagnent
un processus plus large. Comme dans une musique.
Dans la démarche exceptionnelle de Hussein Chalayan, par
contre, le vêtement même devient un vecteur de transformation du monde, un véritable moyen d'expression. Tout paraît
possible : quand il voit qu'il n'arrive pas à s'exprimer avec
le vêtement, il utilise un autre médium avec lequel il réussit
à trouver un équilibre. Alors qu'il avait du mal à trouver
des soutiens financiers, il a été assez fort pour imposer sa
vision du défilé et a rendu celle-ci cohérente avec les collections pour les boutiques. Dans une autre situation ou dans
un autre pays, il aurait peut-être été artiste plasticien, et la
mode n'aurait pas été son moyen d'expression.

LM : On peut penser que la mode a besoin ou a eu besoin
de l'art pour se rendre légitime et donc pour obtenir une
caution intellectuelle et créative d'un autre niveau. Peut-on
croire aujourd'hui à la situation inverse : l'art aurait-il
besoin de la mode pour se rendre plus légitime, plus sexy,
plus rythmé ?

MCB : Je ne crois pas. On assiste surtout à ce phénomène
aux États-Unis, très lié au business qui ne me concerne
pas, mais que j'observe. On ne peut pas l'ignorer. Il y a des
créateurs tels que Nicolas Ghesquière qui ont dès le début
travaillé avec des artistes comme Dominique Gonzalez-
Foerster parce que cela faisait partie de leurs parcours
créatifs. Business ou pas, les créateurs de mode ou les artistes
intéressants ont un univers intellectuel reconnaissable et
fort. Je pense à Martin Margiela qui a réussi, dans un monde
complètement dominé par l'image, à garder sa vie privée.
Ou à Jean Colonna dont le travail est lié au domaine de la
musique, de la culture rock et pop en particulier.

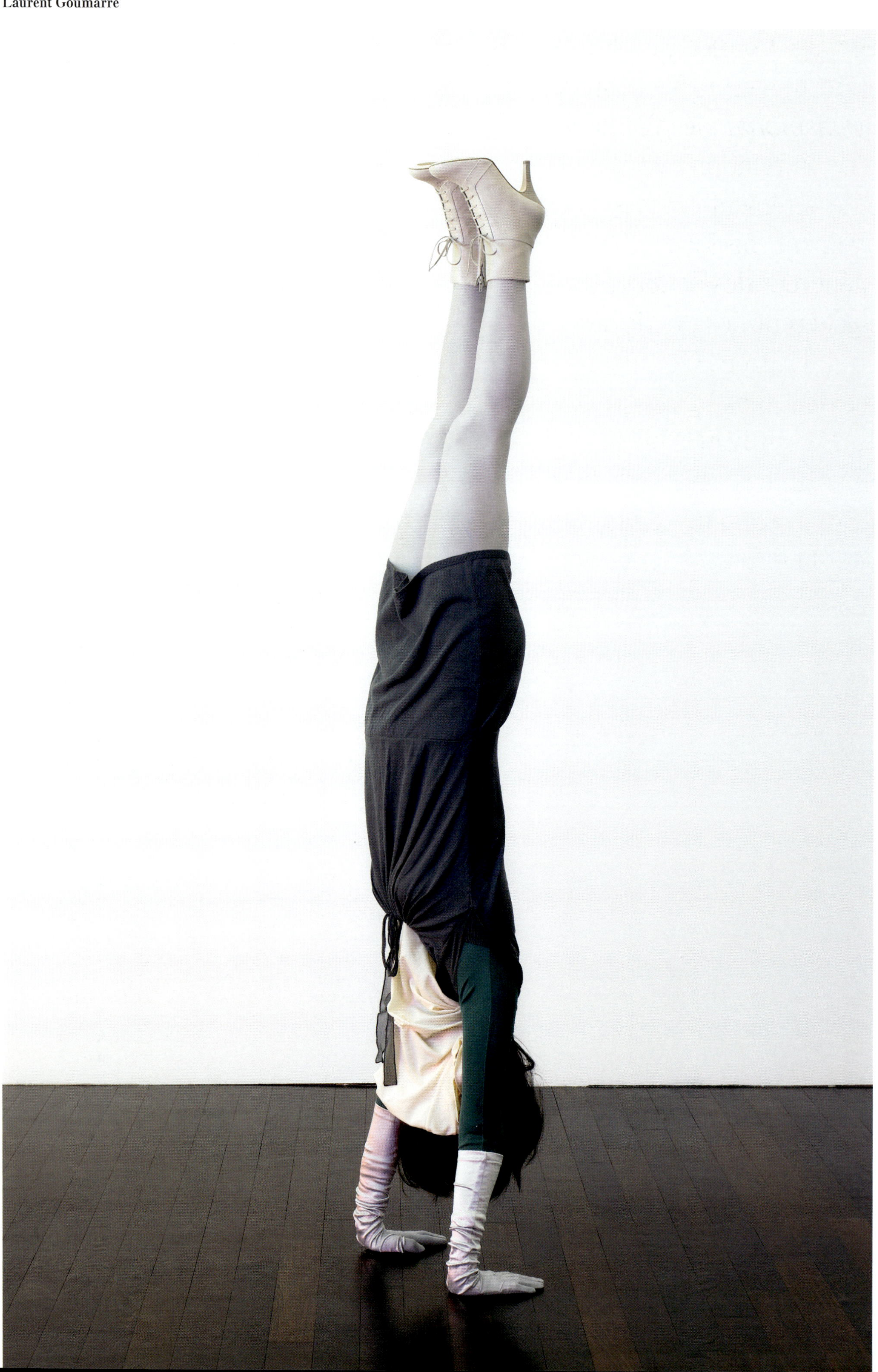

Avec les performances de *PS* et les vidéos des *Lounges*, la danse contemporaine a un rôle central dans *Dysfashional* : le vêtement ou, mieux, la relation entre le corps et le vêtement est mis en mouvement, performé ; les usages génèrent des actions, les actions génèrent des poétiques. Le critique Laurent Goumarre parcourt certaines lignes de contact, de connivence ou de collision entre ces deux horizons de la création contemporaine, la mode et la danse.

Laurent Goumarre
Sur son tee-shirt, on pouvait lire « dance or die ».

2000. Un des tout premiers gestes chorégraphiques de Christian Rizzo aura été d'accrocher deux robes sur cintre liées par leurs manches et mises en mouvement par le souffle d'une rangée de ventilateurs. *100% Polyester*, un geste qui énonçait deux choses : d'abord, une mise à plat de ce qu'on pouvait espérer de la danse, son degré zéro — autrement dit, s'il fallait citer Roland Barthes : « une écriture débarrassée du mythe littéraire (qu'on remplacera par chorégraphique), une écriture originelle » — ; ensuite, que le mouvement et le corps étaient dissociables. Alors ce que racontait l'exposition de ces deux robes en 2000 était bien le passage à une vision fantomatique de la danse ; on disait là, dans leur tournoiement sur elles-mêmes, que la danse pouvait bien devenir le lieu de la disparition des corps. Alors qu'on nous avait appris que la danse construisait les corps dans le mouvement, voilà qu'en deux robes traversées par la lumière et le souffle, on pouvait penser le contraire et sur-interpréter : la danse se désincarnait dès lors qu'on exposait du mouvement. Et cette disparition mise en scène par le vêtement allait revenir hanter les plateaux, systématiquement travaillée de pièce en pièce.

En 2001, Le Suisse Gilles Jobin avait achevé *Moebius Strip* en déposant sur la scène des feuilles de papier blanc pour former une grille redoublant celle dessinée par les tapis de sol. Au final, sur cette grille de papier, les danseurs finissaient par déposer leurs vêtements pour une ultime image d'un lieu de danse mis à plat, sans plus de corps. Seuls des vêtements bien rangés, des chaussures jusqu'aux tee-shirts, gardaient en mémoire les corps des danseurs disparus, comme avalés par le plateau. De fait, je me disais que la danse de *Moebius Strip* n'avait eu d'autre but que de produire l'effacement de ces corps, et que la chorégraphie avait programmé les moyens de disparaître en se déposant.

Un an plus tôt, La Ribot avait déjà déposé son corps sur le sol après y avoir couché derrière elle, en une longue diagonale et par ordre de grandeur, ses escarpins verts, ses bas, son petit blouson orange. Titre du solo, *Candida iluminaris*, soit un petit strip-tease ; j'y voyais l'écho de celui qui avait inauguré ses premières pièces en 1991, *Soccoro ! Gloria !*, 7 minutes d'un strip-tease burlesque pour enlever une accumulation de vêtements qui lui demandait 20 minutes de préparation d'habillage. Dix ans plus tard, *Candida iluminaris* reprenait donc ce mouvement d'effeuillage, mais sur un plan horizontal et désaffecté, qui signifiait cette fois que sa danse cherchait désormais moins à produire du mouvement, inventer un nouveau corps, que de se donner les moyens de sa mise à nu, et d'exposer les conditions nécessaires à son emplacement. Bref, ce qui revenait à faire littéralement acte de sa déposition. De l'écriture du mouvement à la posture de l'action, voilà que se dessinaient au raz du sol, au pied de la lettre, les enjeux d'une danse plasticienne.

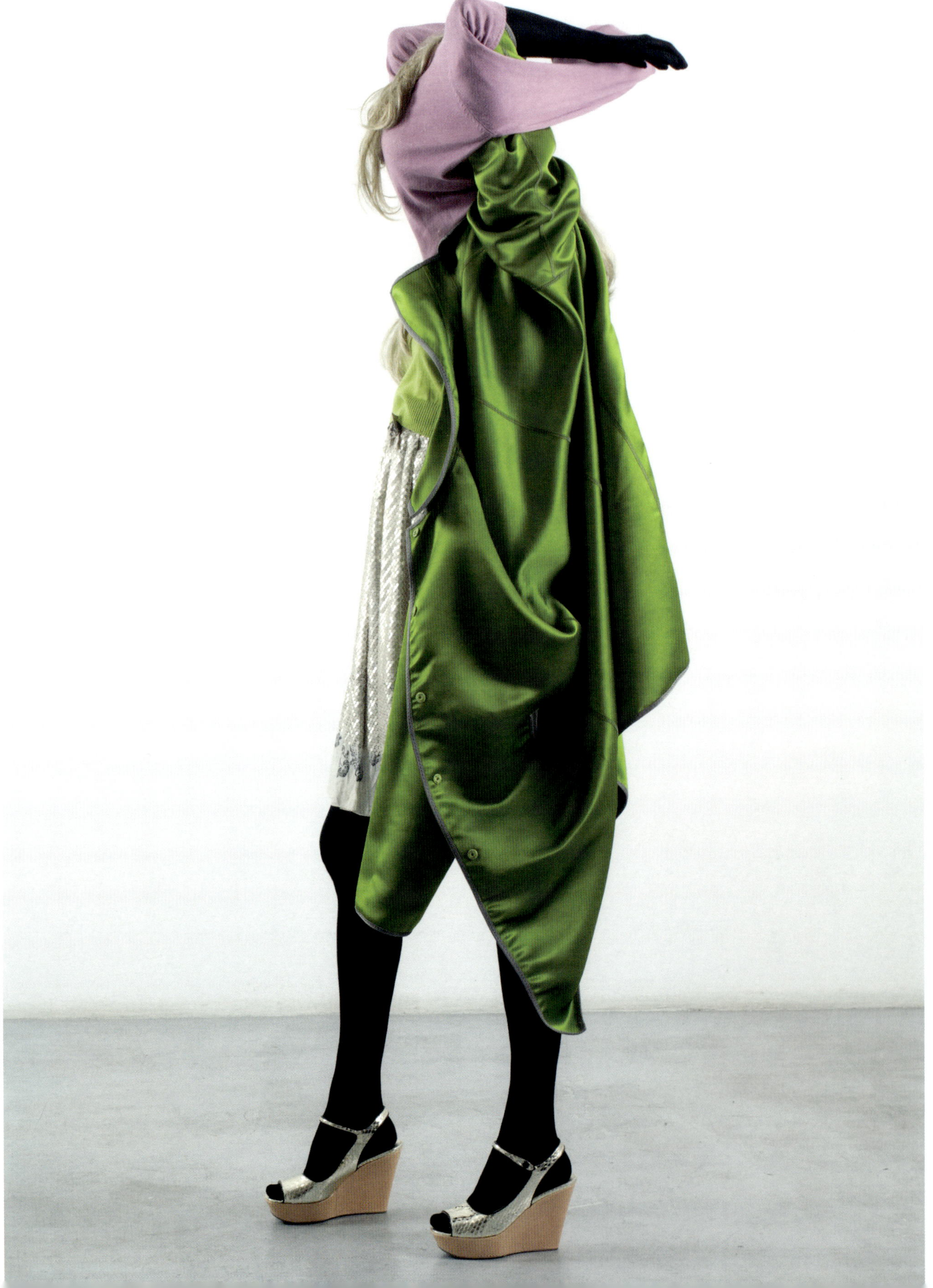

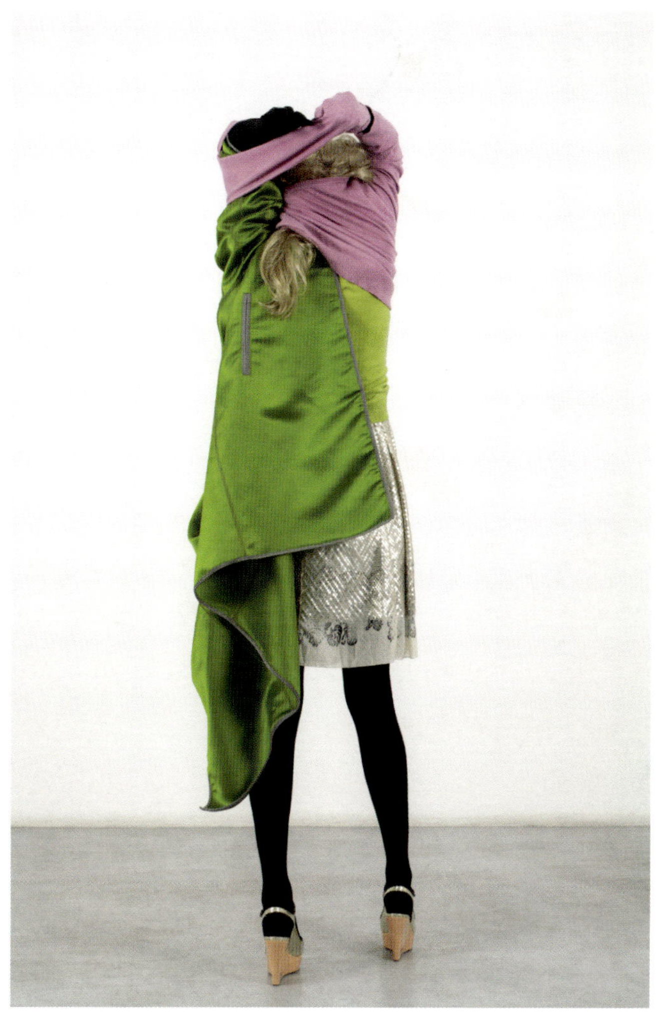

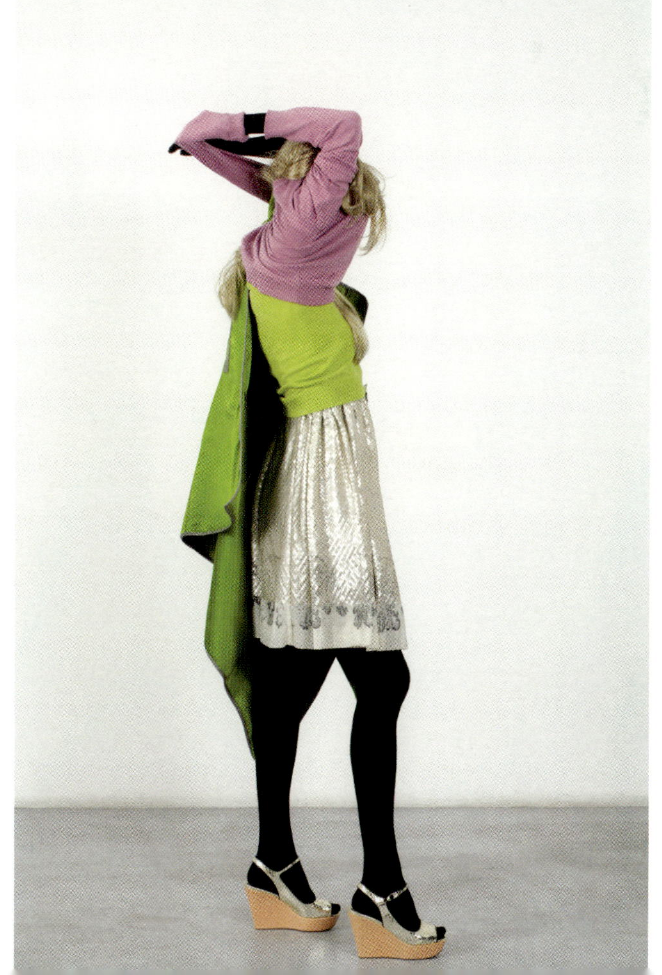

Daniel Firman · *Esther* · 2006

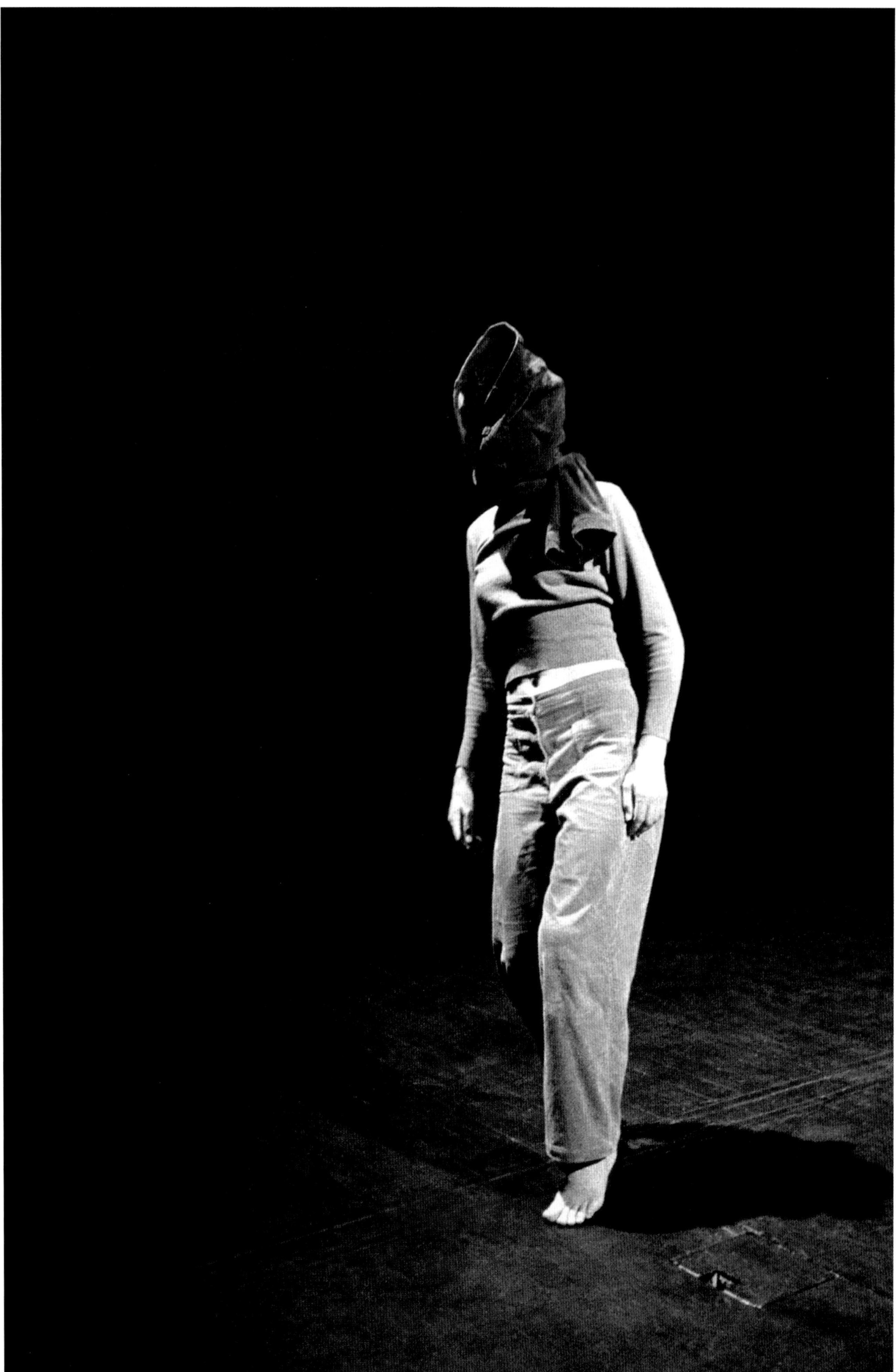

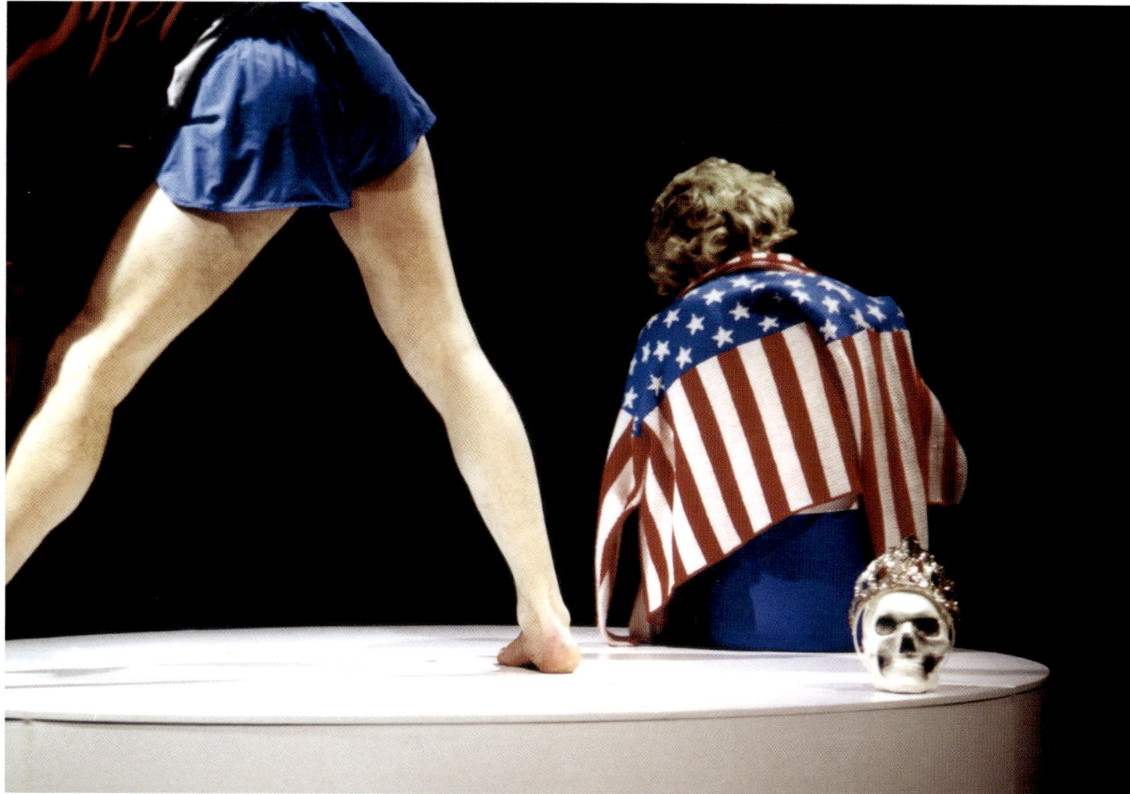

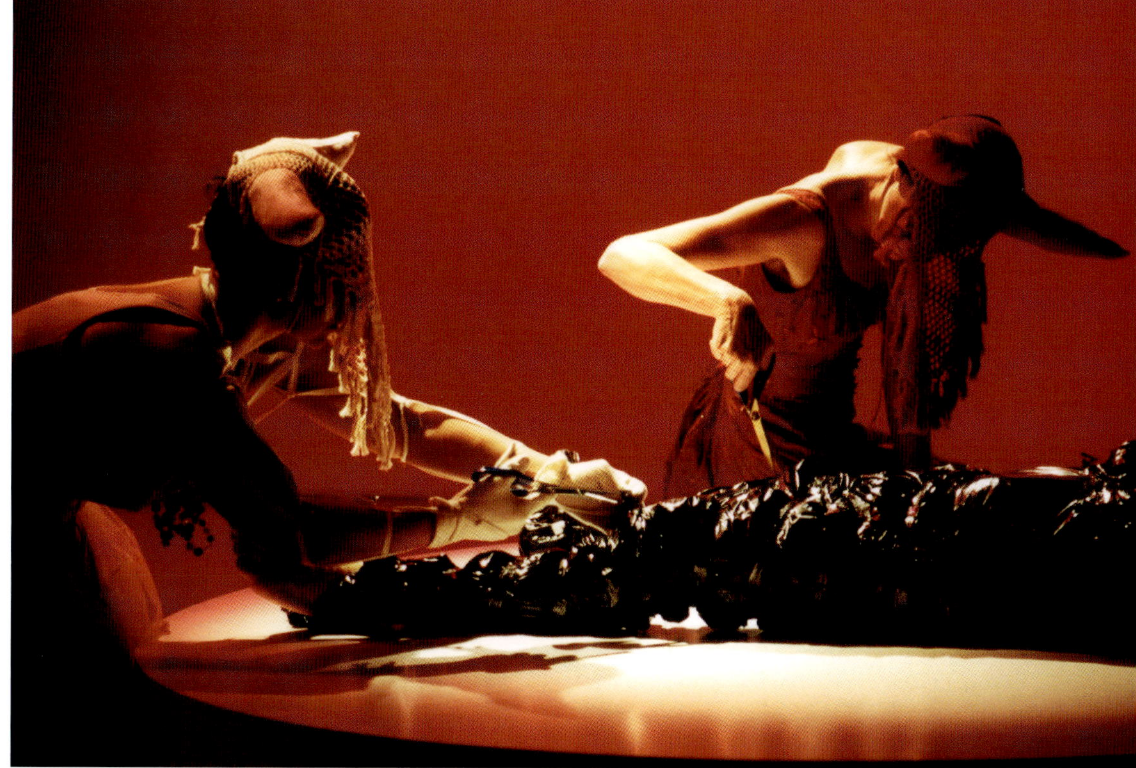

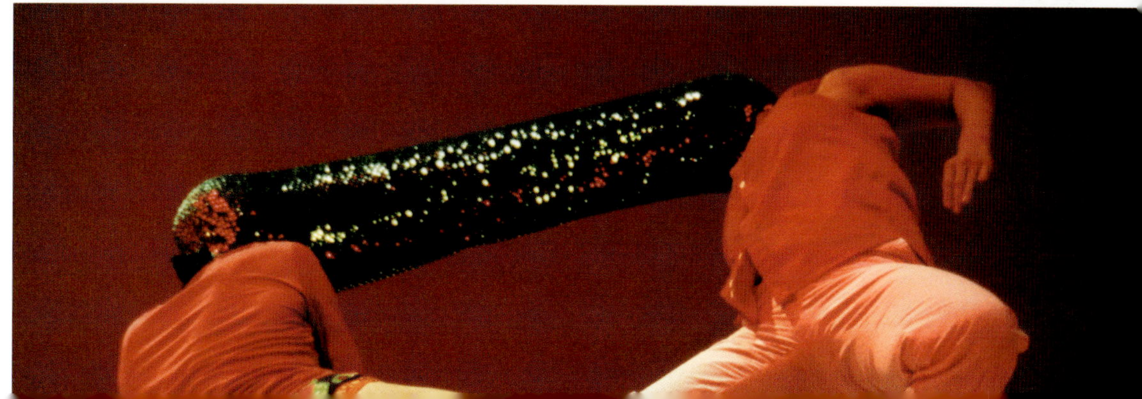

Boris Charmatz · *Con forts fleuve* · 1999

Christian Rizzo
· *Et pourquoi pas, "bodymakers", "falbalas", "bazaar",
etc, etc...?* · 2001

Dès lors, ce système de déposition et d'étalage se comprenait comme le geste fondateur d'une autre chorégraphie. Il ne s'agissait plus, comme dans les années 1980, de produire une danse d'auteur aux mouvements *copyright* signés par les chorégraphes : les tours de poignet et jeux précieux d'articulations de Dominique Bagouet, les rotations de la nuque, bascules des têtes et gestes au devenir robotique de Karine Saporta, etc., bref, des gestuelles immédiatement identifiables qui rhabillaient le corps des danseurs. Non, la danse avait trouvé d'autres gestes, moins des mouvements que des actions.

S'il fallait en avancer une, je reviendrais sur les effets de déposition ; celle de Christian Rizzo qui, en 2001, arrangeait le podium rotatif de *Et pourquoi pas "bodymakers", "falbalas", "bazaar",* etc. tel un étalagiste/styliste pour y déposer fleurs, crânes, accessoires de mode ainsi que des corps aux visages dissimulés sous des masques, cagoules, foulards, hérissés de bottes Lacroix en souvenir du performer transformiste londonien Leigh Bowery ; celle de 2005, toujours Christian Rizzo dans « Soit le puits était profond, soit ils tombaient très lentement, car ils eurent le temps de regarder autour. », qui déploie alors le podium de 2001 en un plateau d'exposition laqué blanc surélevé, un socle surdimensionné pour y recevoir une danse entièrement motivée par des effets de chutes lentes.

Déposition, coucher, immobilité : ces trois actions allaient immobiliser les plateaux de danse du milieu des années 1990 jusqu'à 2003. S'il fallait dater, c'est l'année qui vient à l'esprit ; 2003 et les corps couchés des intermittents du spectacle vivant dans les rues d'Avignon, alors même que ces gestes de déposition avaient déjà engagé le corps des danseurs chorégraphes : ce furent les lents couchés au sol de La Ribot nue seulement chaussée d'un escarpin rose qui accentuaient son déséquilibre dans *Another Bloody Mary* en 2000. Un seul escarpin parce que quelque chose clochait dans la danse, qui la faisait trébucher, et chuter au final des *40 espontaneos* (2004), où La Ribot entraînait au sol une quarantaine d'amateurs, gens de la société civile qui apprenaient de fait que monter sur un plateau c'était apprendre à tomber, puis se coucher, enfin disparaître sous des amas de cartons. 2004, encore : les dépositions des danseurs de l'Opéra de Lyon, habitués à travailler la verticale, mais que Christian Rizzo faisait ployer sous la lourdeur signifiante des costumes de théâtre qu'ils avaient chinés dans les coulisses de l'Opéra, pour *Ni Fleurs ni Ford Mustang*. Hantés par trop d'histoire, trop de fictions, d'idée de patrimoine, ces costumes étaient comme trop lourds à porter ; la danse de Christian Rizzo y trouvait encore une fois le prétexte à s'allonger sur le sol, plutôt se coucher que de rejouer ce que l'histoire de la danse avait pu imposer jusque-là. Retour en arrière : 1999, l'année du *Con Forts Fleuve* de Boris Charmatz, où, la tête recouverte de pantalons noués qui les rendaient aveugles, les danseurs terminaient leurs déambulations dans une série de couchers avant d'être finalement ensevelis sous une chute de couvertures depuis les cintres, qui venaient recouvrir ces corps immobilisés par ce que Charmatz nommait « le gel chorégraphique ».

Car c'est bien de cela qu'il s'agissait : geler la chorégraphie jusque dans la disparition à la vue des corps informes sous les couches de vêtements. Quel sens donner à ces dépositions successives ? Une valeur funèbre peut-être, redoublée par des plateaux systématiquement sous-éclairés. En clair-obscur, la danse nous conviait régulièrement à ses funérailles : *Ni Fleurs ni Ford Mustang* avait titré Rizzo, tandis que

Régine Chopinot, en rescapée des années 1980, comme elle le pensait elle-même, se mettait nue pour la première fois à 50 ans pour mettre en scène son enterrement dans *Chair-Obscur* en 2002.

Nue après avoir été habillée pendant tant d'années sur scène par Jean-Paul Gaultier ! Et tout devenait très clair : alors que la danse des années 1980 avait « porté » le costume, ceux de Jean-Paul Gaultier dans *Le Défilé* en 1985 et toutes les pièces de Régine Chopinot, la génération chorégraphique des années 1990 dansait nue, résultat d'une série de déshabillage à vue du *Socorro ! Gloria !* de La Ribot au *Shirtologie* de Jérôme Bel. Les costumes de Jean-Paul Gaultier avaient dû être littéralement « portés », une question de poids pour des costumes à charge, que la chorégraphe avait su faire défiler avec l'énergie de ces années-là, où tout était à construire, la danse comme la mode.

Une décennie plus tard, les danseurs se couchaient les uns après les autres, tentaient quelques remontées et chutaient lentement de nouveau pour se déposer au sol. Je voudrais juste rester un temps sur ce geste de déposition, en prendre toute la mesure et rappeler que déposer c'est soit enlever un objet fixé à demeure (la dépose d'un tableau), en vue d'une réparation (la dépose d'un évier), soit faire une déclaration de soi (la déposition d'un témoignage) ou encore dépouiller quelqu'un de son autorité (déposer un empereur). Au total, faire la preuve de soi dans un geste de disparition. Aussi l'un des gestes chorégraphiques le plus identifié, qui revenait de pièces en pièces, avait-il été celui de la disparition du visage, dissimulé sous des cagoules, des casques de moto (*Skull*Cult*, 2002 de Christian Rizzo et Rachid Ouramdane), maquillages de paillettes, masques d'animaux, de Mickey (*Multi(s)me*, 2000 de Marco Berrettini), sous des pantalons noués par dessus tête, des perruques mises à l'envers (chez Alain Buffard, *Dispositifs 3.1…*), des effets de sweat à capuche qui se multipliaient aujourd'hui chez Gisèle Vienne (*Kindertotenlieder*, 2007), et que l'on retrouvait dans les sculptures de Virginie Barré, ou de Daniel Firman, dont les œuvres plastiques reprenaient les postures exposées sur les plateaux de danse.

Alors, si la danse n'avait plus la force de porter des costumes, je me disais du moins avait-elle pu discourir du système des vêtements. Jérôme Bel, en lecteur barthésien, avait su analyser le lien entre les signes vestimentaires et ce qu'on attendait de la danse. En 1997, *Shirtologie* avait exposé cela. Je me souvenais de Frédéric Séguette pour une leçon magistrale en solo de la pièce de groupe, revêtu d'une théorie de tee-shirts sur lesquels étaient inscrits injonctions, pensées, chiffres et couleurs dégradées. La danse ? en deux temps : d'abord répondre aux textes vestimentaires, ensuite les enlever l'un après l'autre comme on tourne une page soit, mais aussi dans un mouvement général de strip-tease neutre. *Shirtologie*, c'était aussi cela : le récit emblématique d'une danse des années 1990 qui se déshabillait lentement, les vêtements qui tombaient au pied d'un danseur planté sur place, milieu de plateau sans déplacement, pour une action qui en passait d'abord par la tête baissée dans un mouvement de lecture sur le tee-shirt que le danseur étirait de ses deux mains ; donc le portrait d'un danseur en lecteur, puis qui devenait interprète des mots d'ordre et autres slogans. Et je me souvenais d'avoir lu sur l'un de ces tee-shirts : « Dance or die ». J'avais dû me dire qu'on pouvait refuser de choisir, qu'il était devenu possible de penser faire les deux en même temps. Et de passer à autre chose.

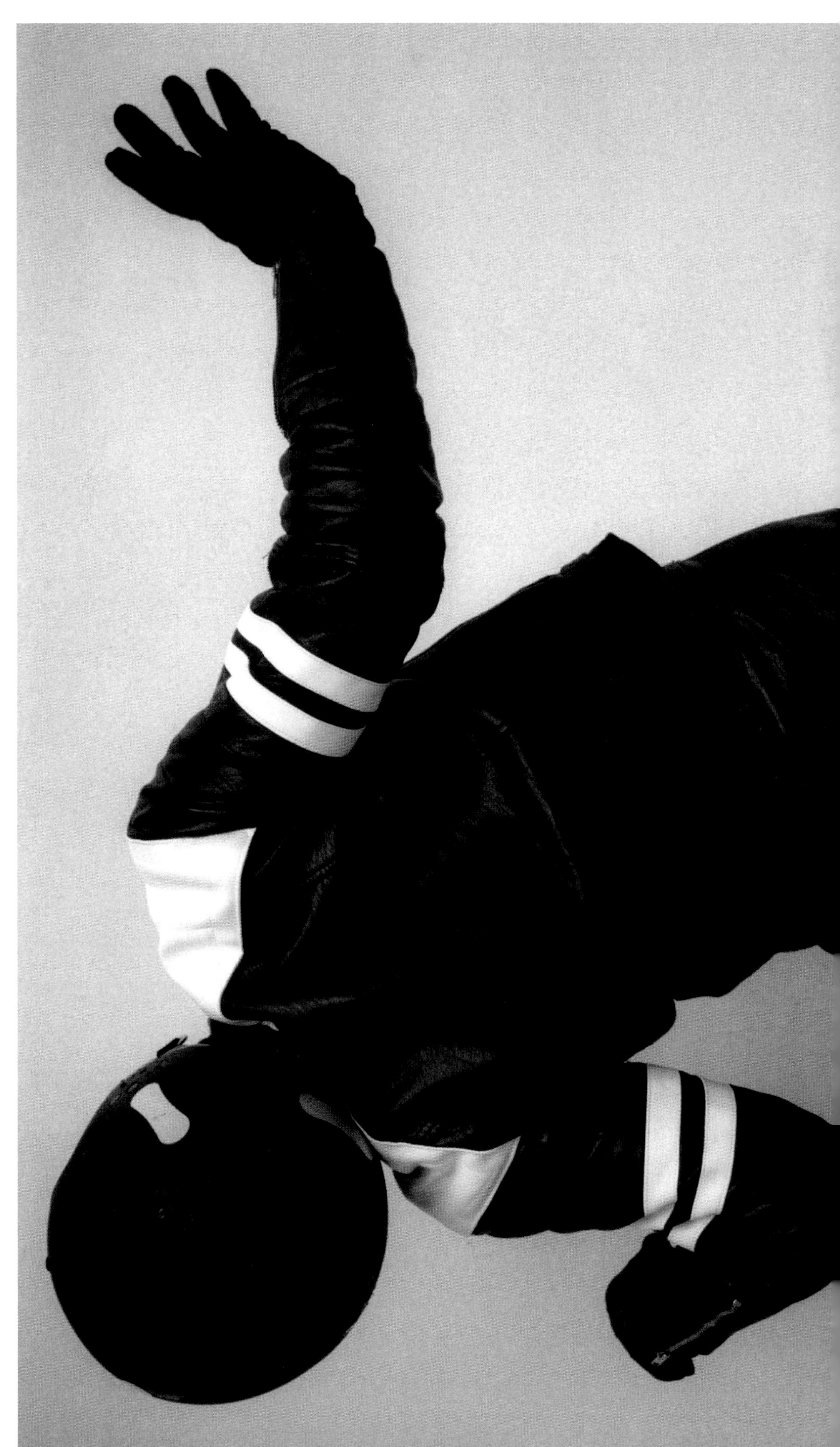

Christian Rizzo &
Rachid Ouramdane · *Skull*Cult* · 2002

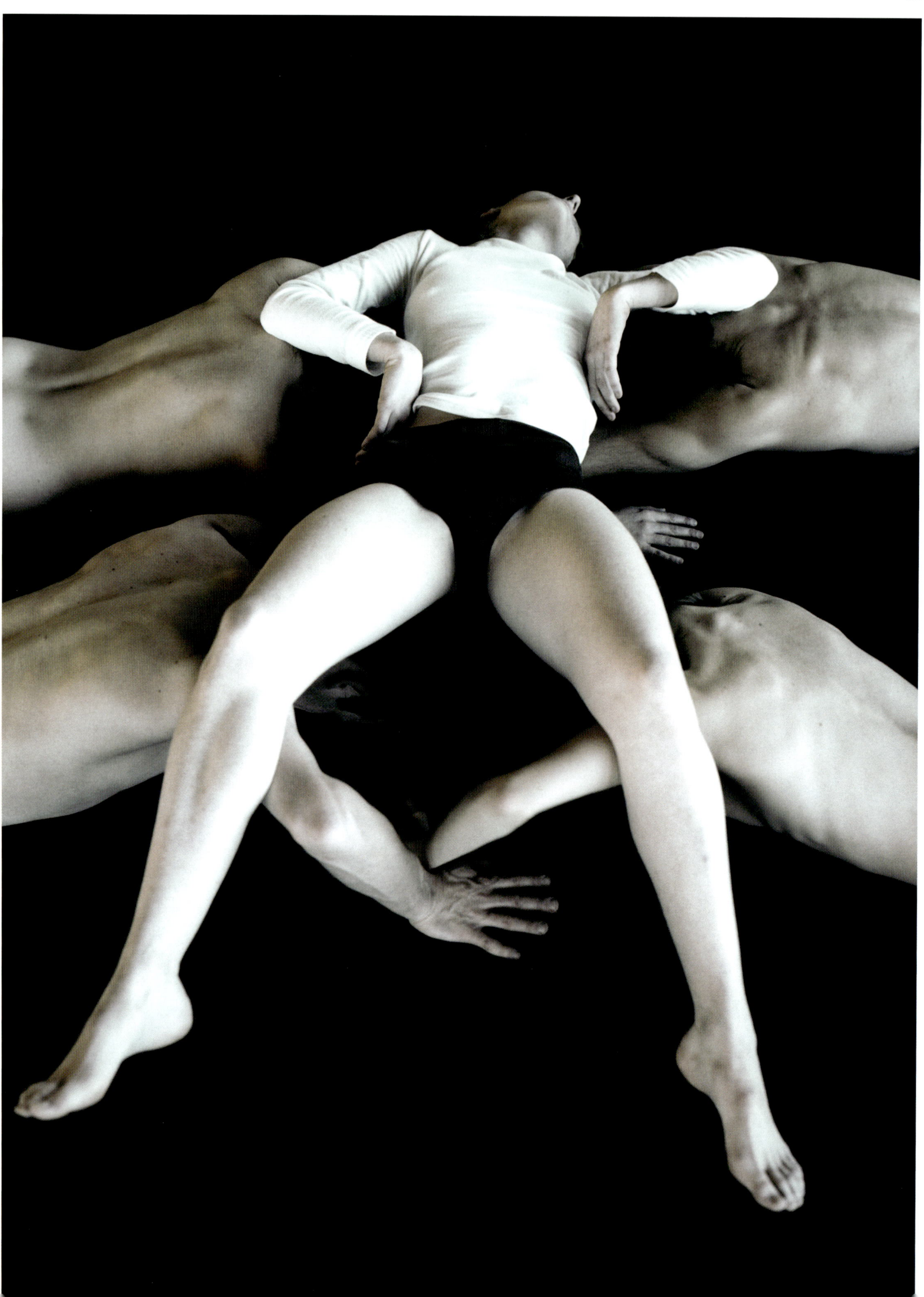

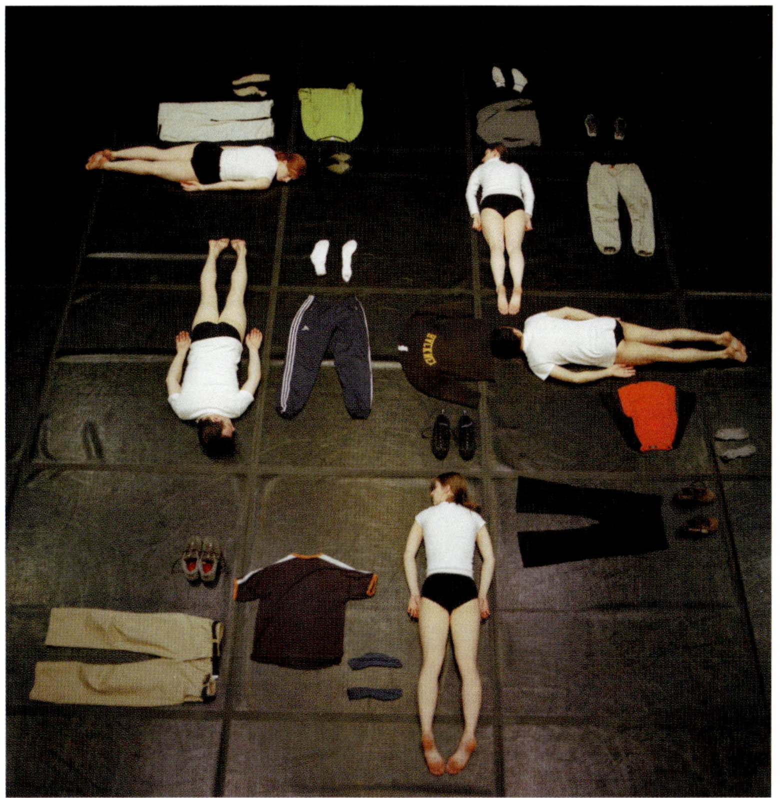

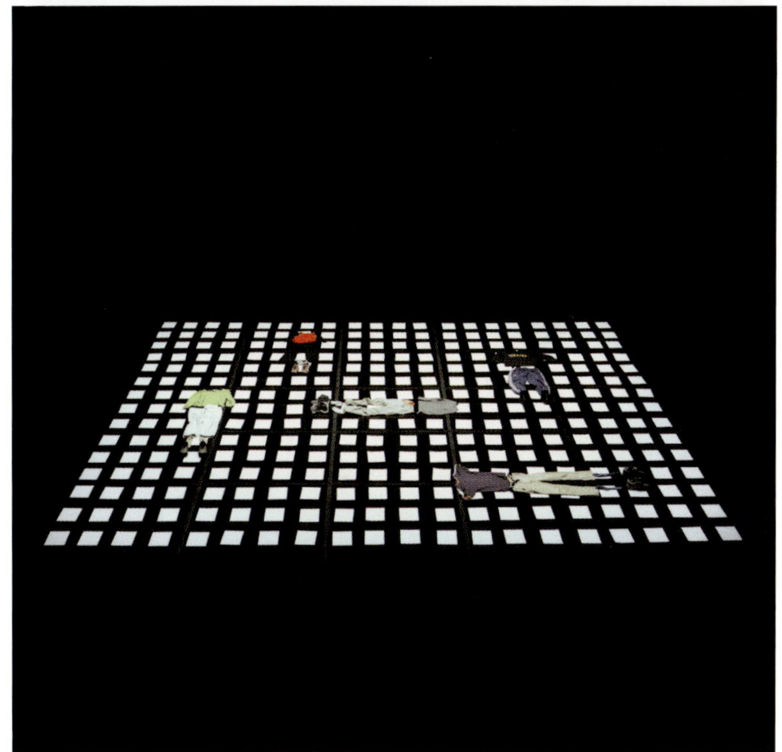

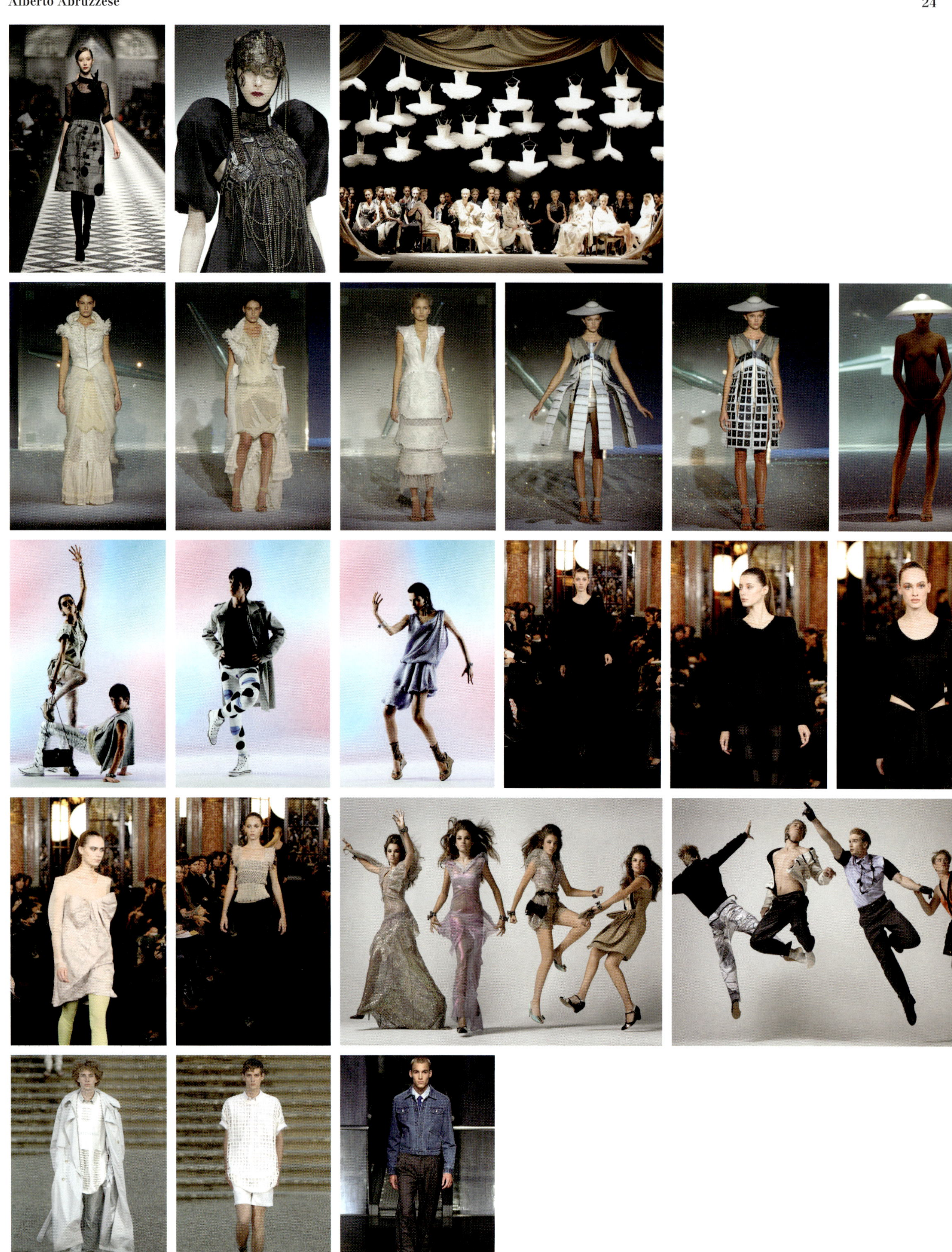

La mode peut être comptée parmi les fondements ontologiques de la société postmoderne avancée. Professeur à l'Université La Sapienza à Rome, le sociologue Alberto Abruzzese enquête dans cet article sur une conception subtile de la mode en tant que mobilité de l'être.

Antonio Marras
· *Défilé Femme A/ H* · 2007-2008
· *Eleonora, collection A/H* · 2003-2004
· *Finale, collection P/E* · 2006

Hussein Chalayan
· *Collection "one hundred and eleven"*

Gaspard Yurkievich
· *Collections Homme et Femme P/E* · 2007
· *Collection Femme A/H* · 2007/2008
· *Collection Femme P/E* · 2006
· *Collection Homme P/E* · 2006

Raf Simons
· *Collection P/E* · 2006
· *Collection P/E* · 2005

Alberto Abruzzese

Être mode -
Notes sur les modes d'affirmation dans le monde

1.

La mode travaille sur les différences spatio-temporelles : non seulement sur le passé qu'elle évoque par contraste et affinité, mais aussi sur le présent qui lui résiste et la dépasse. Rien ne semble échapper à cette logique qui fait pression sur la diversité pour produire paradoxalement une communauté : le flux du moderne – schématisé via la forme linéaire du progrès – semble reconstruire dans le renouveau perpétuel de la mode l'immobilisme des sociétés traditionnelles, en faisant appel à la sérialisation d'un processus au fond toujours identique, à condition de présenter à chaque fois quelque chose de différent. Là où il n'y avait pas la spirale de la mode, la mobilité de l'être trouvait l'impulsion pour vivre dans le monde et pour l'habiter à travers le cycle des rituels et dans la stabilité des coutumes et des vêtements. Mais lorsque cet équilibre a commencé à se briser, la mobilité de l'être a fait corps avec celle du monde. Par conséquent, l'axe autour duquel se construit l'expérience sociale a assumé la dimension instable du développement moderne.
Ce passage – typiquement occidental – révèle un paradoxe : l'efficacité des apparats de la mode trouve ses racines dans les formes de vie communautaires et non pas sociétaires. Le moteur des dynamiques de mondialisation et de socialisation pratiquées de nos jours avec tant de succès par la mode repose donc sur des modèles anthropologiques opposés aux objectifs fixés par la société industrielle.

La longue durée des dispositifs mis en œuvre par le système moderne de la mode dérive précisément de leur fonction stratégique de base : introduire dans l'irrépressible fluidité du présent et dans l'accélération des changements sociaux la permanence d'une forme d'appartenance et d'une manière d'être, qui a comme modèle la rigidité des normes communautaires. C'est la confirmation des limites et non pas leurs instabilités qui est perpétuellement affirmée.
À l'avènement de chaque nouveau moyen de communication, se manifeste le risque d'une désagrégation des liens précédents. Ainsi le dernier virage post-industriel, le passage entre *mass media et personal media*, entre langages analogiques et numériques, fait également exploser une pensée sociale qui s'affirme au nom de la communauté qu'elle est en train de détruire.
Face aux processus d'artificialisation envahissants propres à l'ère technologique, la peur que nous devons dépasser ne concerne plus le sens de la mort naturelle, mais le sens de la vie artificielle.
Dans le monde primitif, les rituels travaillaient sur la peur de la mort et non sur la mort même qui, au contraire, est perçue comme un destin. Ils mettaient en scène la fragilité de l'homme face au pouvoir de la nature et du divin. En ce sens, les primitifs étaient capables d'accueillir la mort dans la vie, sur le principe de sa présence dans les cycles de la nature. Cette capacité a été perdue dans le régime rationnel de l'homme moderne.

[1] Ce texte est un extrait de l'article *Essere moda. Appunti sui modi di affermarsi nel mondo ovvero sul mercato delle identità*, publié en *Communifashion, Della moda, la comunicazione*, sous la direction de Nello Barile, Roma Sossella 2001, pp. 7-45.

Les rituels modernes ne travaillent pas sur la nature ni sur la continuité religieuse de la communauté. Au contraire, face à une nature noyée par son artificialisation et par la sécularisation de l'esprit religieux, ils se concentrent sur l'expérience sociale de la mort. C'est pourquoi la mort physique n'est pas cachée. Elle est au contraire absorbée, elle devient indissociable de la vie en tant qu'artifice. Les seuils entre vie et mort ne se situent plus entre organique et inorganique ni entre terre et ciel. Ils prolifèrent dans le monde de l'expérience vécue, dans les manières d'être de la société.

Remplaçant les rituels traditionnels, les rituels de la mode ont cependant conservé le noyau fondateur des pratiques du monde primitif, la *transe*. Ces rituels sont caractérisés par une correspondance de fonctions *excitantes* et *sédatives* : ils accueillent, dans un espace où chaque frontière s'annule, la vie comme la mort de manière à exciter et apaiser les troubles de la différence, de l'altérité et du trépas.

Les modes modernes opèrent donc l'inclusion, non pas de la peur de la mort, mais de la peur de la vie même, en construisant des figures où les débordements de la mort dans la vie finissent par apparaître comme de la vie. La mort est rendue tolérable, mais au travers d'une mise en scène qui utilise exclusivement des images de la vie. On peut penser à la tradition des *memento mori* : l'obsession qui les anime est celle de voir la présence de la mort en tout ce qui est mode : la beauté et le luxe des chairs, du vêtement, du mobilier. Ainsi, comme dans la transformation des fantasmagories religieuses en spectacle – en *entertainment* –, les scènes où les apparences de la mode sont nécessaires à l'expression de la mort se transforment en scènes où le destin mortel du plaisir fusionne avec la mode même. On pourrait penser que le regard qui s'adresse aux modes d'être du monde se reconnaît justement en cette présence-absence de la mort, qu'il s'en charge, qu'il en est même la certitude intériorisée... Tout au contraire, les rituels communautaires répondaient à un regard instinctif, vitaliste, que la culture du développement moderne n'avait pas encore transformé en vivante conscience mortelle. Ils accueillaient la mort dans la vie dans le but de trouver un espace où la rendre tolérable. La mode divise et réunit, gouverne d'une manière stable ce qui tend à se transformer, ordonne des impulsions désordonnées.

La structure symbolique du monde primitif (merveilleuse, cosmogonique et consolatoire) était pourtant stricte et ne prévoyait aucune déviation individuelle. Elle était faite pour accepter le monde, pour accepter un mode d'être prédéterminé, immuable, où chaque sujet, chaque objet et chaque changement étaient fixés. À l'ère de la société industrielle, cette structure symbolique sans marges, comparable à la cruauté parfaite de la nature avec ses lois, a été assumée par la mode moderne comme forme de contrôle sur l'instabilité et la transgression qu'elle est appelée à gouverner. Face à la turbulence des changements modernes, la mode aussi semble faite pour accepter la naturalité du monde, pourtant elle représente déjà elle-même le monde de l'artificialité.

La mode travaille sur la fantaisie pour la reconduire à la réalité. Ce qui doit ici être garanti et transmis n'est pas la qualité d'une tradition immuable mais plutôt la qualité de ses transformations.

Avec l'agir de mode – les modes d'être socialement construits – le seuil initiatique du rituel se déplace sans cesse, mais il ne perd pourtant pas la valeur propre aux interdictions. Comme pour les lois de la nature sur lesquelles les communautés primitives basaient leurs modes d'être, pour la modernité les corps malades ou faibles n'ont pas de droit d'accès au monde où ils ne sont destinés qu'à un rôle sacrificiel.

La matrice des processus de socialisation demeure donc liée à sa motivation originaire : l'interdiction de la communauté vis-à-vis de ce qu'elle n'accepte pas et perçoit comme un danger. Le régime d'*apparence* prôné par la mode n'est pas seulement une émergence de cette différence qui *manquerait* à l'être (un pur objet de désir et de stimulation vitale). Il s'agit de quelque chose de bien plus *subtil*. Dans l'économie politique des apparences, la mode est fréquence : elle célèbre une intensification de ces processus *politiques* qui tendent à exclure les modes d'être dangereux en donnant plus d'espace à la mise en scène de leurs reliques. Ce n'est pas la diversité qui devient le sujet de la mode. Au contraire, la mode se sert de la diversité à l'avantage des mêmes sujets historiques, les identités (ces modes d'être socialement forts et bien apprivoisés), inscrits dans la matrice autoritaire qui préside aux dynamiques et à l'effervescence de l'agir de mode même.

2.

La proposition *être mode* suggère captieusement l'existence
d'un être qui, séparé d'une quelconque modalité d'être
(séparé de la mode), n'est plus dans la totalité de sa nature
idéale et en même temps n'est pas complètement dans la
finitude de sa nature instrumentale non plus. La qualité de
cet expédient renvoie à l'analogie qui a souvent été établie
entre philosophie de la mode et philosophie du présent, c'est-
à-dire la connaissance de quelque chose qui se positionne
entre passé et futur, ce qui n'est plus et ce qui n'est pas
encore ; quelque chose de fluctuant dans l'indistinct
qu'impose l'attribution d'une mesure, d'une valeur, donc
d'un sens. Dans cette instance rassurante d'attribution
de sens – dans son caractère impérieux – se manifeste la
connexion entre mode et aspiration à la possession de ces
biens nécessaires à l'apparence de son propre mode d'être.
Le marché est donc ce que de plus proche s'offre à l'être qui
veut être au monde, qui veut agir socialement, ce mode
d'être équivalent à son propre désir d'affirmation.

Suivant cette trace, chaque question relative aux trauma-
tismes du changement trouve une réponse non pas tant
dans les rapports de pouvoir gouvernés par les systèmes
sociaux mais plutôt dans la sphère libidinale du marché et
de l'argent comme équivalent des valeurs que nous attribu-
ons à nos modes d'être. Voilà où les apparats historiques
de la mode ont fonctionné comme des désintégrateurs de
ces pouvoirs fondés sur la rationalité sociale. Toutes les
instances historiques de socialisation ont dû céder aux
images de la mode : même les piliers de la sécularisation,
l'Église et l'État. La mode parle à l'être en tant que tel, les
dispositifs institutionnels parlent à l'identité sociale. Ces
derniers travaillent sur ce qui est, la mode travaille aussi
sur ce qui n'est pas encore. Elle agit sur ce qui n'est pas
encore apparent. `

Cependant, c'est à ce niveau que la division sociale exerce son
étroitesse d'esprit vis-à-vis du monde. En tant qu'apparats
sociaux et donc résultat d'une négociation entre intérêts
opposés, les apparats de la mode ne peuvent pas déployer
entièrement l'énergie qu'ils laissent filtrer en surface, cette
substance qu'on a appelée gazeuse et donc réfractaire même
aux phases les plus fluides des structures et infrastructures
sociales.

Le trait conservatif que nous avons isolé dans la vocation
transgressive des modes modernes n'est pas dû seulement à
leur claire appartenance historique à ce point de conjonction
rationnel entre États et capitalisme, société et modes de
production industriels ou encore institutions et consommation. Avant toute contrainte politique, l'autorité tradition-
nelle qui se cache derrière le masque carnavalesque de la
mode est due aux formes expressives qu'elle doit emprunter
pour incarner son rôle rituel. La mode moderne puise dans
les territoires de l'être au travers des langages historiques,
de la parole écrite jusqu'à l'image audiovisuelle.

Ces langages mêmes ont le pouvoir de sélectionner les
modes d'être et de les conformer au sujet moderne, le seul
protagoniste des esthétiques de la mode. Celles-ci, bien
que désarticulées en une multitude de représentations
identitaires, ont laissé encore dans le noir et dans le silence
de larges zones de subjectivité : des modes d'être qui ne
peuvent pas être *à la mode*.

3.

Les modes *coulent* sans arrêt. Leur instabilité nous les rend
familières, intimes, présentes, pourvu qu'on les accueille en
tant que formes du sentir et non pas de la pensée, pourvu
donc qu'on y soit immergés : là où l'artifice du corps se
reconnaît authentique et immanquable, reproductible et
original en même temps. Écrire sur la mode est déjà une
trahison, une traduction, une tentative extrême de fixer le
seuil au-delà duquel nous apparaissons en tant qu'identités.
Cette zone liminale n'est pas fondée par l'écriture ni par
n'importe quelle autre forme de représentation codifiée. En
revanche, elle les fonde et les rend possibles. La mode – ce
que les savants ont réduit à l'éphémère, à la surface, au
maquillage – n'appartient pas au signifiant mais au signifié,
à l'être avant même qu'il *soit*, avant même qu'il trouve son
apparence, sa territorialité. La mode est l'effet d'une cause
intérieure, elle est le seul contenu que nous pouvons *toucher* –
en nous révélant – de l'intérieur de notre émotivité.

C'est un préjugé typiquement occidental d'affirmer que
les modes ont été et sont juste l'ensemble cohérent des
signalétiques sociales que l'histoire a décrit et décrit comme
décoration et habillage de notre habiter et de notre corps.
Les histoires et les systèmes de la mode explicitent le phénomène mode à partir de sa manifestation. Ils ne décrivent
pas entièrement l'espacement qui la précède, mais juste
les *limites* entre lesquelles les modes du désir – modes con-
stituant l'agir humain – parviennent à une légitimation.
Face à la volonté de représentation des désirs sous-jacents
aux structures sociales, les systèmes et l'histoire de la mode
n'enregistrent que les stratégies d'inclusion et d'exclusion à
travers lesquelles la manifestation du désir est socialement
négociée en un jeu permanent entre répression et exalta-
tion. Il s'agit d'un jeu qui exploite la séparation entre le soi
et les procédures à travers lesquelles le soi s'affirme dans
le monde des faits. Entrant dans les pratiques de la pensée,
la perception de la mode s'atrophie dans le périmètre de la
rationalité sociale. Elle ne cherche plus à forcer la réflexion
sur ce que, de la mode, ses apparats sociaux excluent.

Saisissant donc l'inconciliable duplicité qui se cache dans le terme *mode*, il est important de ne pas la penser seulement comme sphère dans laquelle l'apparence se manifeste en tant que système symboliquement et socialement cohérent dans le but de définir tout ce et ceux qui *parviennent* à apparaître, à être parmi les *autres*, c'est-à-dire parmi ceux que la société prédispose en tant que figures censées représenter la globalité des relations humaines. La mode doit au contraire être perçue surtout comme sphère d'un territoire exorbitant et d'une extension indéfinie qui n'arrive pas à s'affirmer, à se montrer, à *se faire monde* si ce n'est qu'en partie. La mode est cette partie qui se fait et se défait, grâce à ce qui, insatisfait, exerce une pression de l'intérieur. Cette pression inécoutée de la mode *contre* son actuelle modélisation devrait donc constituer le lieu de négociation des significations mêmes de la mode.

Le sens commun réduit la mode à la scène visible des acteurs qui ont officiellement la mission de *faire mode:* mais là où un style ou un look marquent une construction sociale, la mode dans le sens de *mode d'être* est déjà perdue. Elle s'est déjà trahie, elle est passée de l'originalité du signifié à la contrainte du signifiant. Elle a renoncé au réel en échange de la réalité.

L'*image de mode* est un lieu extraordinaire d'expérience des conflits, mais elle est aussi la simulation savante d'une bataille déjà terminée où ce qui se rend visible, ce sont les dépouilles des perdants que le corps social s'approprie. La société s'impose au sentiment de la mode comme une grille à travers laquelle de temps en temps réverbèrent les désirs qui n'ont pas pu la dépasser. C'est-à-dire que l'image de mode est identité socialement territorialisée : le sentir de la mode s'est effondré dans les mailles serrées de la société, passant du secret de l'auto-perception individuelle à la lueur de l'économie politique des signes. De toute cette vie vécue en dehors de ses modes de représentation, seule une partie minime émerge à la surface et se charge de l'histoire sociale. Ce qui reste – ce qui est la *vérité* de la *mode,* son juste lieu – demeure en *attente,* sans pouvoir se reconnaître en ce que les multitudes à la mode jouent comme air du temps.

Le discours sur la mode, déraciné de son expérience intérieure, est donc *toujours le discours à la mode*, c'est-à-dire la nature même du discours, sa possibilité de se produire, d'émerger, de *mettre en relation le nous* qui nous a été ordonné. Les règles sociales de la communication nous obligent à être à la mode. Elles nous obligent donc à la trahir, à travailler sur ce en quoi elle s'est révélée (grâce à certaines modalités d'usage) et non pas sur ce à quoi elle appartient de manière indistincte, présociale, profonde. Afin de libérer la mode de notre propre *être à la mode*, il faudra échapper aux préjugés du savoir. Dans la mise en discussion d'une si vaste littérature sur la question, il faut accueillir la richesse d'un paradoxe : éviter la critique de la mode – empruntée par la plupart des auteurs contemporains à l'exception, peut être, de Roland Barthes – et tenter, au contraire, de rendre les institutions de la critique *aussi touchantes que la mode*. Cette opération devient d'autant plus nécessaire maintenant que la mode semble avoir saturé totalement l'espace de la visibilité.

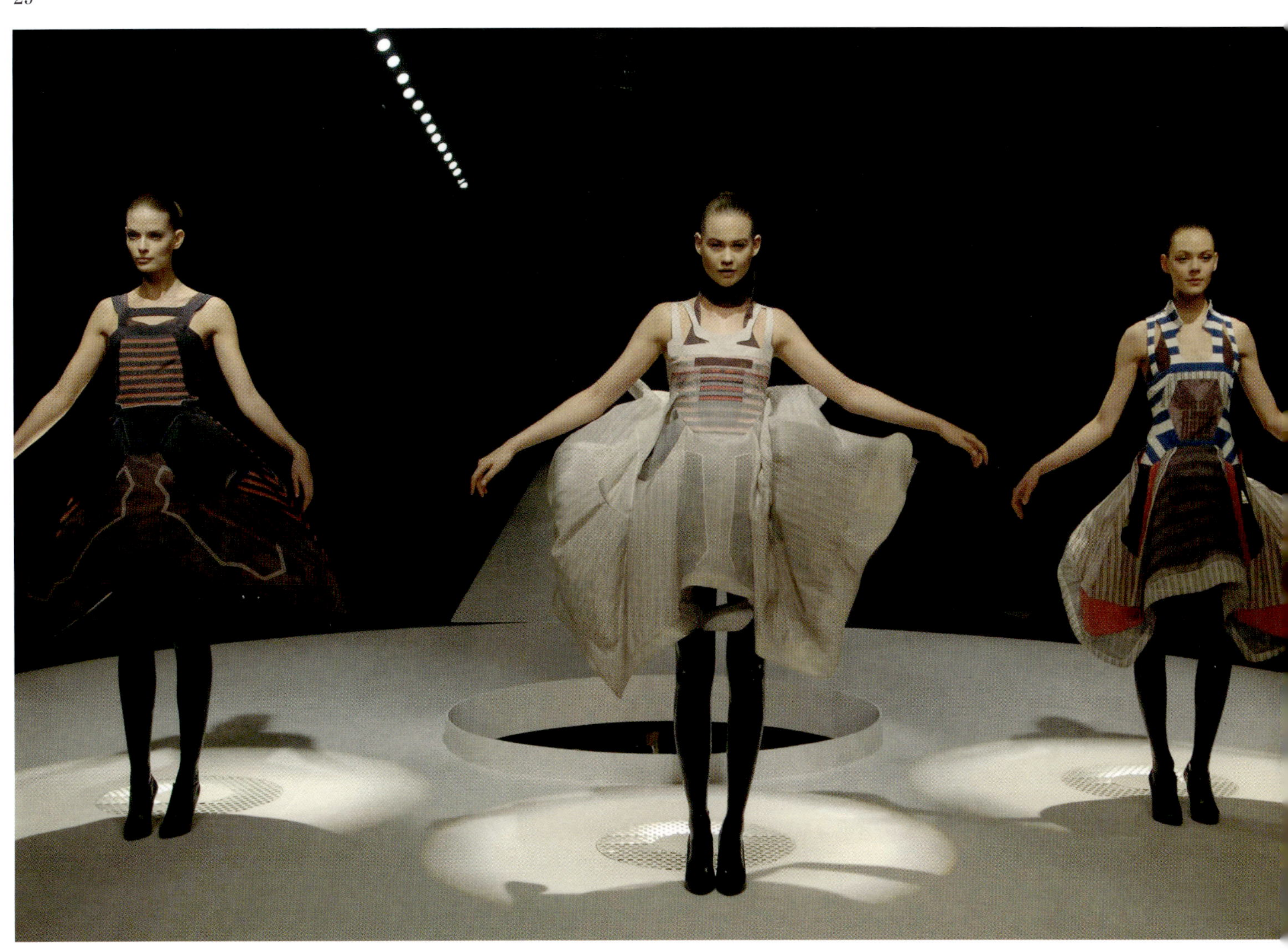

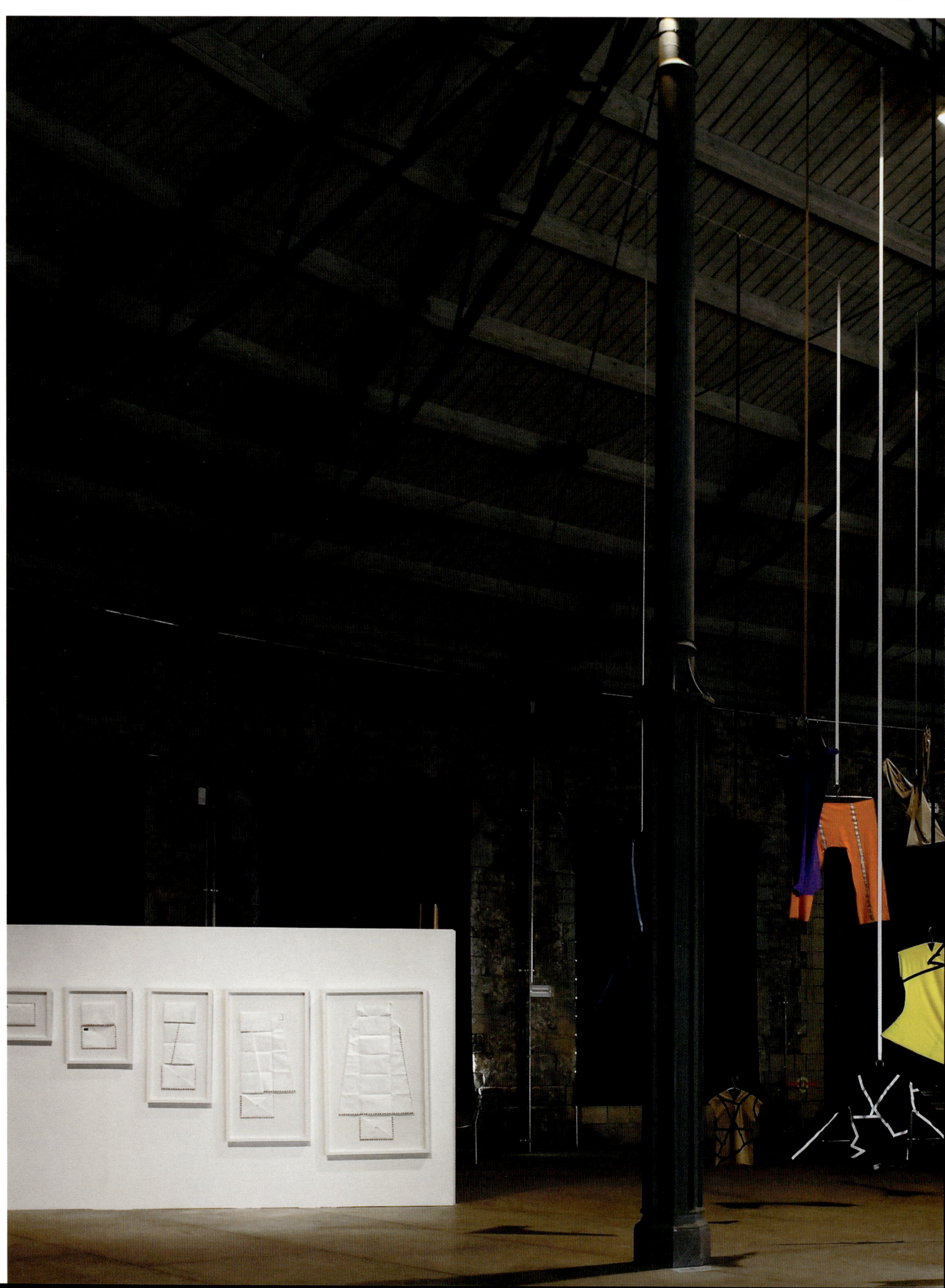

Hussein Chalayan

Jean Colonna &

Jeff Burton

Hiroaki Ohya

Maison Martin Margiela

Antonio Marras

Grit &

Jerszy Seymour

SHOWstudio

Raf Simons

Sissel Tolaas

Gaspard Yurkievich

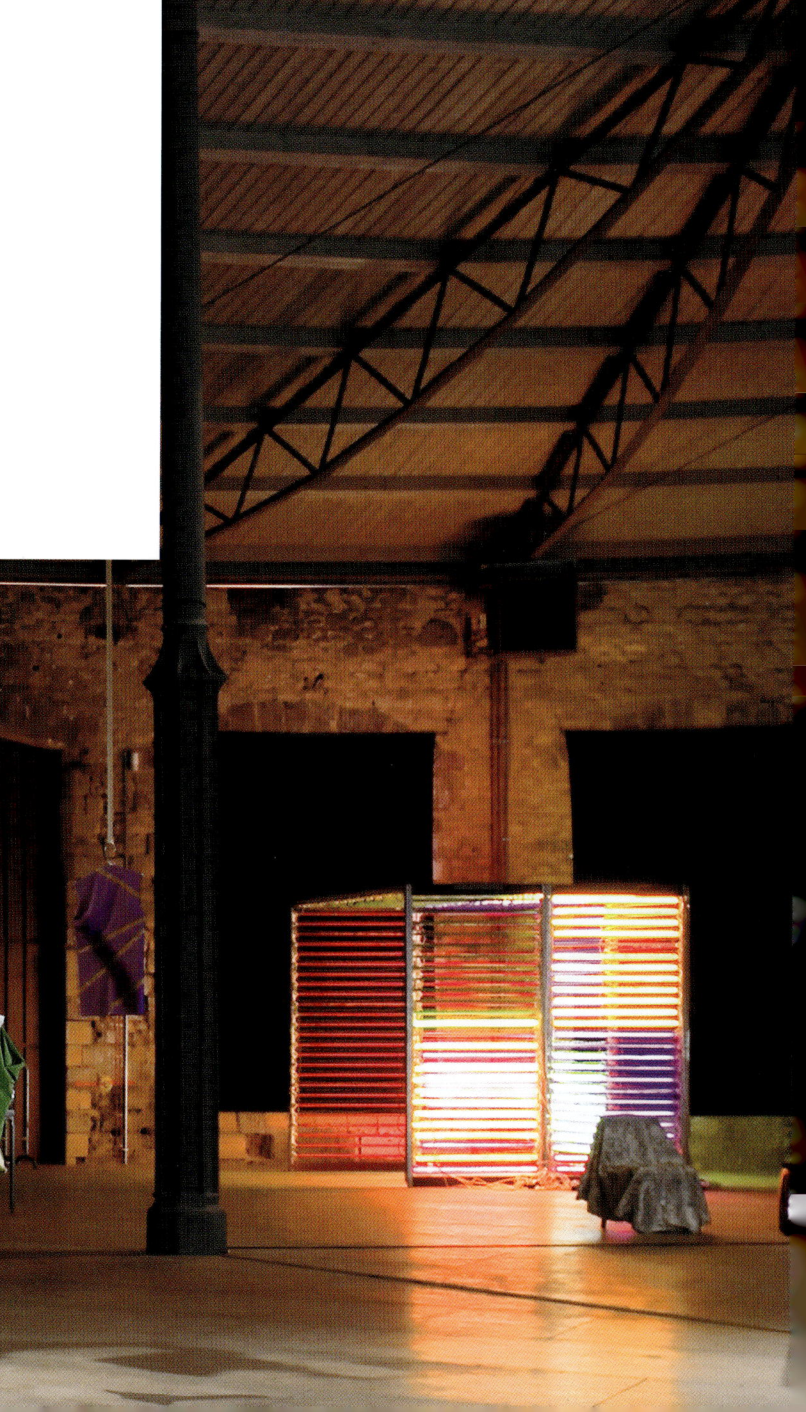

Né en 1970 à Chypre, formé à Istanbul puis à Londres, Hussein Chalayan présente en 1993 sa collection de fin d'étude *Buried* au Central Saint Martin College for Art and Design. Cette collection fera sensation et marquera le début de sa carrière. En octobre 2001, Hussein Chalayan commence à présenter ses collections à Paris. Nommé styliste d'Asprey, il dessine une ligne de prêt-à-porter en 2003. Les créations d'Hussein Chalayan se concentrent sur la façon dont fonctionne le corps, tant en termes d'espace physique, de volume que d'environnement et de contexte socioculturel. Il explore depuis toujours l'idée du voyage et du déplacement identitaire et géographique. Ses vêtements sont empreints d'une telle rigueur technique et d'une telle précision qu'ils semblent parfois architectoniques. Ses défilés délaissent le podium traditionnel au profit de mises en scène spectaculaires qui abolissent les frontières entre mode, design, performance et art. Hussein Chalayan est aujourd'hui l'un des créateurs de mode les plus innovants, les plus expérimentaux et les plus conceptuels.

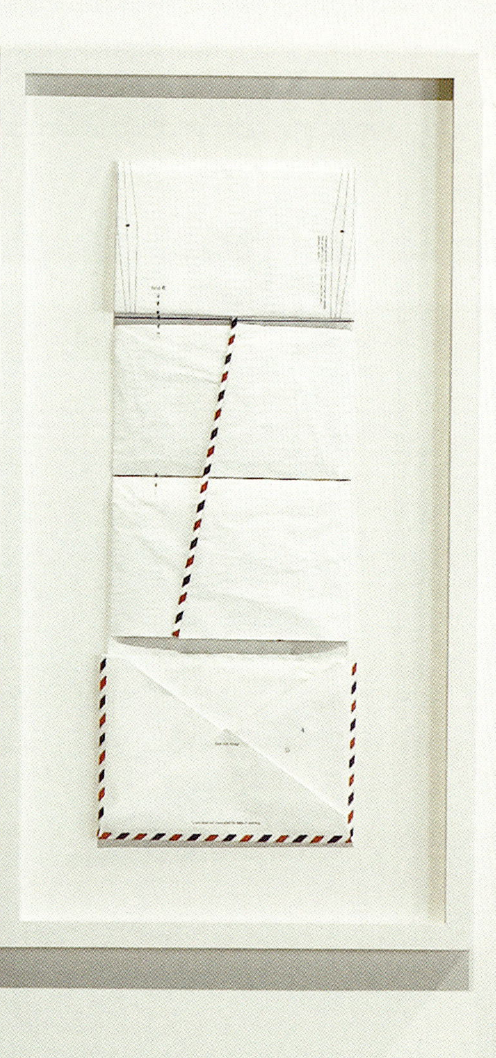

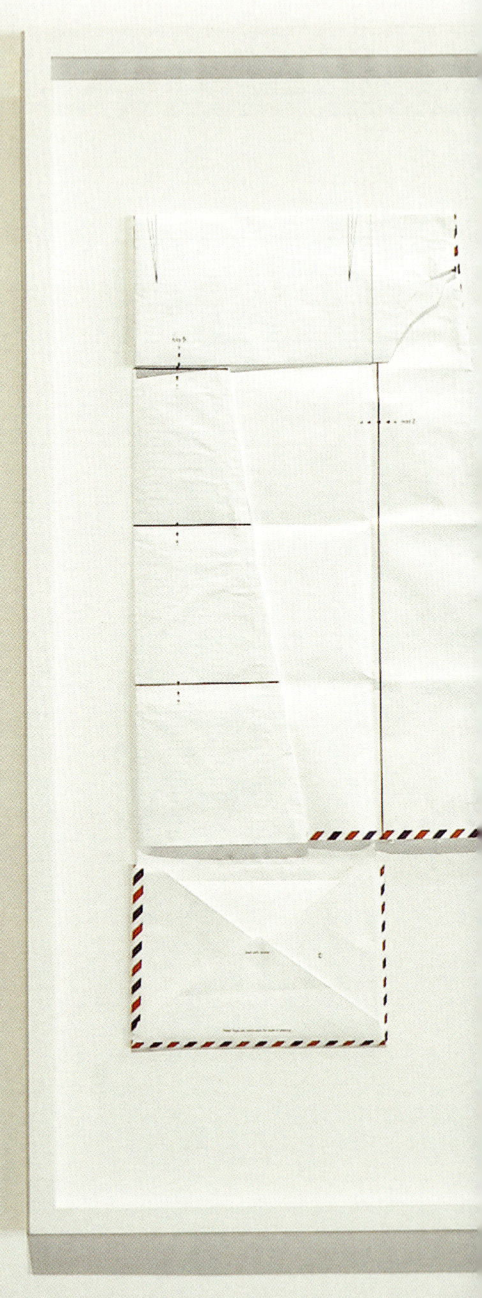

01. Hussein Chalayan
Airmail dresses & Anaesthetics

Une mode aérienne, intime et messagère, voici ce que propose Hussein Chalayan avec *Airmail dress*. Issue d'une collection de vêtements de papier, cette robe se replie sur elle-même pour prendre la forme d'une enveloppe prête à poster. L'expéditeur peut donc imprégner cette robe immaculée d'une double empreinte : celle de son écriture et celle de son corps. Le vêtement est ici assimilé à un conteneur du corps et à un contenu de la personne. Il s'agit de se raconter. Objet poétique, *Airmail dress* est sans doute l'une des créations d'Hussein Chalayan dans laquelle on peut lire le plus clairement son histoire : celle d'un homme ayant quitté sa Chypre natale pour Londres et définitivement marqué par la migration.

Plus complexe, *Anaesthetics* est une installation mêlant design et vidéo, une combinaison souvent plébiscitée par le créateur. On y découvre notamment la préparation d'un sashimi, spécialité culinaire japonaise à base de poisson cru. Derrière l'apparente sophistication de ce rituel se cache une violence occultée par la beauté de la forme. S'il résulte de cette séance de virtuosité un origami de saveurs, il n'en demeure pas moins que le mets que l'on s'apprête à mettre en bouche est un poisson tout juste découpé vivant. L'esthétique anesthésie l'expérience ; la forme finale endort ce qui la précède. Hussein Chalayan met l'accent sur la capacité du style et de la forme à masquer le vécu. Qu'on l'applique aux problèmes éthiques de l'industrie de la mode – la fourrure ou l'exploitation abusive d'une production délocalisée – ou à tout autre domaine, *Anaesthetics* est un manifeste sur le processus.

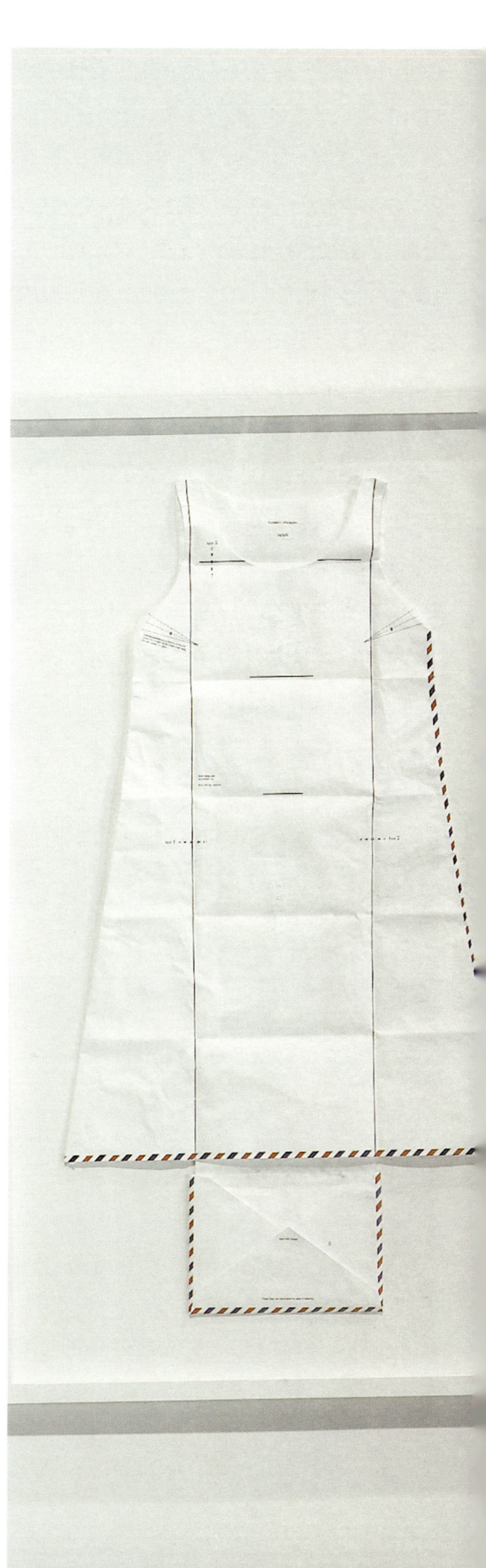

« L'idée qui se trouve derrière la collection *Airmail* était de créer une trace de la présence ou de l'absence d'une personne en envoyant ses vêtements à une autre personne. Le film *Anaesthetics* est, quant à lui, plus abstrait que mes précédents travaux. Dans un espace proche d'un laboratoire, de mystérieuses expériences sont réalisées à travers onze scènes hautement stylisées. Les désaccords et les métamorphoses déterminent l'atmosphère, à travers la transformation de différents éléments de mes collections et d'objets convertibles en bois. »

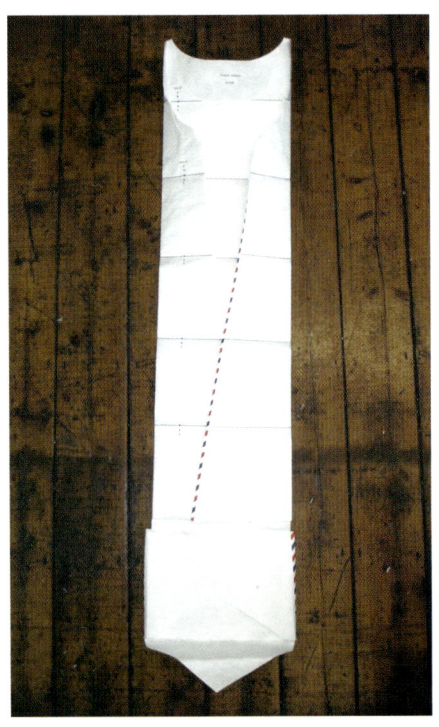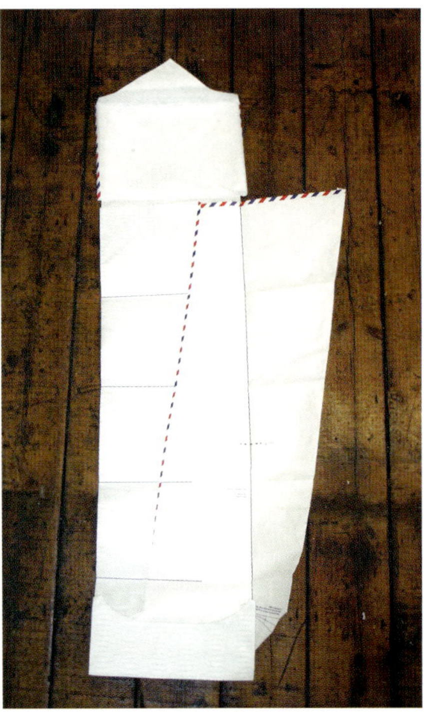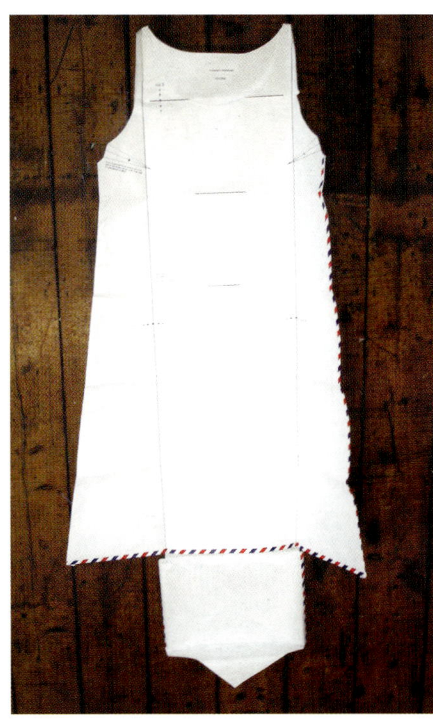

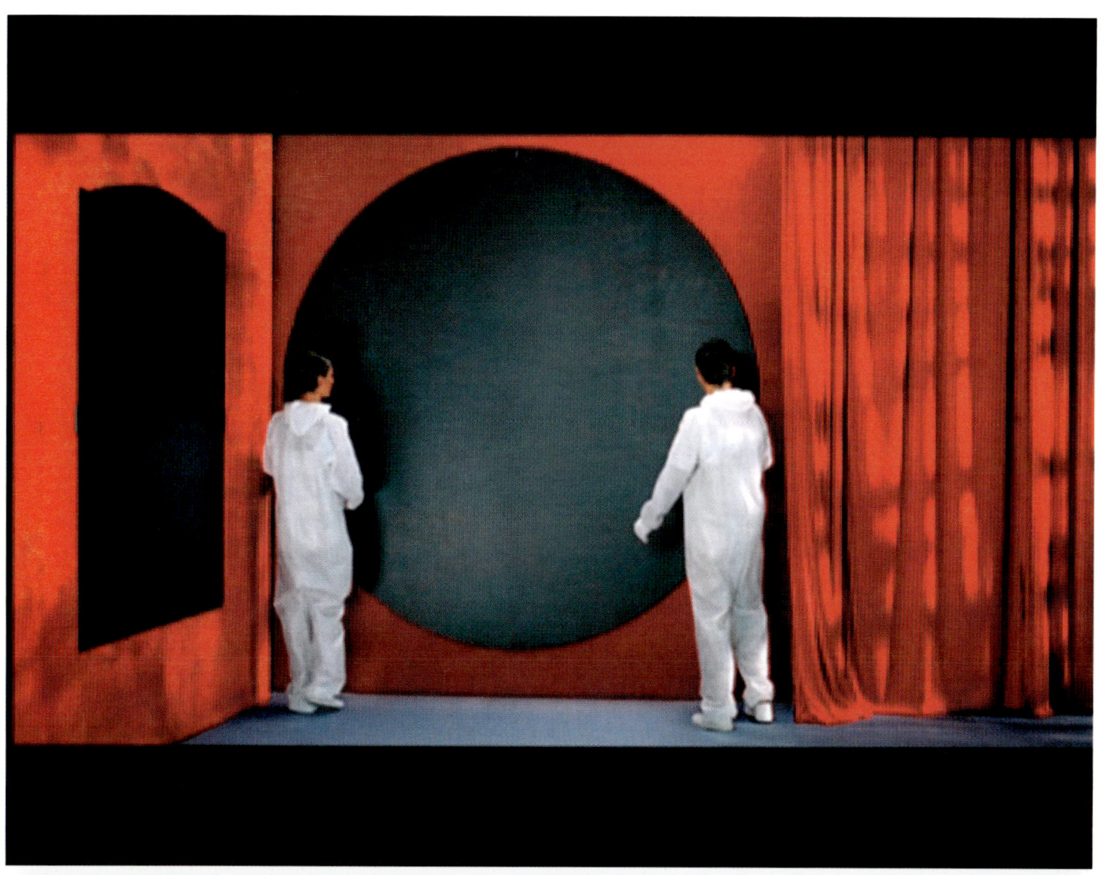

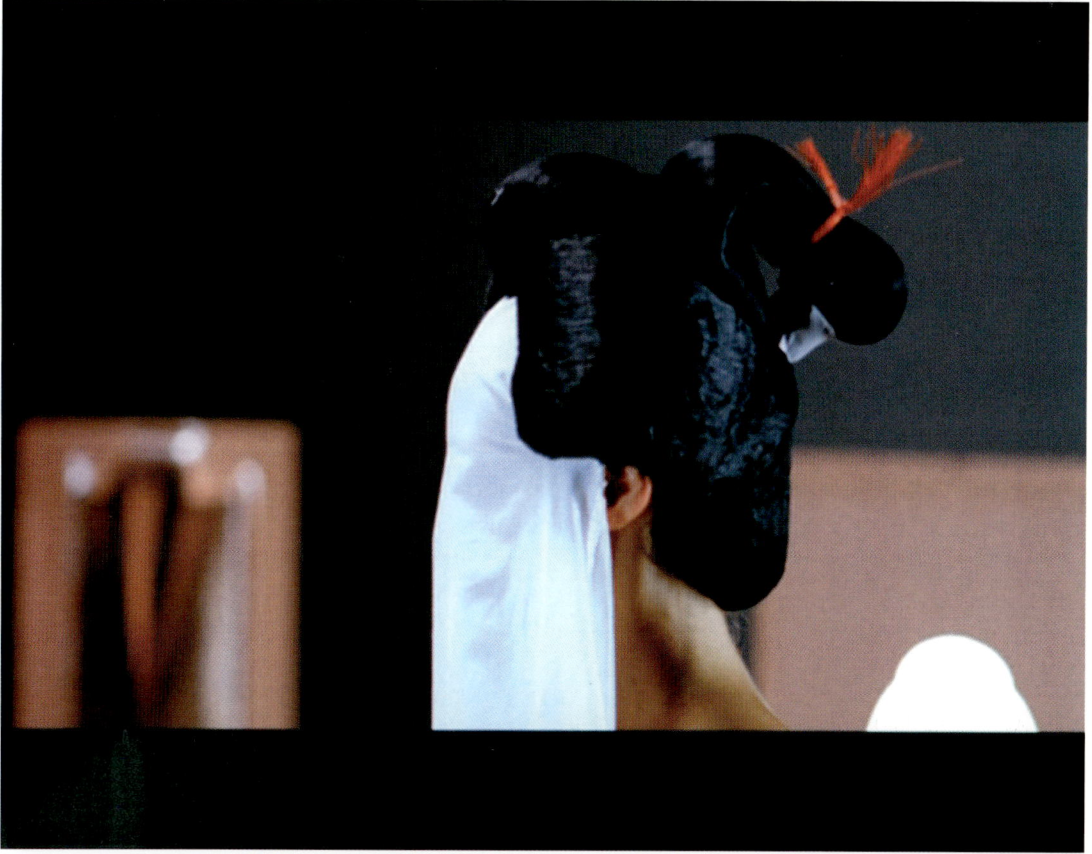

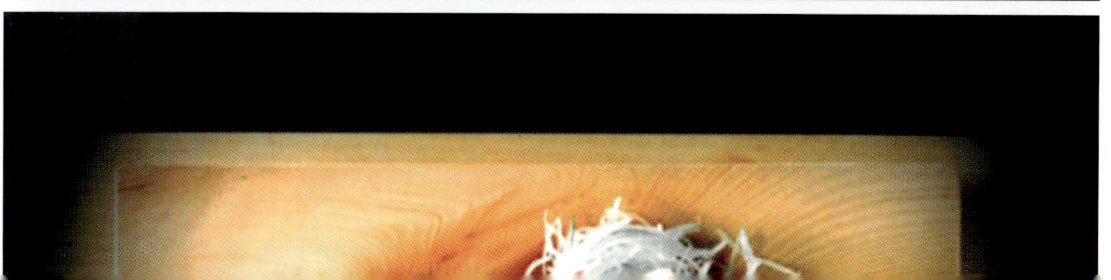

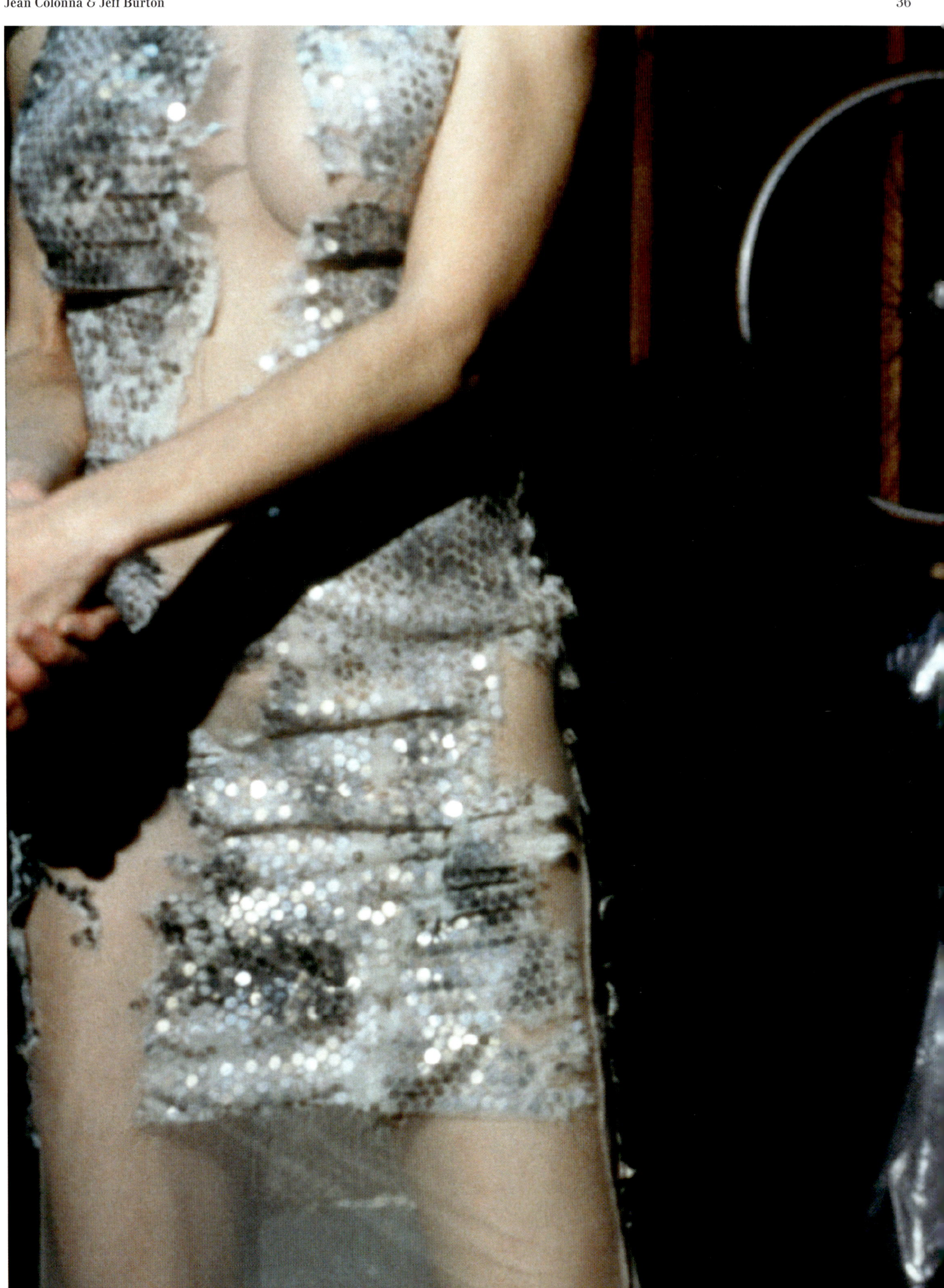

En 2001, en réponse à la carte blanche que lui offre le Festival des Arts de la Mode de Hyères, le créateur Jean Colonna invite le photographe Jeff Burton et le designer sonore Frédéric Sanchez. Prolongement du travail personnel de Burton, cette rencontre aboutit à une série de clichés mettant en scène la frontière floue qui sépare sensualité et sexualité. Réalisées en Californie, ces images, pour la plupart capturées lors de tournages de films pornographiques, jouent sur la subtilité de leur cadrage. Burton évite toute crudité, il suggère plus qu'il ne montre. Les vêtements de Colonna glissent sur la peau des protagonistes, ils s'effacent au profit d'une chair anonyme mais incarnée. Paradoxalement, ces photographies révèlent le caractère voluptueux de ses créations. Transparence, jeu de zip et de boutonnage, Colonna habille un corps prêt à se déshabiller. Souvent décrit comme *rock and roll*, son univers s'est donc projeté dans une réalité tout aussi brûlante en épousant celui de Burton.

Jeff Burton & Jean Colonna · *Sharon with panda* · 2001

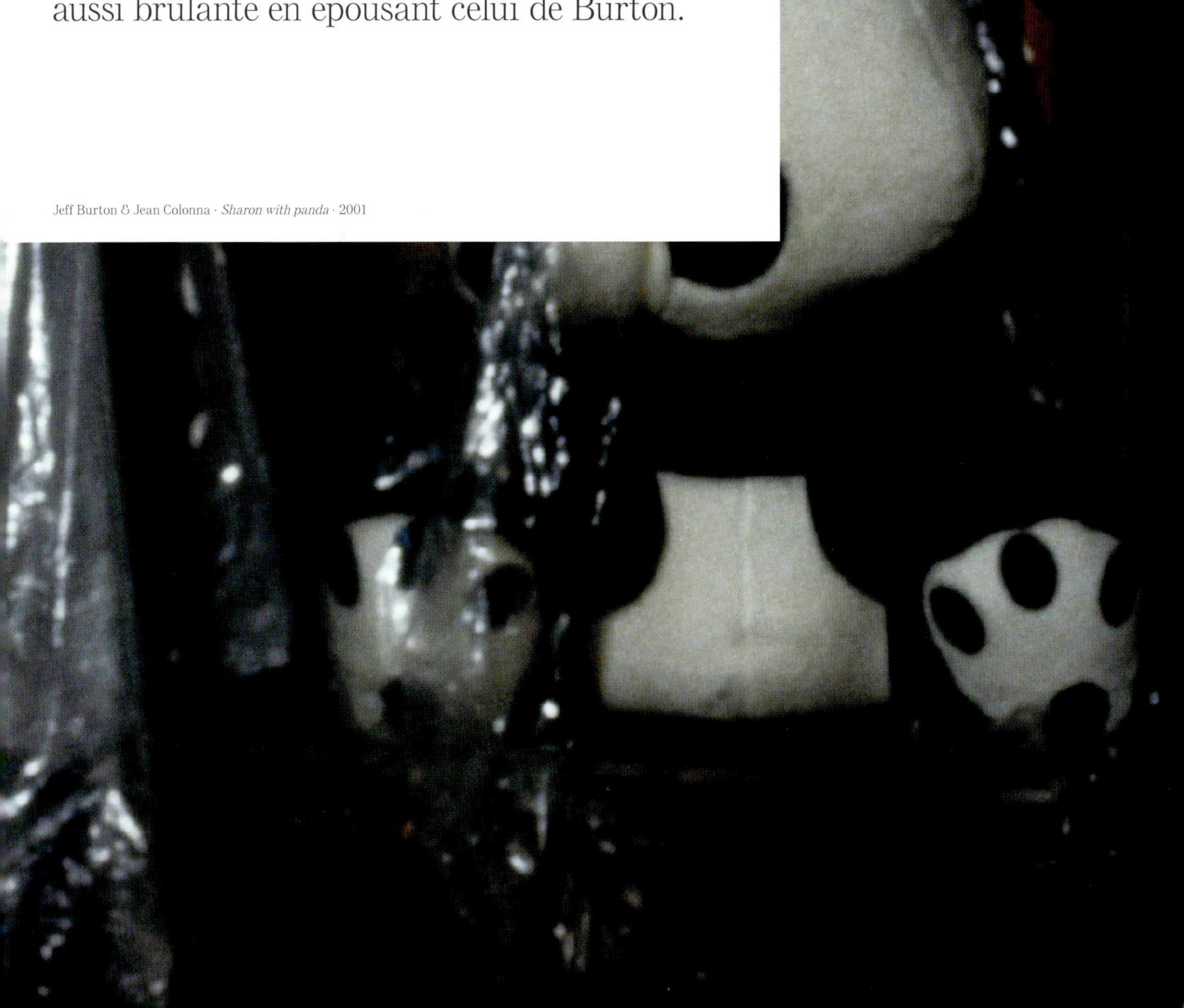

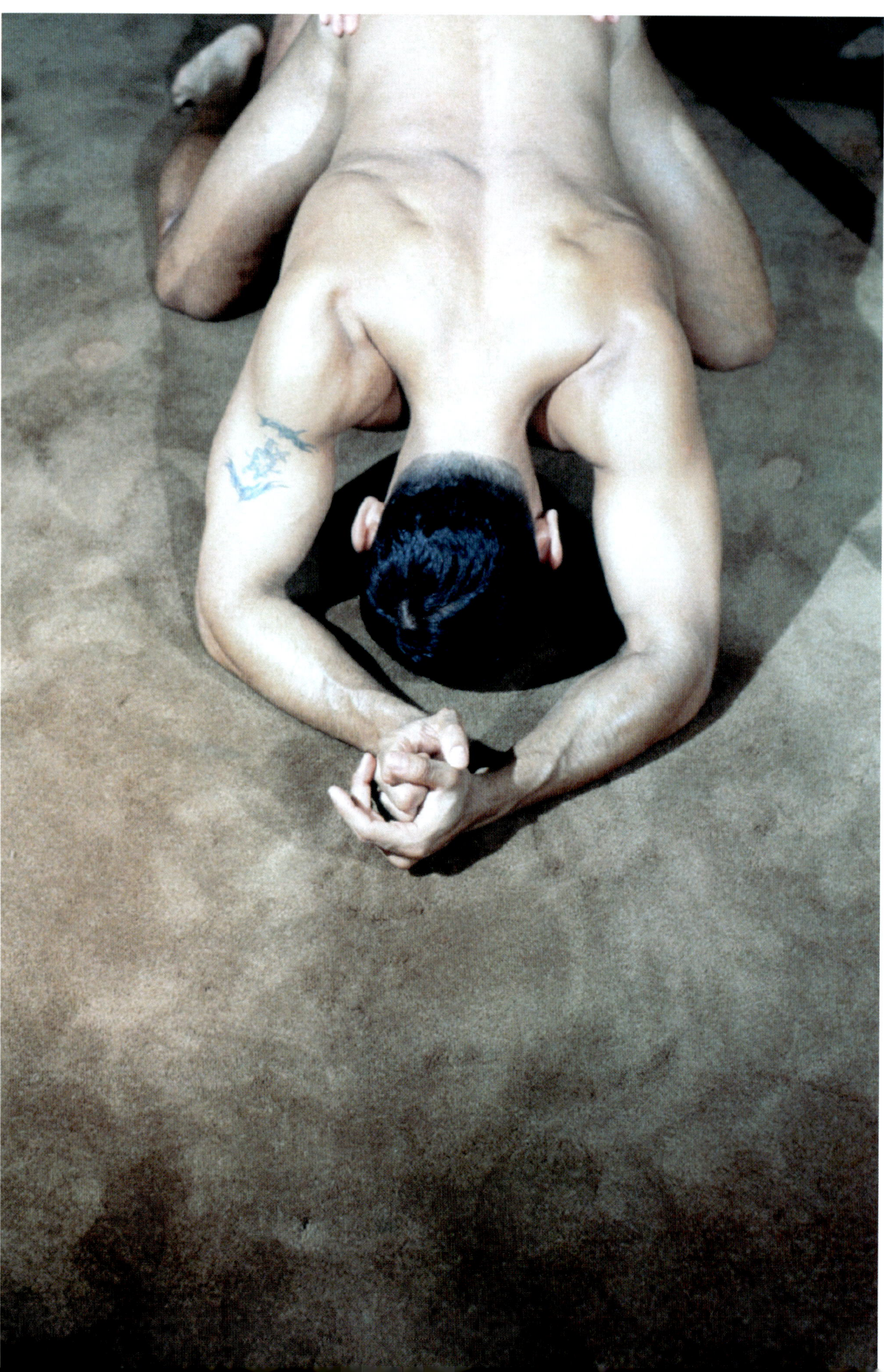

« L'art, la mode et la
pornographie ont leurs propres
échelles de valeurs en matière
de décence. C'est une hiérarchie
très rigide, où les beaux-arts se
retrouvent en haut, la mode un
peu plus bas, et le porno encore
plus bas. J'aimerais briser ce
système et mélanger ces genres. »

Jeff Burton

« La beauté n'est pas définissable.
Vous pouvez la voir, la toucher,
la sentir, mais vous ne pouvez
pas la capturer. Avec Jeff, je ne
voulais surtout pas faire une série
de mode. Je voulais simplement
parler de la vie, et révéler une
certaine vérité. »

Jean Colonna

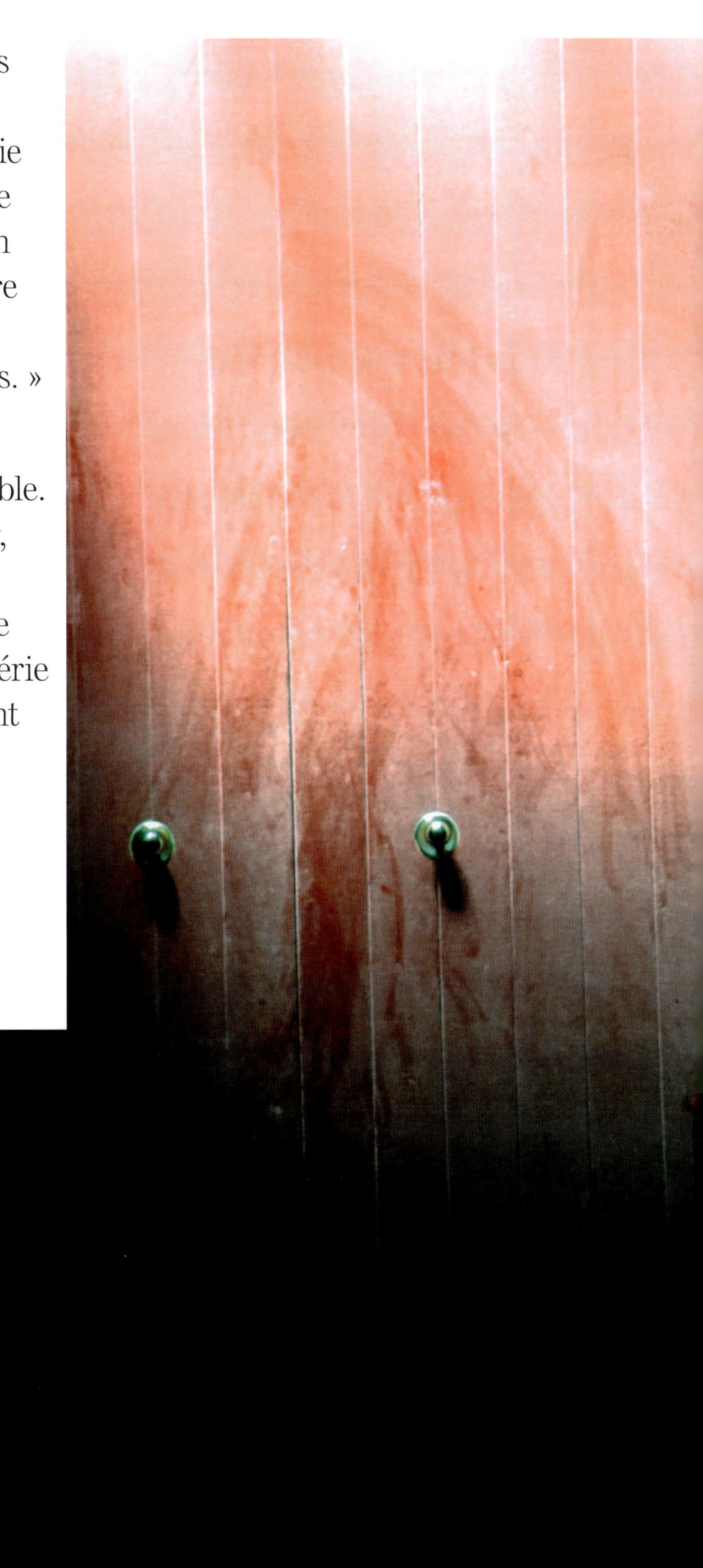

Jeff Burton & Jean Colonna
· *kneeling on beige* · 2001
· *red velvet door with handmarks* · 2001

Jeff Burton

Né en 1963 à Anaheim, en Californie, Jeff Burton vit et travaille à Los Angeles. Diplômé de l'Institut d'Art de Californie, il commence sa carrière de photographe sur des tournages de films pornographiques. Ses photos sont des instantanés voyeuristes pris à hauteur de genou, reproduisant ainsi la vision que pourrait avoir un enfant. Burton réinterprète le concept de la pornographie, ses photos respirent la sensualité et la séduction, sans afficher d'actions crues et sexuelles, tout est dans le mystère, la suggestion et le secret. Les couleurs saturées et le cadrage des photos rendent les corps photographiés abstraits et fragmentés. La ligne de séparation entre art, mode et pornographie tend à se dissoudre.

Jean Colonna

Né en 1955 en Algérie, Jean Colonna passe son enfance dans le sud de la France. À partir de 1975, il suit les cours de l'École de la Chambre syndicale de la Couture parisienne. Après cette formation, il travaille comme assistant chez Pierre Balmain et présente sa première collection sous la forme d'un catalogue en 1985. La relation spécifique qu'il entretien avec la photographie est visible dés ses premières collections, dans sa collaboration avec Bettina Rheims et Stéphane Sednaoui. En 1990, Jean Colonna réalise son premier défilé et développe une véritable esthétique « noire, rock et sexy » qui touchera les générations futures. En 1993, il réalise la conception des vitrines et des catalogues du Printemps ; en 1993/1994, il produit une ligne de vêtements et de lingerie pour La Redoute ; et, en 1995, il édite un calendrier. Ces expériences lui permettent de travailler avec de grands photographes de mode tels que David Sims ou Glen Luchford. Jean Colonna concrétise la relation qu'il entretient avec la photographie en présentant une œuvre réalisée avec le photographe d'art américain Jeff Burton au festival de mode et de photographie de Hyères en 2001.

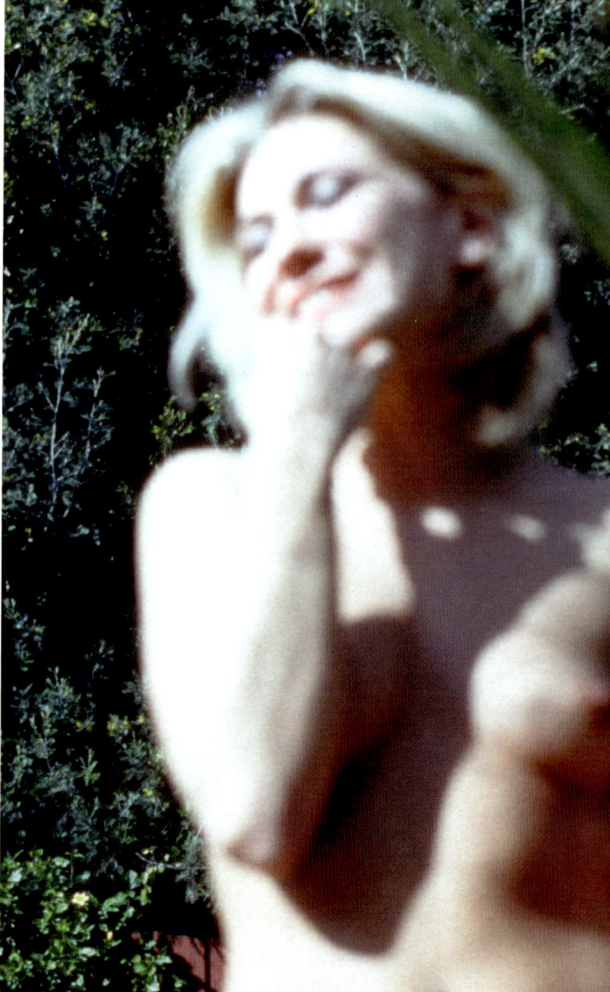

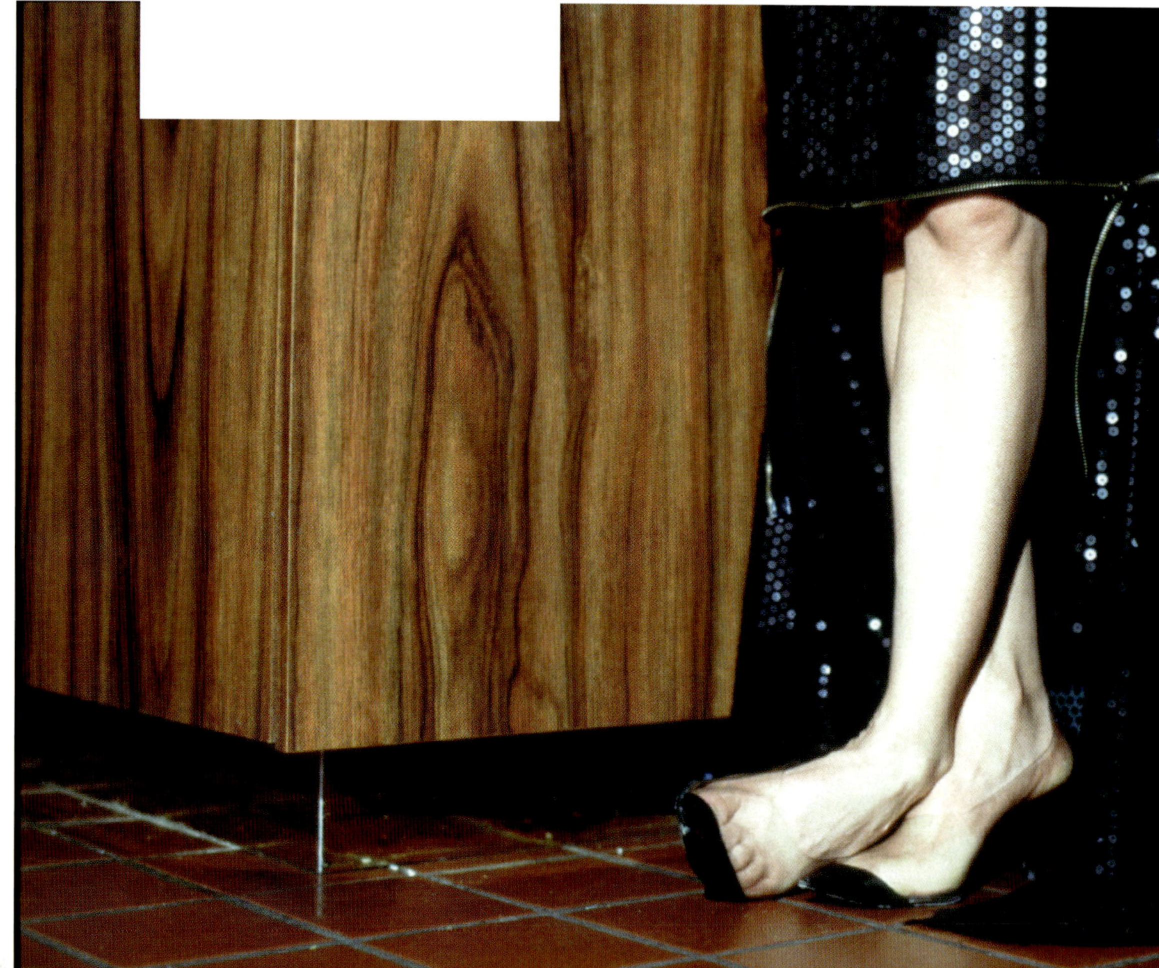

Jeff Burton & Jean Colonna
· *nude girl laughing* · 2001
· *Sharon's legs in Colonna* · 2001

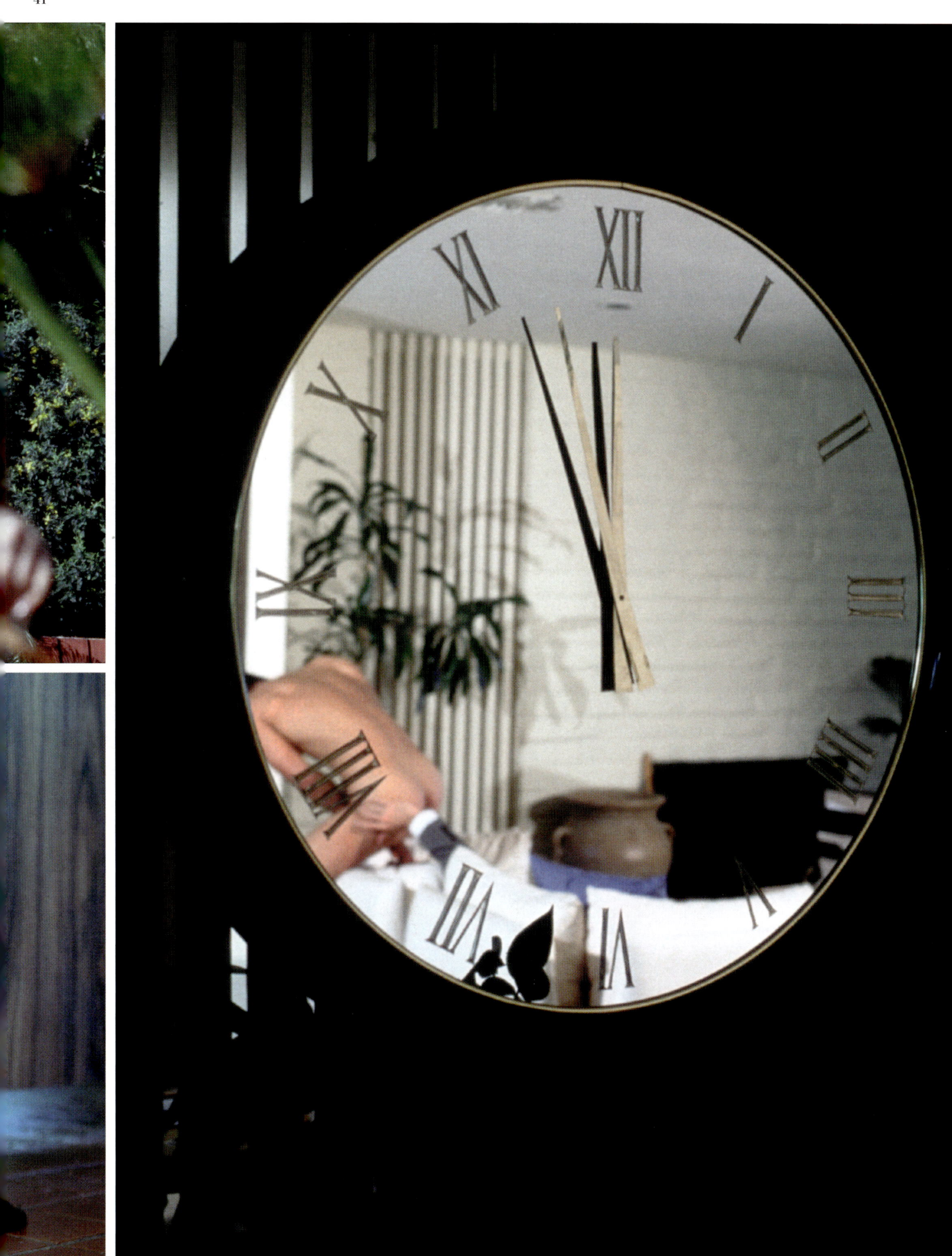

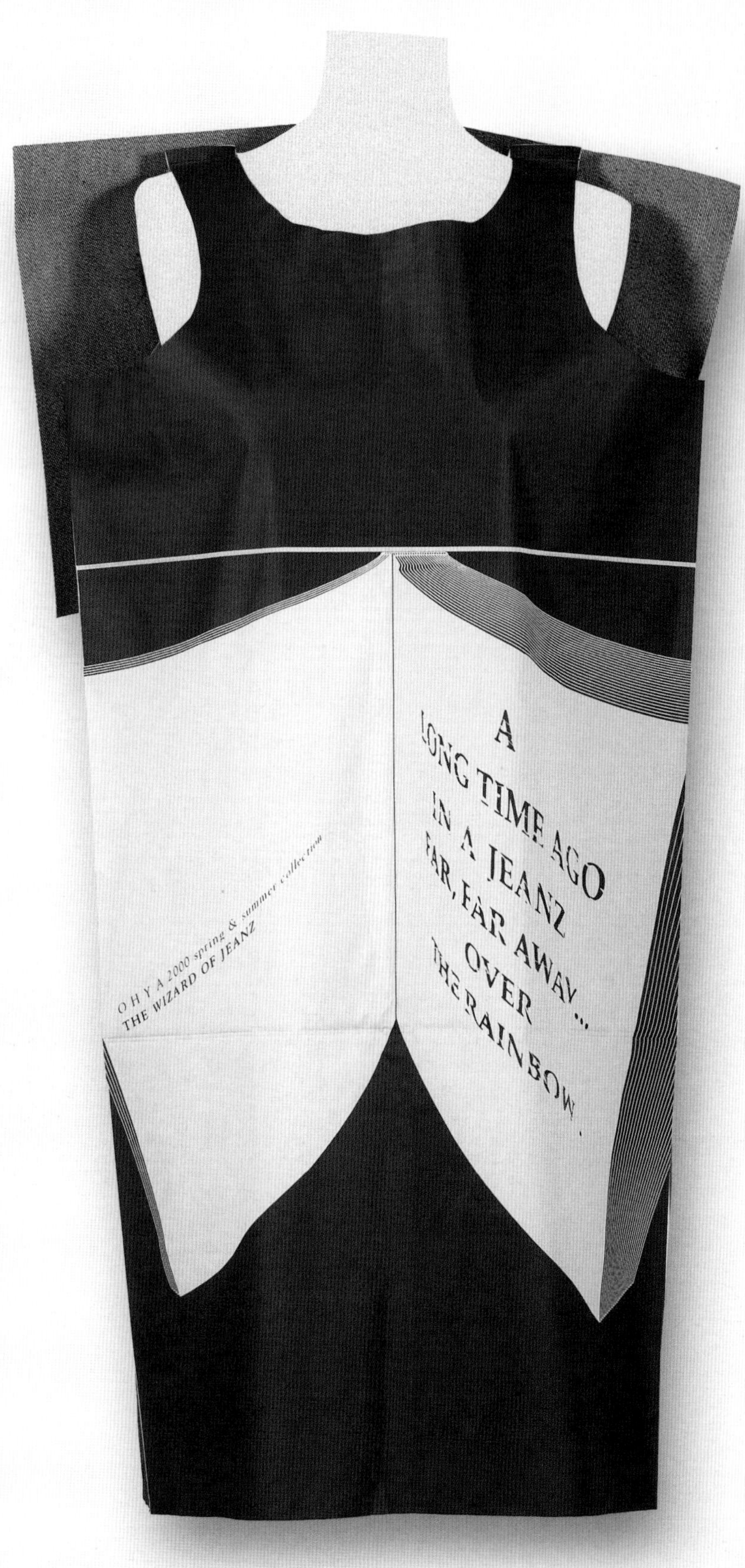
A
LONG TIME AGO
IN A JEANZ
FAR, FAR AWAY ...
OVER
THE RAINBOW.

O H Y A 2000 spring & summer collection
THE WIZARD OF JEANZ

03. Hiroaki Ohya, The Wizard of Jeanz

À l'image du titre de son œuvre, Hiroaki Ohya développe un univers où se mêlent poésie et ludisme. En s'inspirant du *Magicien d'Oz, The Wizard of Jeanz* nous entraîne dans un voyage vestimentaire fait de faux-semblants. Véritable odyssée, les vingt et un livres qui composent ce vestiaire se muent en vêtements une fois la couverture ouverte. Prouesse de pliages et de patronages, ces créations sont pourtant bien plus qu'un impressionnant exercice de style. En enfermant le fruit de ses recherches dans ces livres, Hiroaki Ohya plébiscite une « mode mémoire », testament de son époque et officiant à contre-courant des calendriers saisonniers imposés par l'industrie de la mode. Le vêtement se fait narration, et raconte une histoire rythmée par plusieurs protagonistes : un créateur, un corps, des tissus et, bien évidemment, un destin.

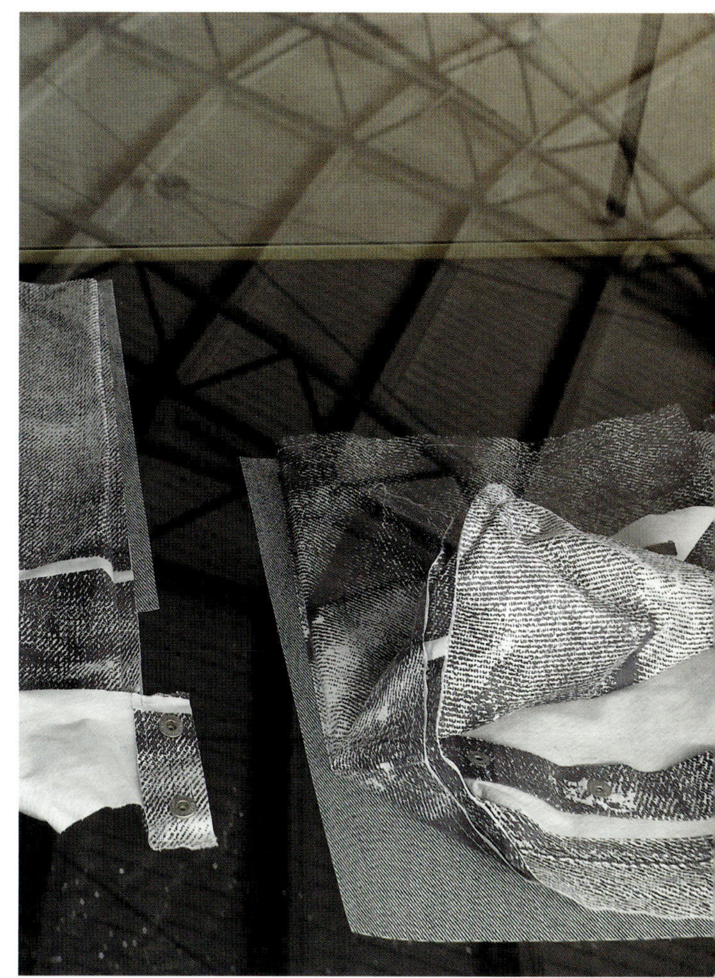

Hiroaki Ohya · *The Wizard of Jeanz* · 2001

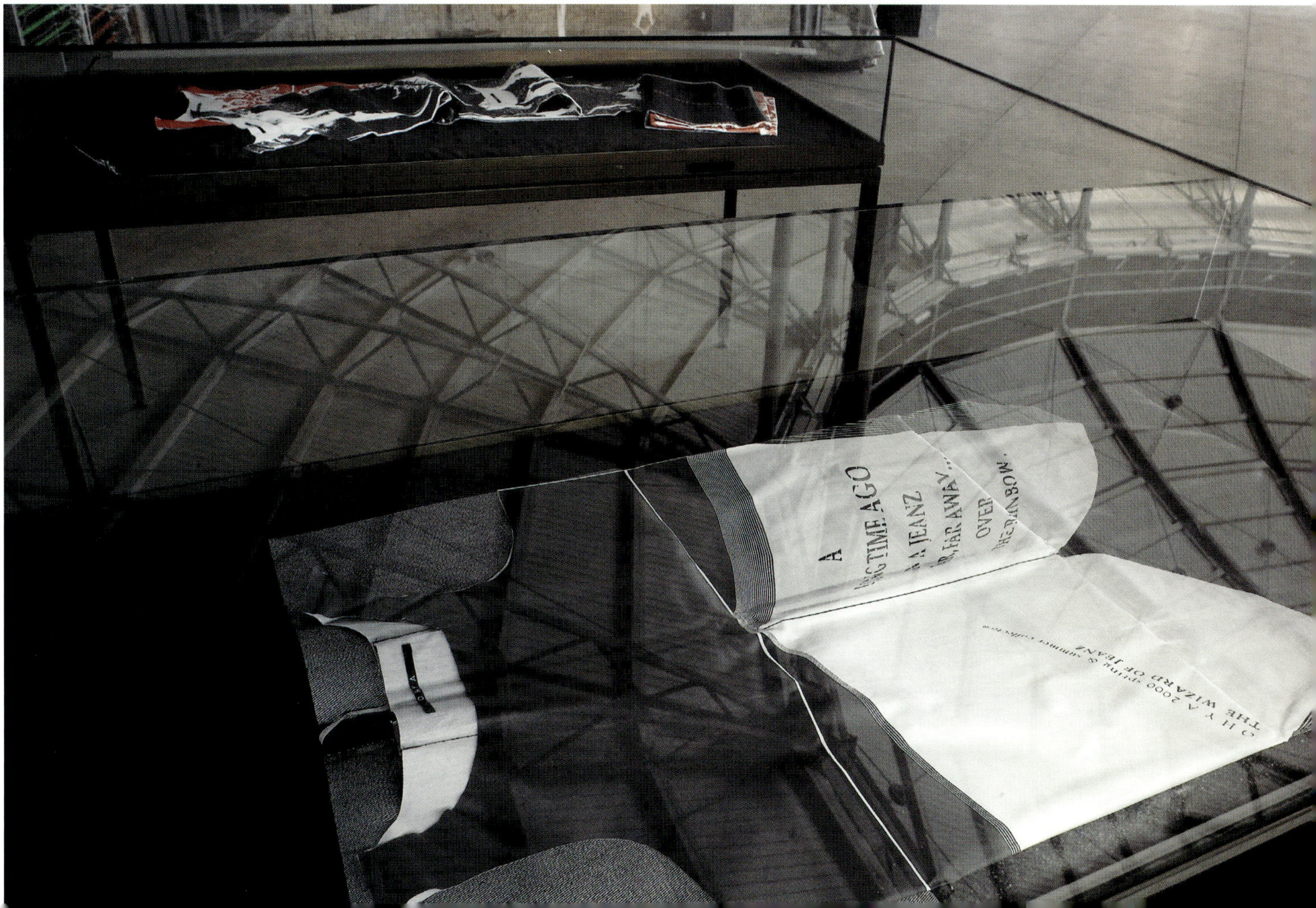

Hiroaki Ohya

Hiroaki Ohya est né en 1970. Après
ses études à l'Institut de la Mode
de Bunka à Tokyo, il est repéré et
recruté par le studio Miyake Design
pour travailler en tant que concepteur.
L'intérêt d'Ohya pour la culture
japonaise et les technologies de pointe
se retrouve dans l'inventivité et le
style de ses créations.
Sous le patronage de Miyake, Ohya
lance sa propre étiquette *streetwear* :
OH ! YA ? avec pour motif Astroboy
(une bande dessinée des années 1960).
En 1999, il lance la collection de
vêtements-livres *The Wizard of Jeanz*.
Hiroaki Ohya divise son temps entre
le travail pour sa propre marque et
le travail pour le label de Miyake Haat,
sous la direction du concepteur de
textile Mikiko Minagawa.

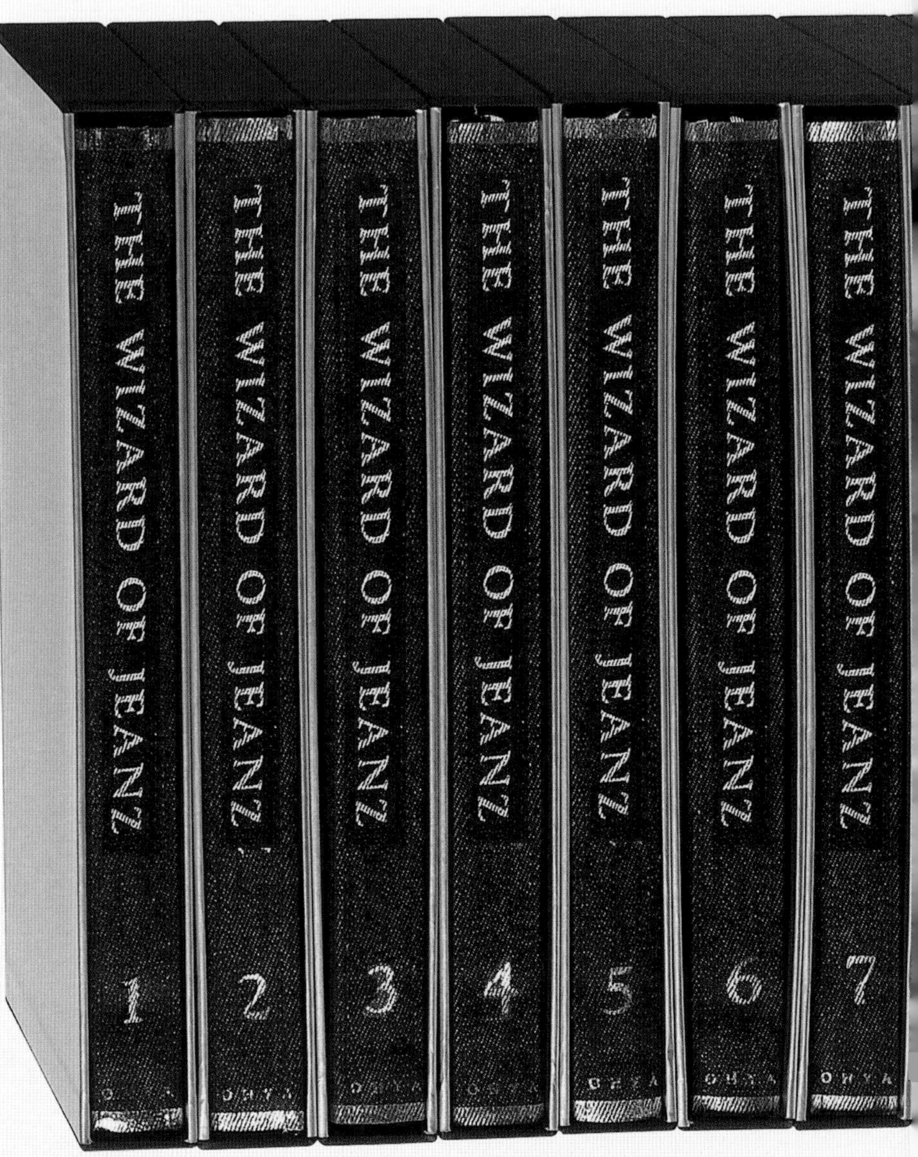

« Je ne pense pas que la mode se résume à
un signe révélateur de nos sociétés. C'est
avant tout une réflexion propre à chacun. Je
ne crois pas que les vêtements soient juste
des produits. Quand une personne porte un
habit, celui-ci devient une part de sa vie et
de son cœur. »

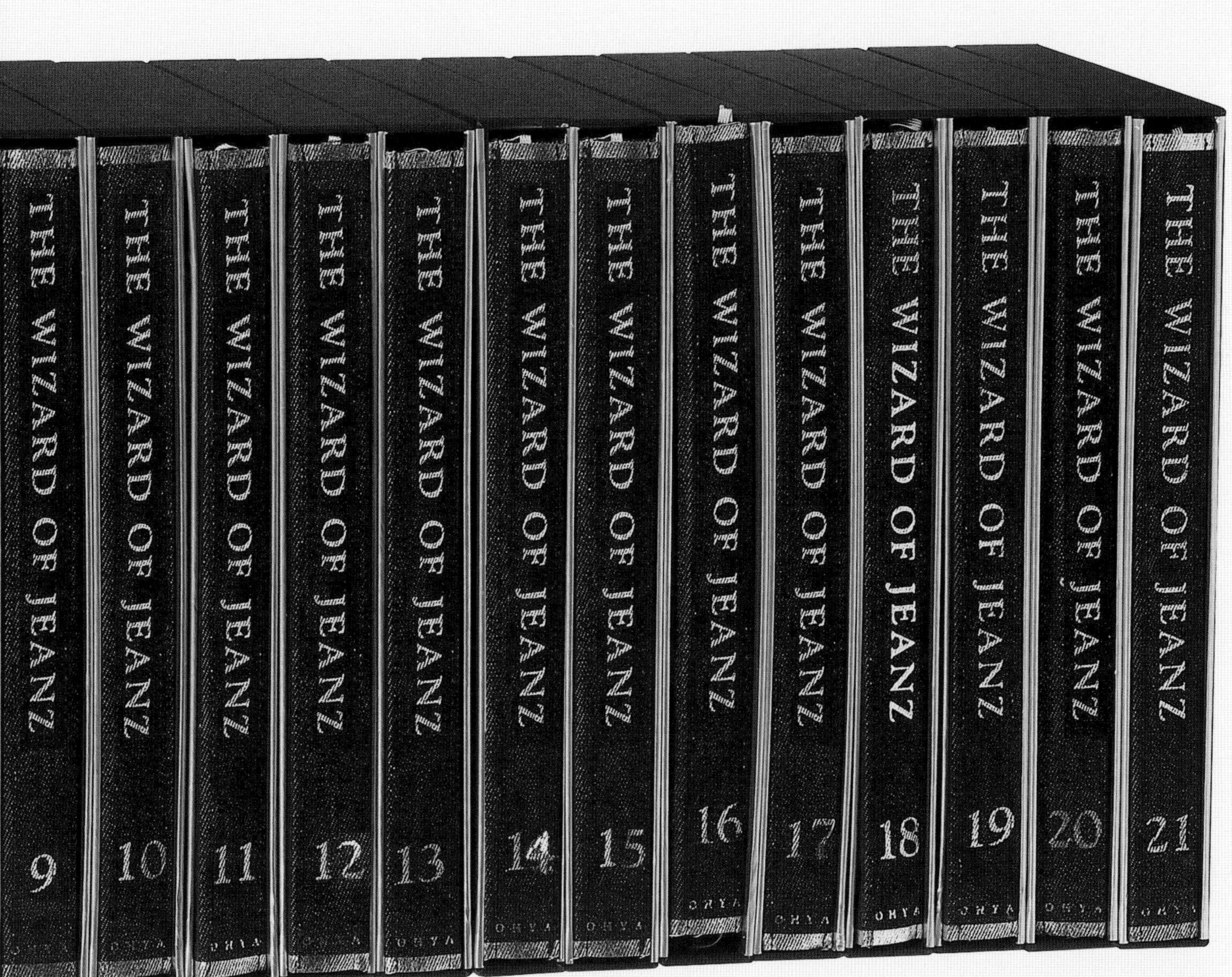

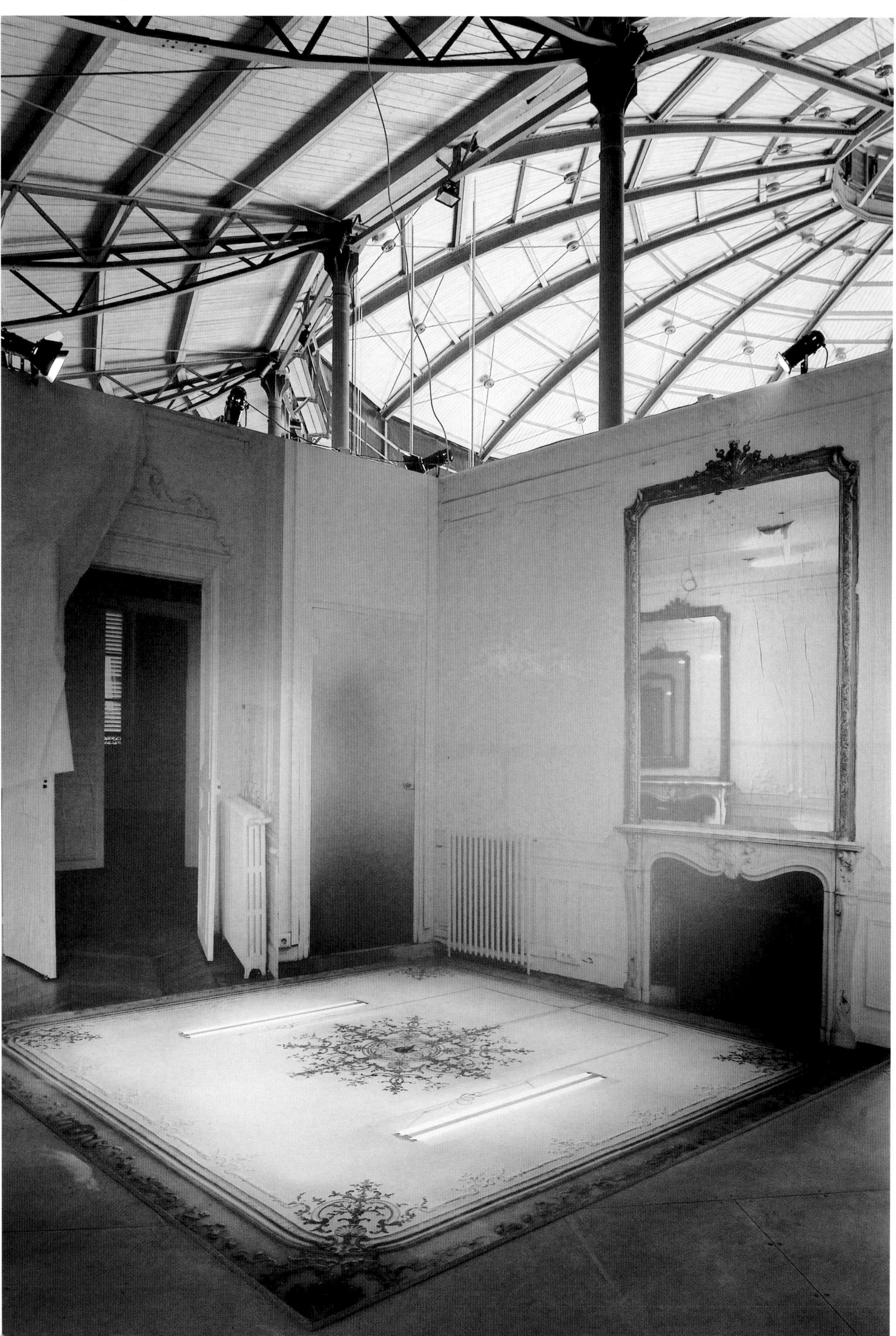

04. Maison Martin Margiela

La Maison Martin Margiela présente
une installation inédite digne d'un
plateau de cinéma. Des palissades en
bois sont recouvertes de photographies
d'intérieur à échelle réelle, créant ainsi
un effet de trompe-l'œil. La forme
même de cette structure, par son jeu
d'angles, présente à la fois l'endroit et
l'envers de ce décor, perpétuant ainsi
la philosophie démystificatrice du
créateur belge. Directement inspirées
par ses espaces de vente, ces images
représentent des intérieurs complètement
dépouillés refusant le concept même de
décoration. Pour Martin Margiela, le
luxe n'est pas ostentatoire, le vêtement
prime sur le spectacle. Adepte de la
récupération, il met en place avec la
collection artisanale un principe de
haute couture basé sur le détournement
et la réactivation de vêtements ou
d'objets. La toile d'une peinture
figurative se libère de son châssis pour
devenir le tissu d'une jupe. Des bonnets
d'aviateur en cuir sont décousus pour
être repatronnés sous la forme d'un
blouson. De vieux foulards disparates
sont tressés et noués pour se transformer
en robe. Plus qu'une simple figure
de style, un ouvrage de la collection
artisanale est une histoire à part entière.
La « non-communication » de la
Maison Martin Margiela est tellement
exacerbée qu'elle produit l'effet
inverse et devient un signe identitaire,
comme en témoignent les quatre
points de fils blancs de ces étiquettes,
signature emblème et reconnue.

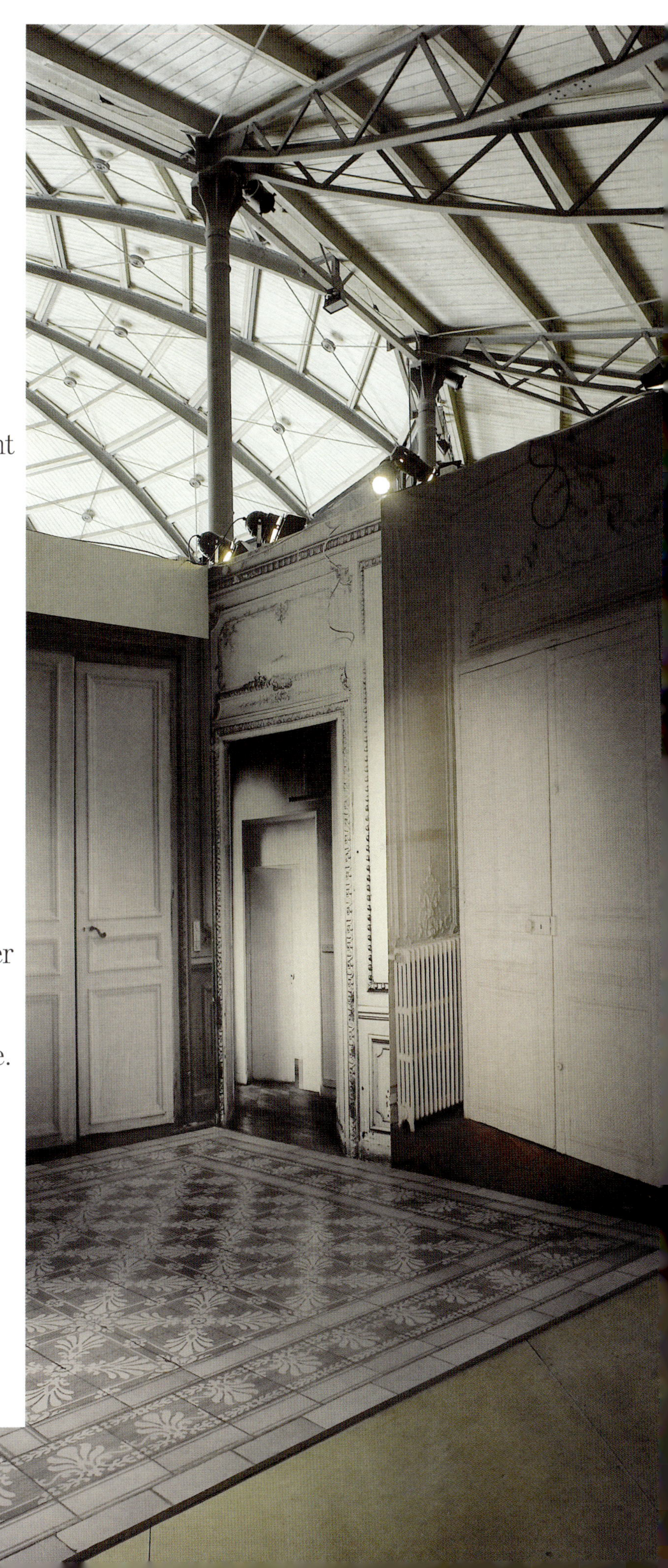

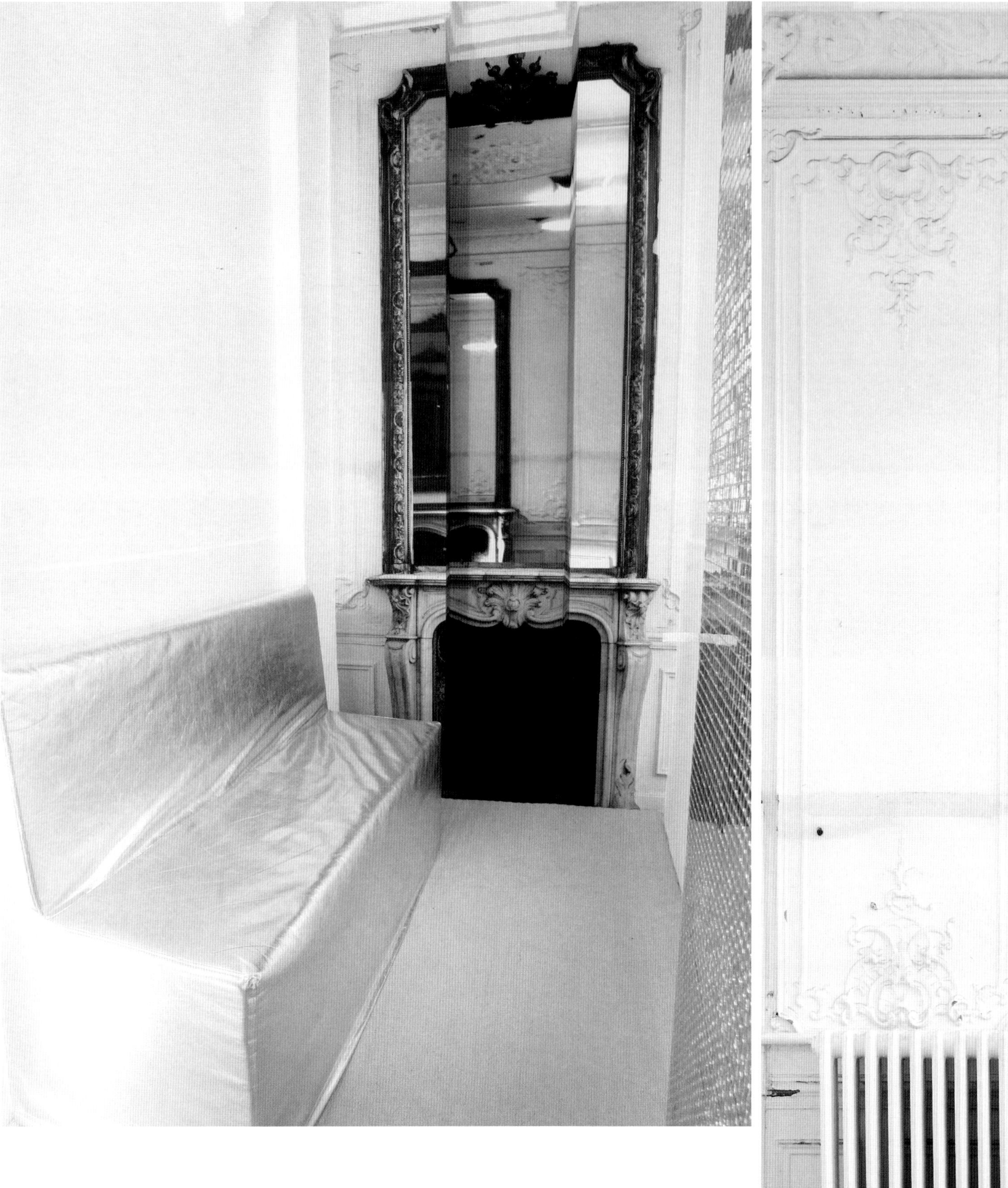

Maison Martin Margiela
· *Projet d'installation pour Dysfashional*

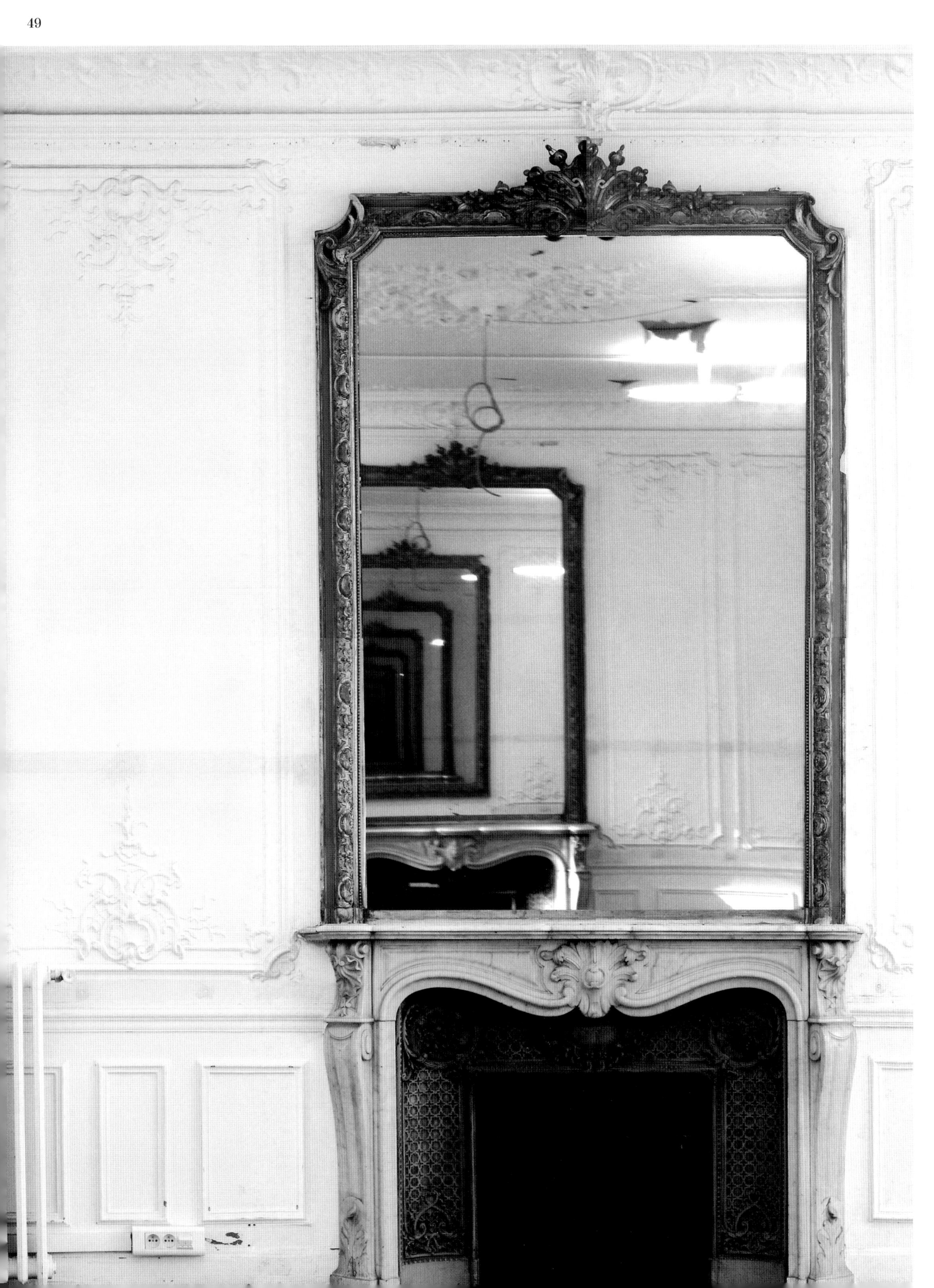

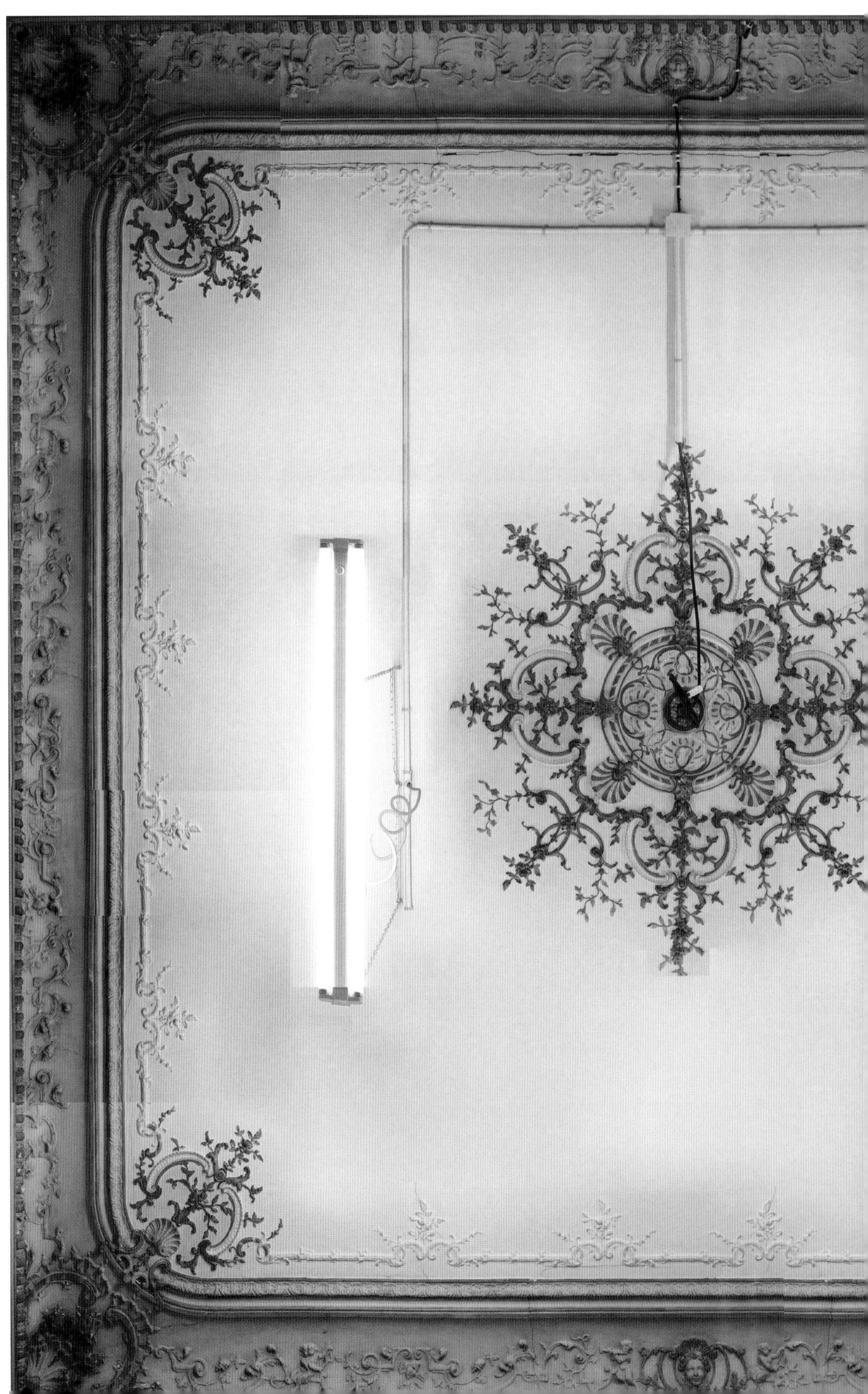

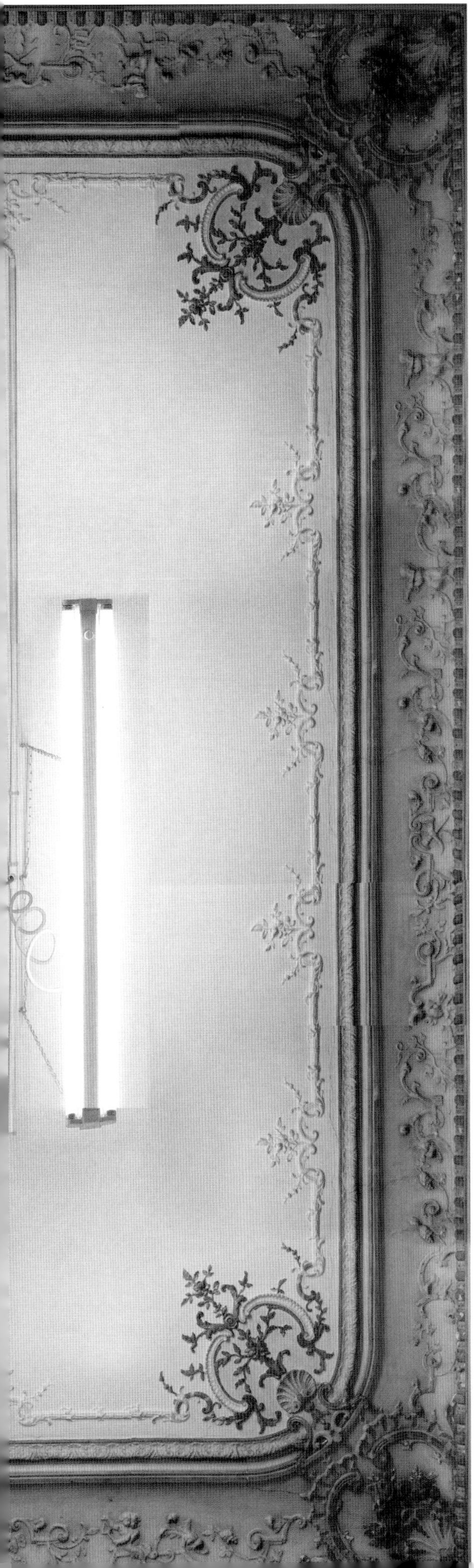

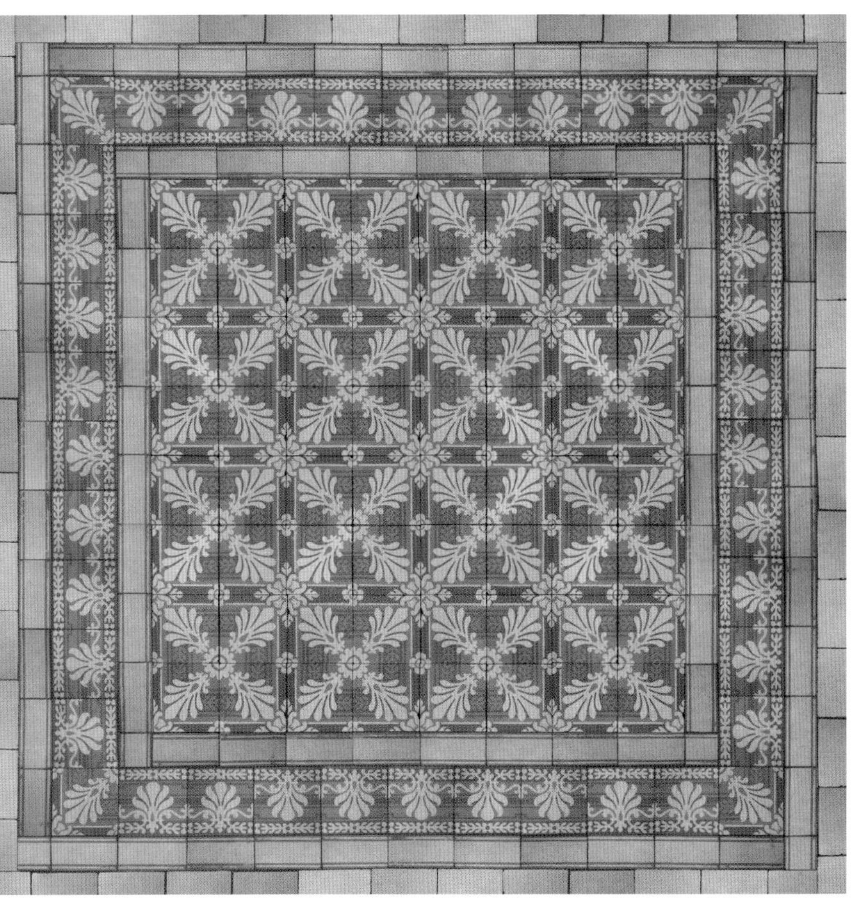

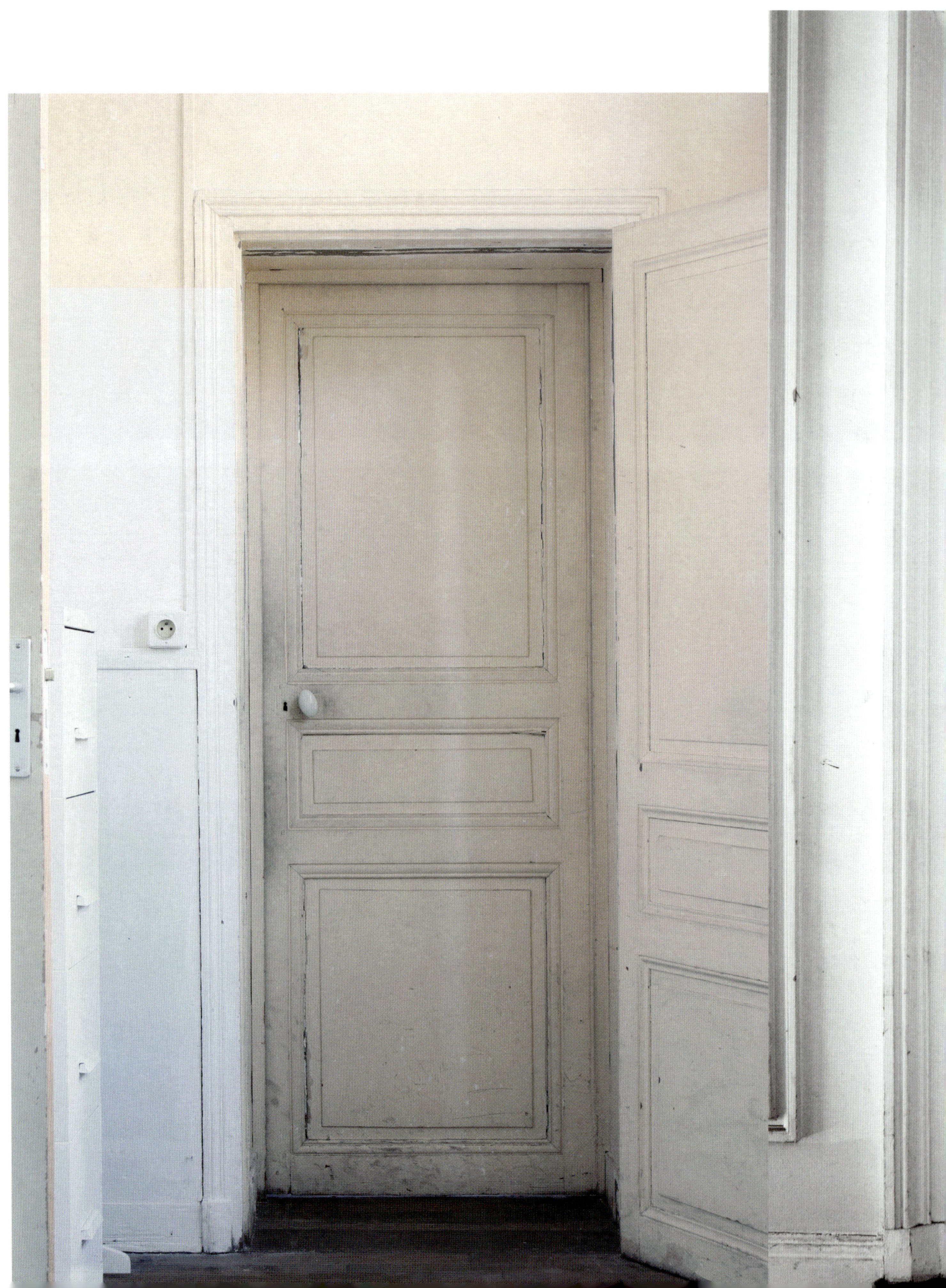

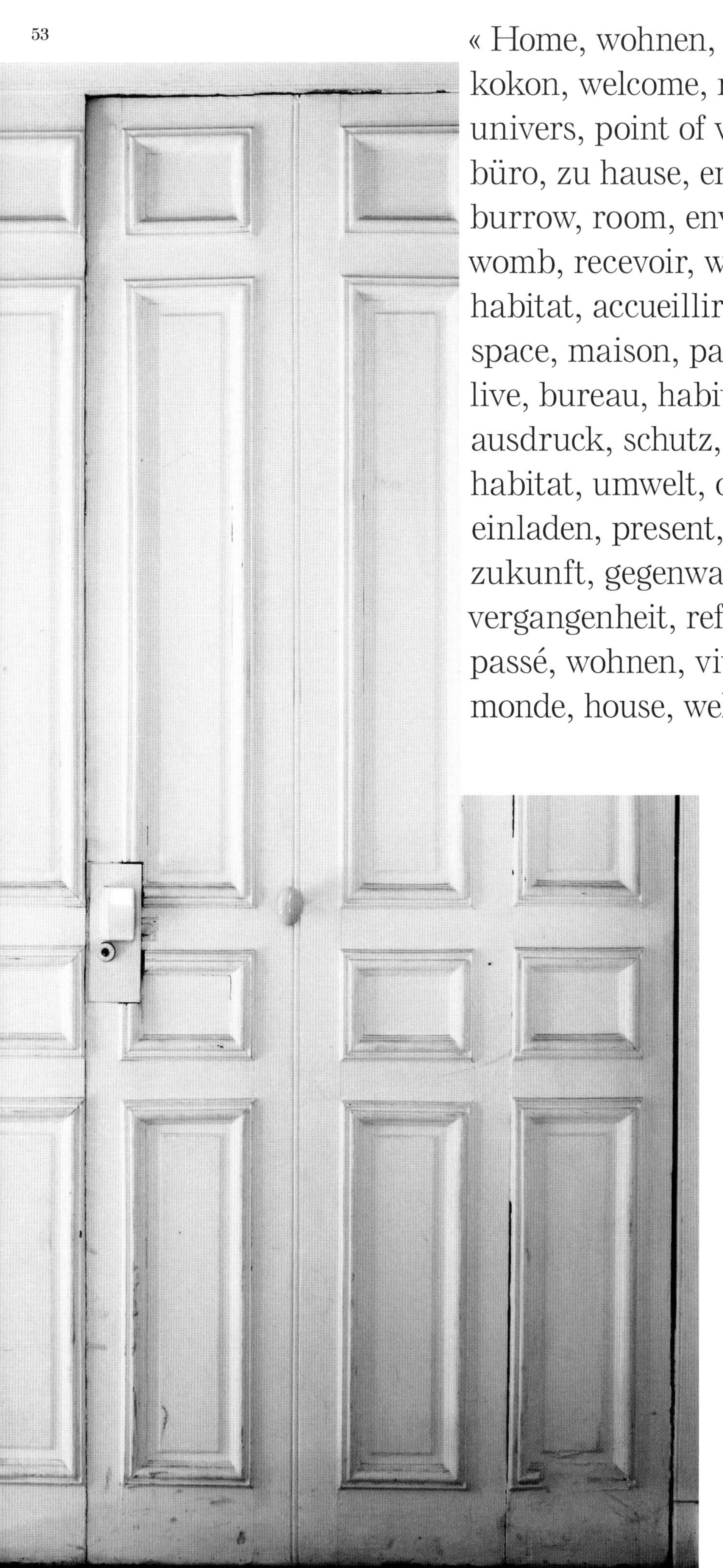

« Home, wohnen, invite, « Maison » école, kokon, welcome, raum, hoehle, leben, univers, point of view, cocon, future, présent, büro, zu hause, empfangen, protection, burrow, room, environnement, lebensraum, womb, recevoir, wilkommen, chez soi, habitat, accueillir, blanket, universum, space, maison, past, futur, nest, expression, live, bureau, habiter, schule, chambre, ausdruck, schutz, espace, nest, world, hause, habitat, umwelt, office, school, attitude, einladen, present, standpunkt, inviter, zukunft, gegenwart, environment, vergangenheit, refuge, point de vue, cocoon, passé, wohnen, vivre, enhabit, zimmer, monde, house, welt, tanière, dwell, nid, zu. »

Martin Margiela

Né en 1959 à Limbourg (Belgique), Martin Margiela étudie à l'Académie royale d'Anvers et fait partie de la première vague de nouveaux talents de la ville d'Anvers. Entre 1984 et 1987, il est assistant de Jean-Paul Gaultier ; en 1988, il fonde la Maison Martin Margiela à Paris et présente sa première collection pour femme printemps-été 1989. En s'affranchissant des conventions de l'industrie de la mode, la Maison Martin Margiela développe un culte de l'impersonnalité : la griffe de ses vêtements est vierge ou comporte simplement un numéro dans un cercle (6 pour les basiques féminins et 10 pour les hommes). Plutôt que de rechercher une identité faite de signes cohérents et personnels, Martin Margiela s'évertue à effacer et détourner ces signes. En 2000, la première Maison Martin Margiela ouvre ses portes à Tokyo, suivie, en 2002, par Bruxelles et Paris. La Maison Martin Margiela a participé à de nombreuses expositions, notamment au Boijmans Museum, et à *Radical Fashion* au Victoria & Albert Museum de Londres, en 2001.

Tous les éléments de son identité visuelle, de l'étiquette des vêtements jusqu'aux étalages de ses boutiques, jouent à l'effacement de l'image de la marque au point que ce vide devient une identité en soi.

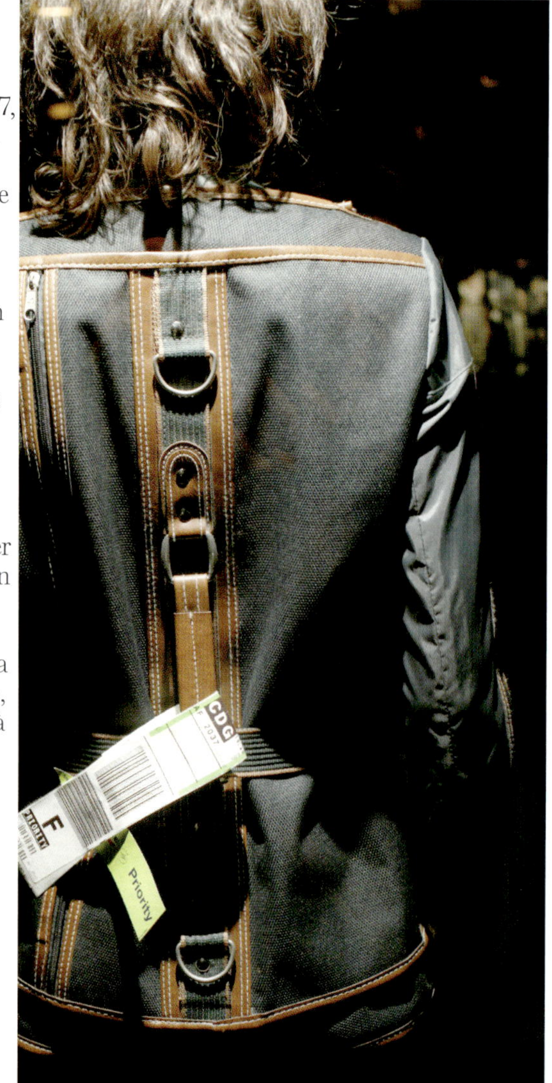
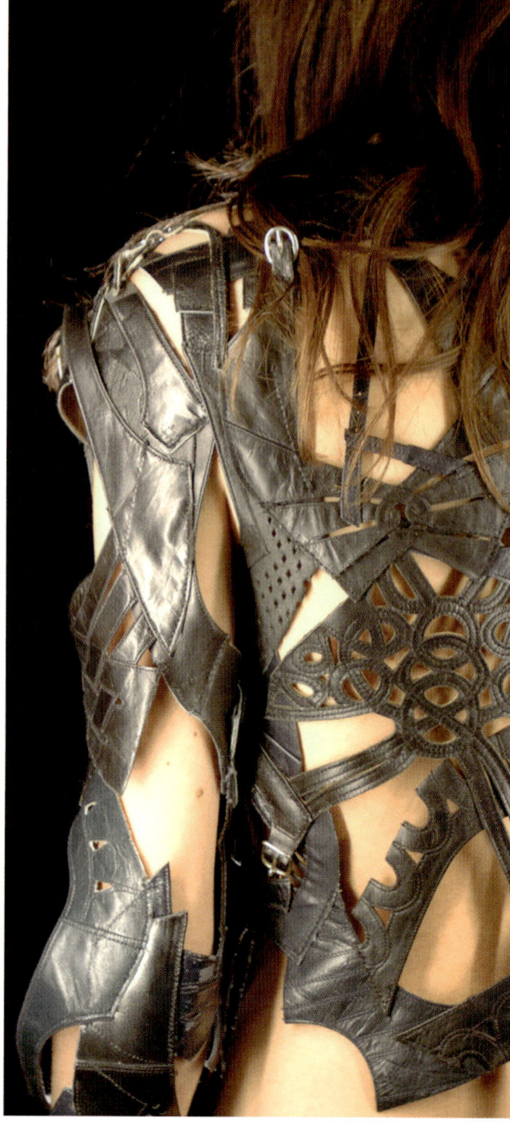

Maison Martin Margiela
· *Veste faite de sacs de voyages en nylon* · P/E 2007
· *Veste faite à partir de sandales* · P/E 2006
· *Gilet fait à partir de baskets en toile* · P/E 2007
· *Trench coat fait à partir d'anciens sacs en cotton* · P/E 2007

· *Blouse faite à partir de robes de fillettes* · A/H 2006-07

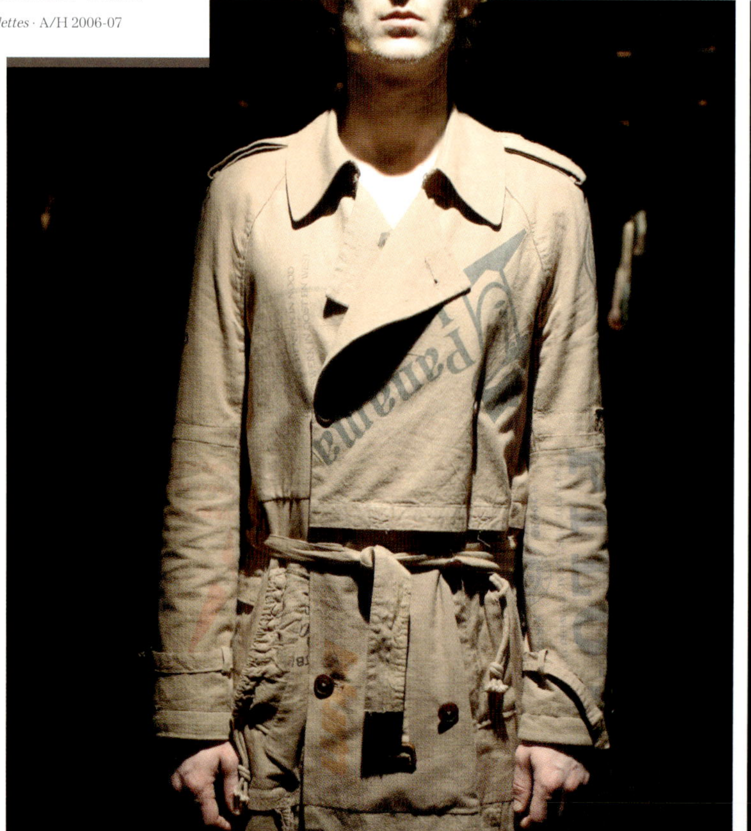
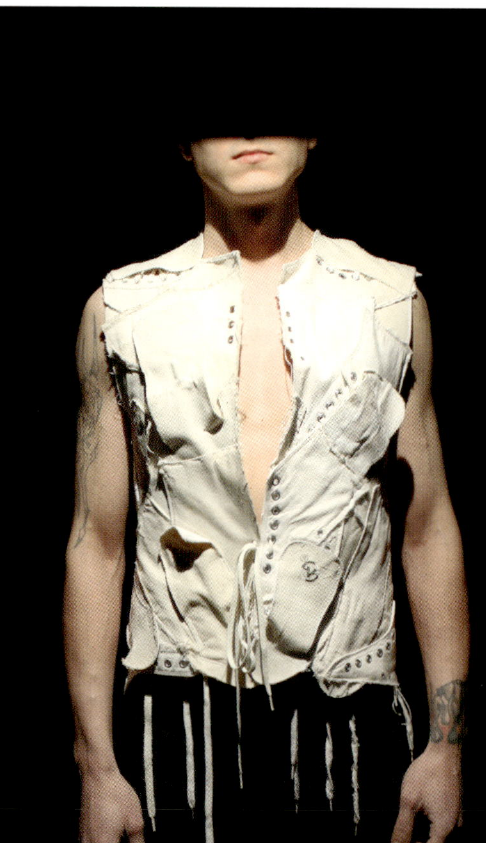

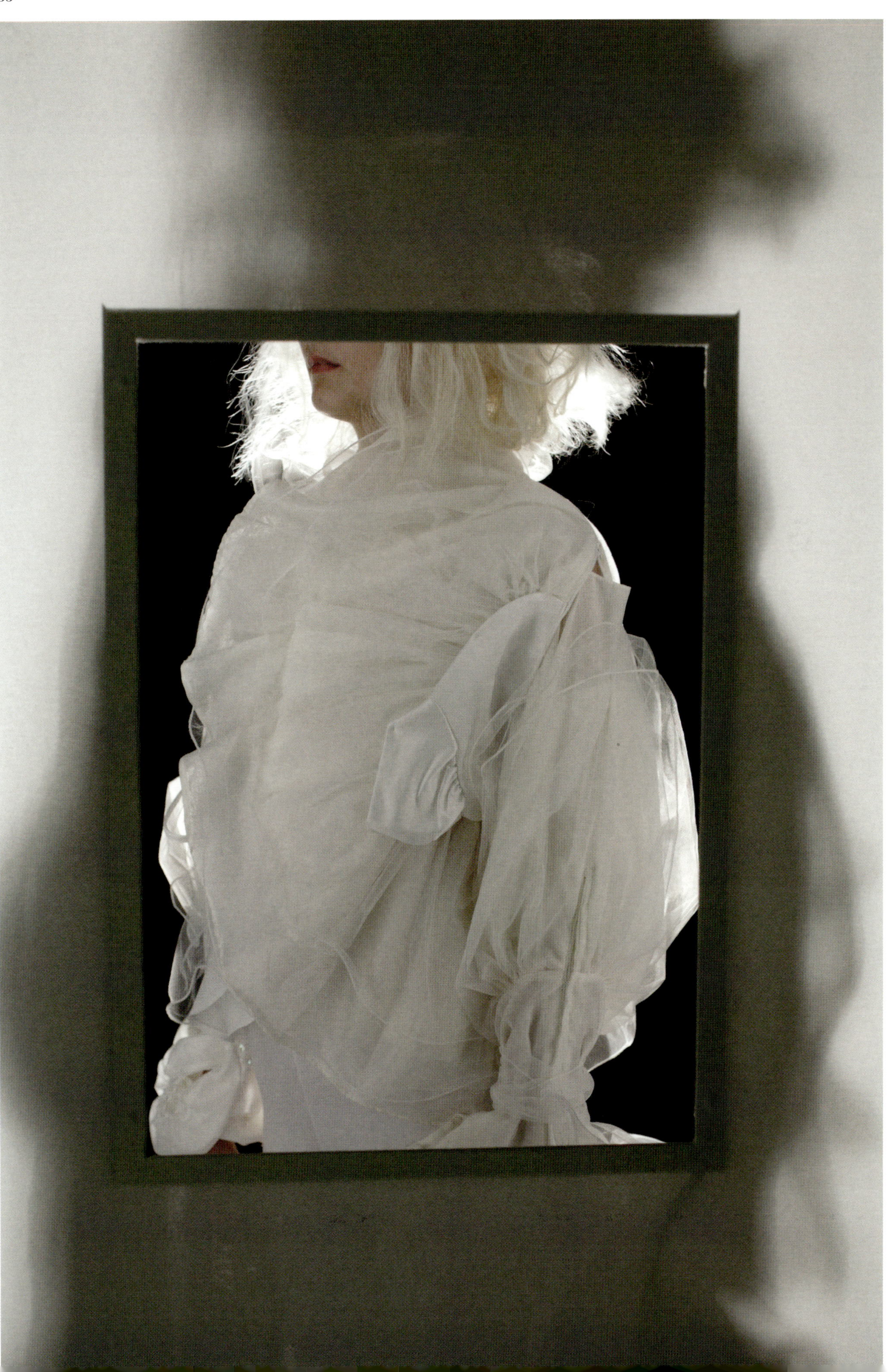

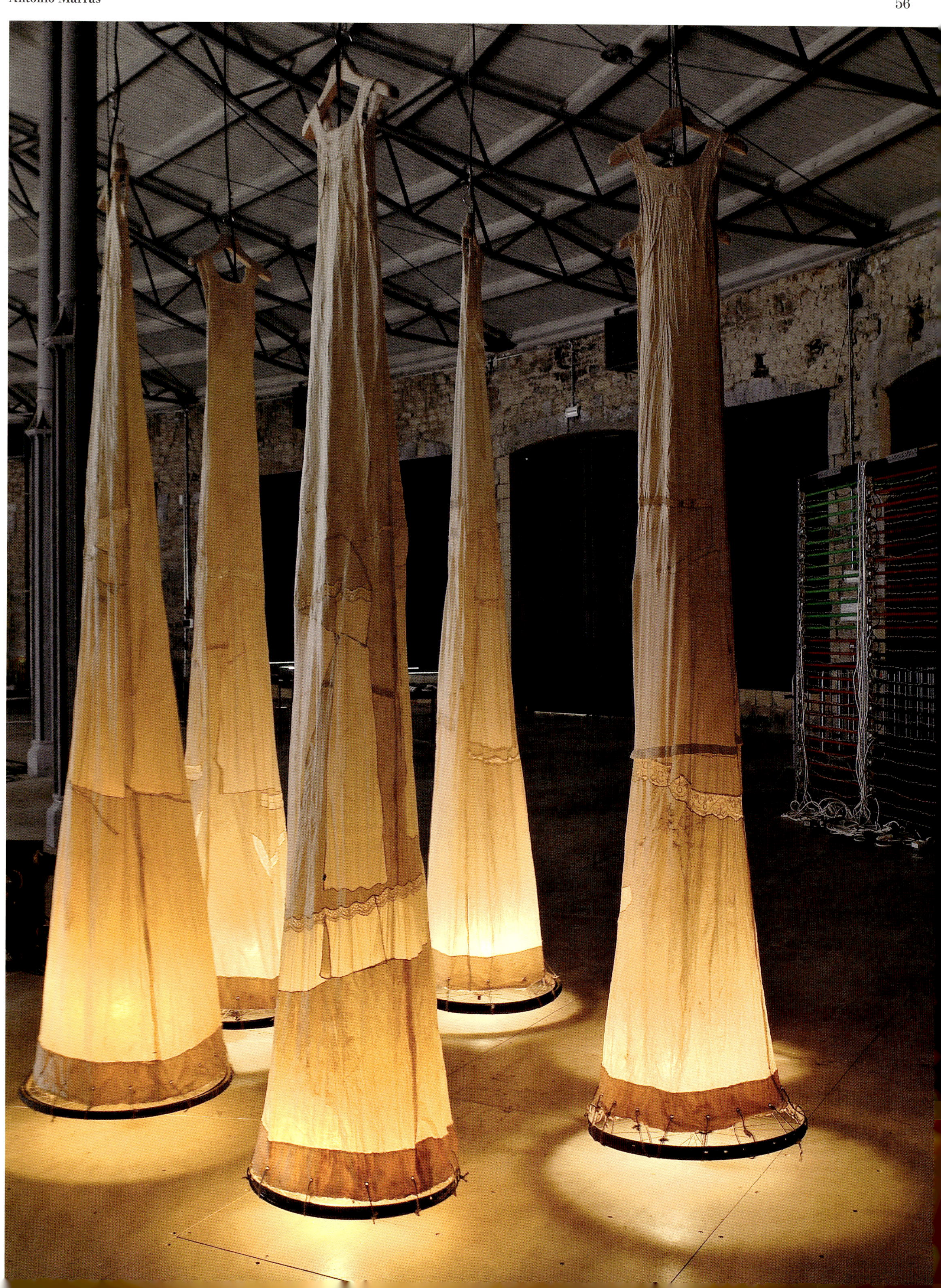

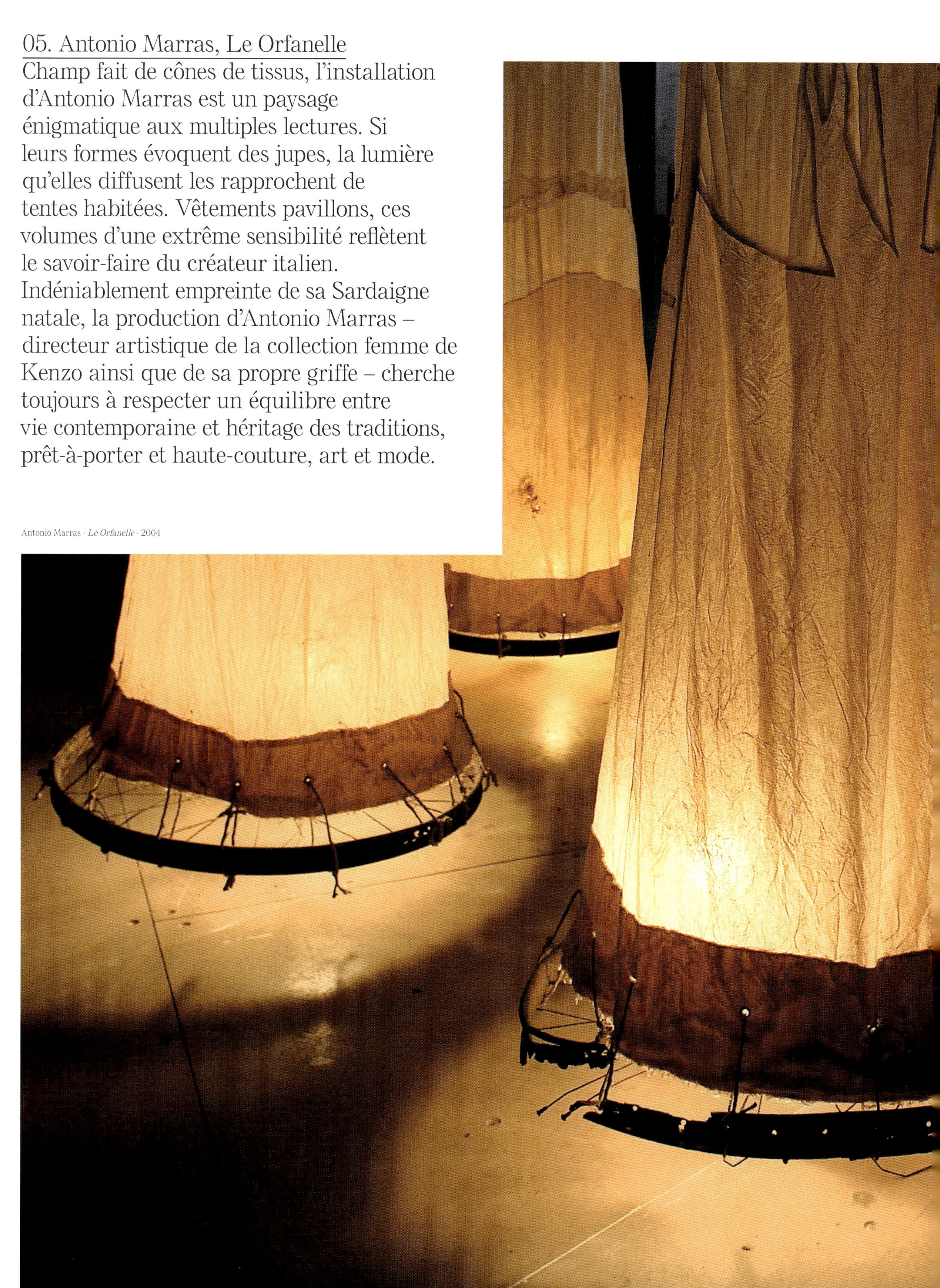

05. Antonio Marras, Le Orfanelle

Champ fait de cônes de tissus, l'installation
d'Antonio Marras est un paysage
énigmatique aux multiples lectures. Si
leurs formes évoquent des jupes, la lumière
qu'elles diffusent les rapprochent de
tentes habitées. Vêtements pavillons, ces
volumes d'une extrême sensibilité reflètent
le savoir-faire du créateur italien.
Indéniablement empreinte de sa Sardaigne
natale, la production d'Antonio Marras –
directeur artistique de la collection femme de
Kenzo ainsi que de sa propre griffe – cherche
toujours à respecter un équilibre entre
vie contemporaine et héritage des traditions,
prêt-à-porter et haute-couture, art et mode.

Antonio Marras · *Le Orfanelle* · 2004

Antonio Marras fait ses premiers pas dans l'univers de la mode en 1987. Il ne suit pas de formation académique en mode mais travaille dans le magasin de tissus de son père, où il développe une véritable passion pour les textiles. En 1988, il lance sa propre griffe. En 1996, il débute dans la haute couture. Il présente sa première collection Homme à *Pitti Uomo* à Florence, en juin 2002. En 2003, Antonio Marras devient le directeur artistique de Kenzo pour la collection Femme. Chaque vêtement est unique, conçu à partir de coupons de tissu qu'il combine de façon inimitable.

Inspirées de sa Sardaigne natale, les créations d'Antonio Marras oscillent entre la vie et l'héritage des traditions, entre le prêt-à-porter et la haute couture, et entre l'art et la mode. Cette démarche le conduit, parallèlement à son travail de créateur de mode, à réaliser des installations et des performances artistiques.

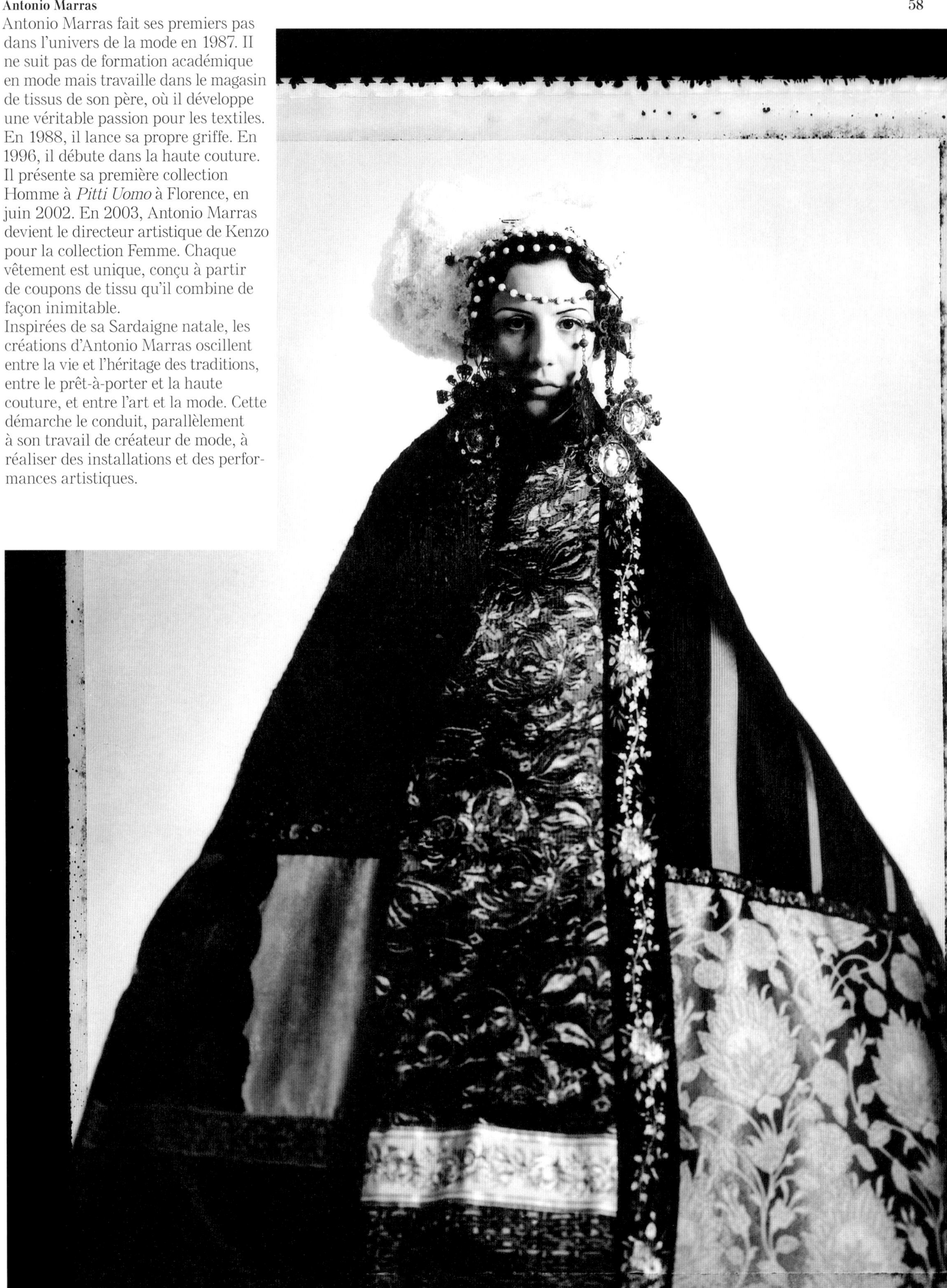

« Mon travail n'est pas un prétexte pour remplir mes journées, mais une manière de concevoir ma vie. Aucune frontière ne sépare mes passions de mes devoirs, et ma famille de mes collaborateurs. J'ai l'impression d'être une éponge qui absorbe tout ce qui l'entoure, je me laisse imprégner par ce qui me touche le plus. Je ne travaille pas pour défendre un propos particulier, je ne pense pas en terme de concept. Ce qui m'intéresse, c'est le voyage et non pas la destination. »

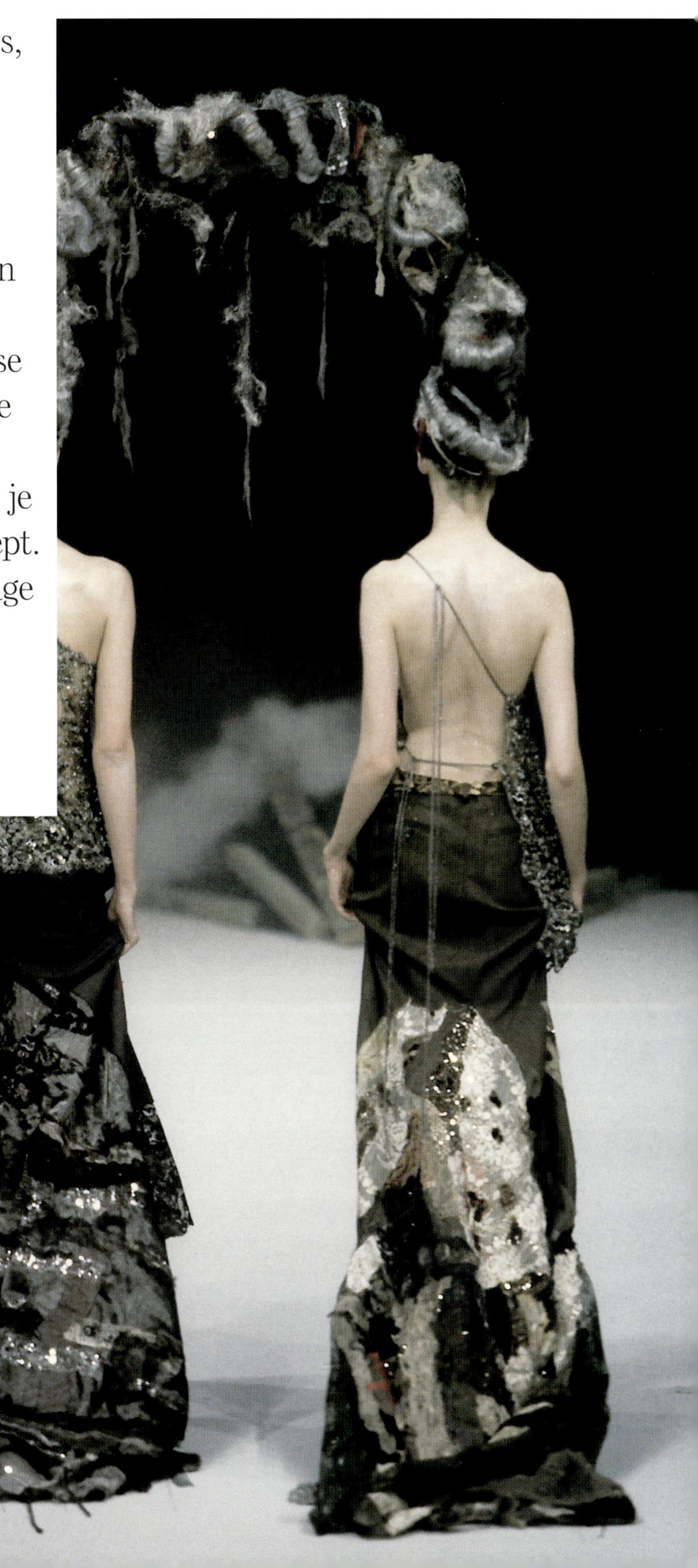

Antonio Marras
· *Il sale* · 1996
· *Fogu, Fogu* · 1996

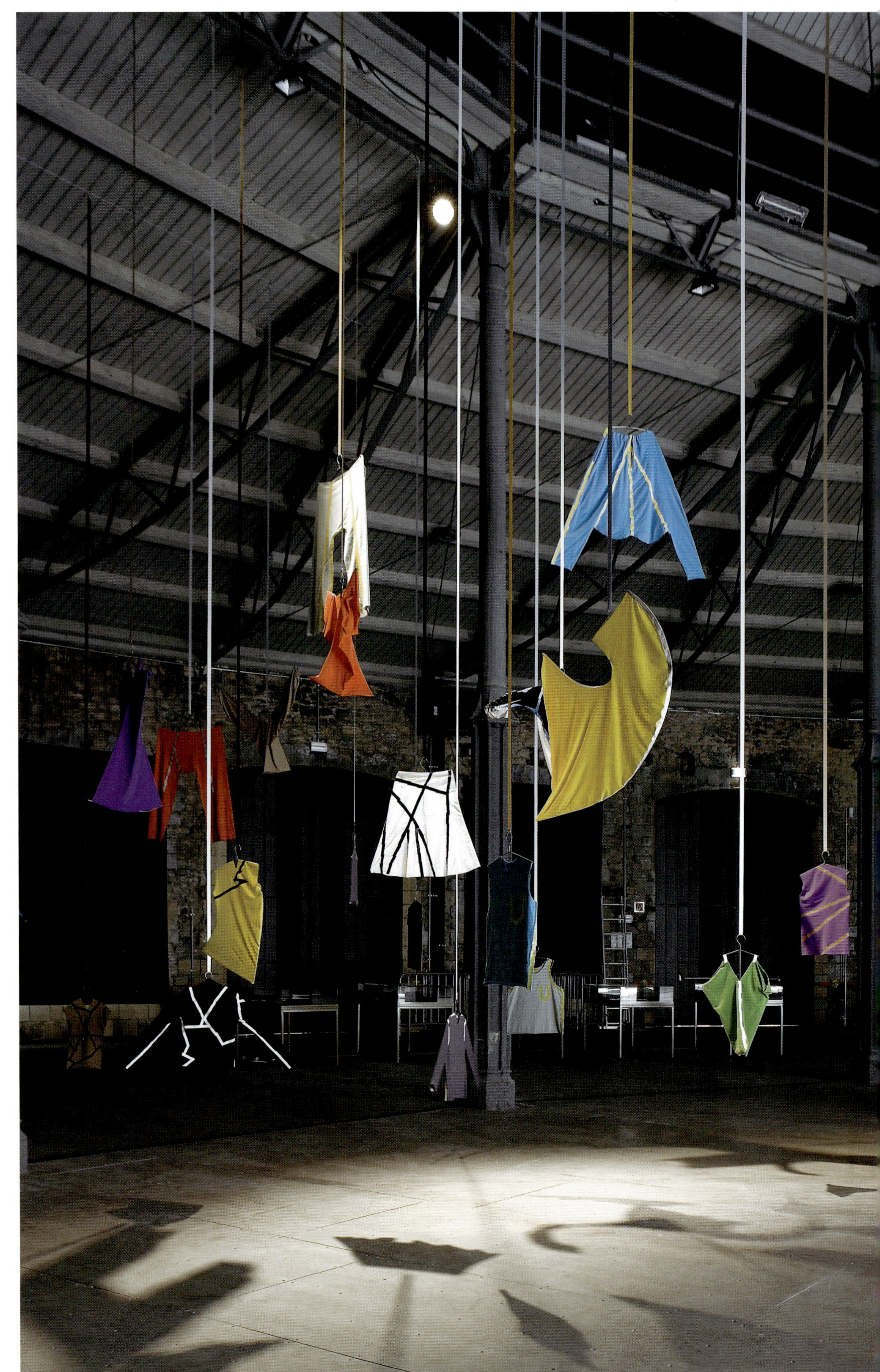

06. Grit & Jerszy Seymour, T-A-P-E

Indépendance semble être le mot d'ordre de *T-A-P-E*. Une
bande collante d'un nouveau genre permet à son manipulateur
d'assembler des morceaux de tissus pour se fabriquer ses
propres vêtements. Ainsi la mode n'est plus le monopole d'une
industrie dominée par l'idée d'un style saisonnier, mais devient
l'affaire de l'imaginaire de chacun. Grâce à la simplicité de
manipulation du *scotch*, il ne faut plus maîtriser les techniques
laborieuses des aiguilles, mais laisser agir son instinct et
se lancer dans l'action. Cet exercice spontané, antithèse à la
perfection, dégage une fraîcheur enthousiasmante. Sur les
vidéo-performances qui accompagnent le projet, on peut voir
Jerszy Seymour, son créateur, « sculpter » la silhouette d'un
modèle. Exercice de haute couture en temps réel, *T-A-P-E*
imprègne le vêtement d'expériences en capturant un mouvement et un volume.

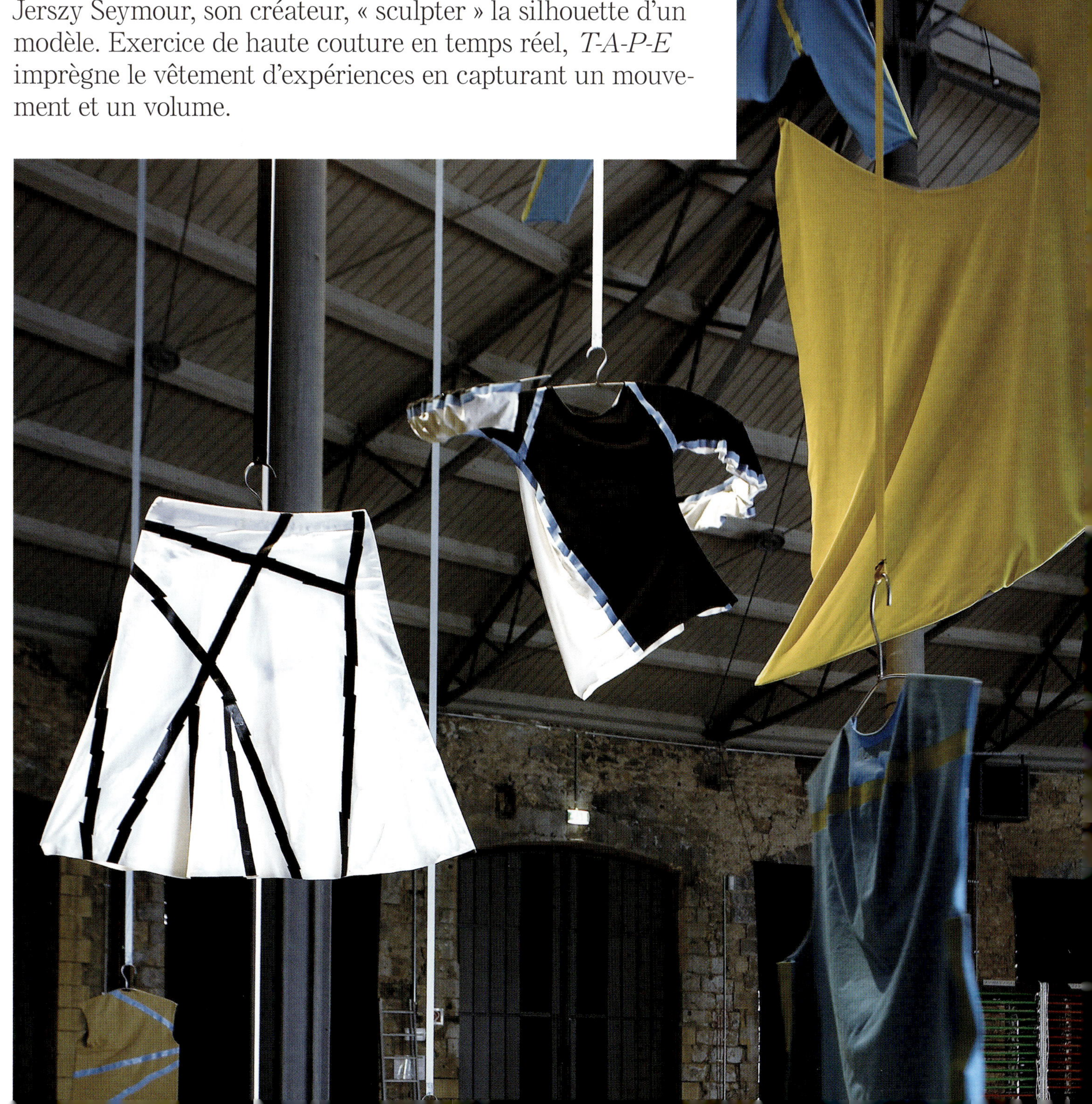

Jerszy Seymour

Né à Berlin en 1968, Jerszy Seymour
a grandi à Londres. Il vit et travaille
entre Berlin et Milan. Après un diplôme
en design industriel, il part travailler à
New York, en 1997, et revient à Milan,
en 1999, pour créer son atelier. Il
commence alors à travailler sur ses
propres productions expérimentales
comprenant *House in a Box* en 2002,
Scum en 2003 et, *T-A-P-E* en 2003,
réalisé en collaboration avec sa femme
Grit. En parallèle, Jerszy Seymour
conçoit des projets pour Magis, IDEE,
Sputnik, Covo, Swatch, Perrier, L'Oréal,
et Smeg. Il reçoit plusieurs prix, tels
que The Dedalus Award for European
Design, en 2000, et The Taro kamoto
Memorial Award for Contemporary Art,
en 2003. Ses œuvres ont été exposées
dans différents musées internationaux
tels que le Design Museum à Londres,
le Vitra Design Museum à Bâle, le
Centre Georges Pompidou, le Palais
de Tokyo à Paris, et la galerie Kreo à
Paris. Son travail fait partie de la
collection permanente du Fond national
d'Art contemporain en France.

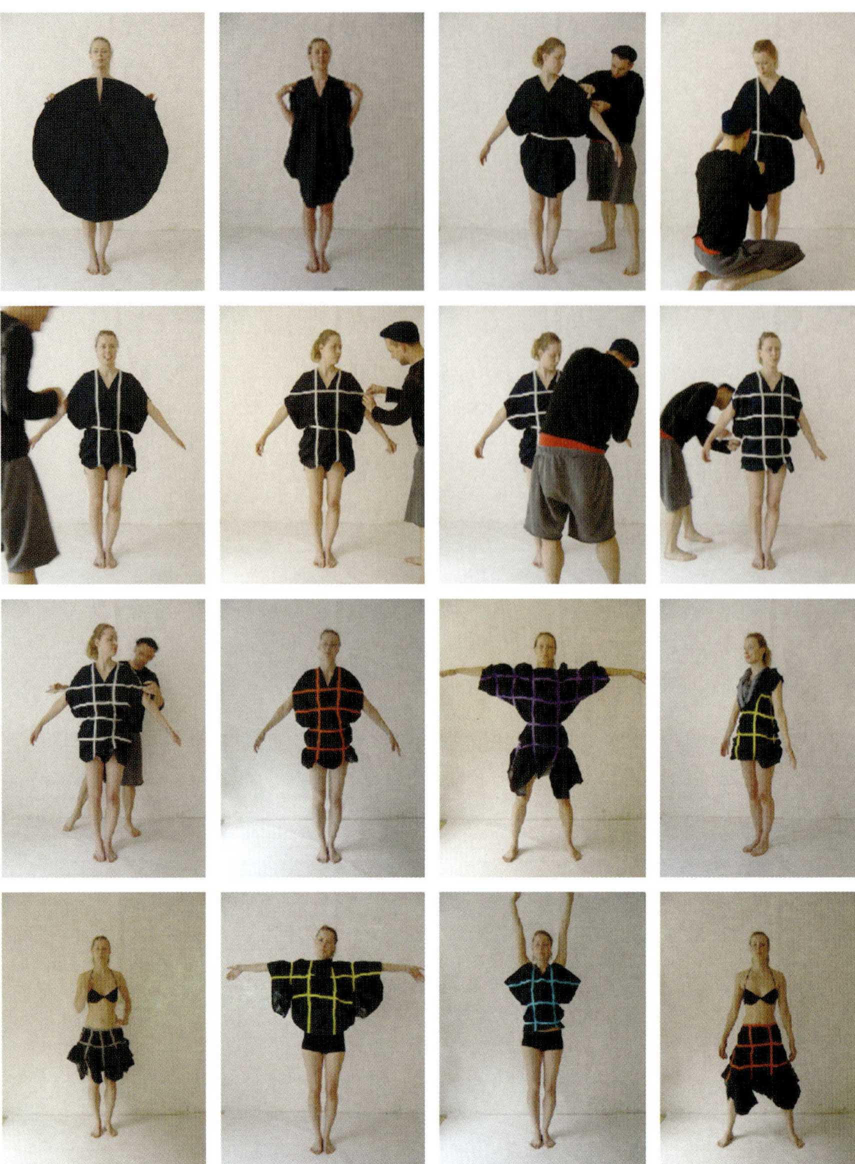

« Mon travail cherche généralement à approcher
et interroger les structures fondamentales dans les
sujets que j'ai choisis et dans lesquels je cherche de
nouvelles réalités. Dans le cas de *T-A-P-E*, le projet
consistait à subvertir l'idée fondamentale de
production en replaçant les coutures par du *scotch*.
Il questionne également les idées de statut et
d'identité, en jouant avec les principes de réparation
et de construction. Je crois aux erreurs et à la
réduction, c'est là que l'âme se trouve. »

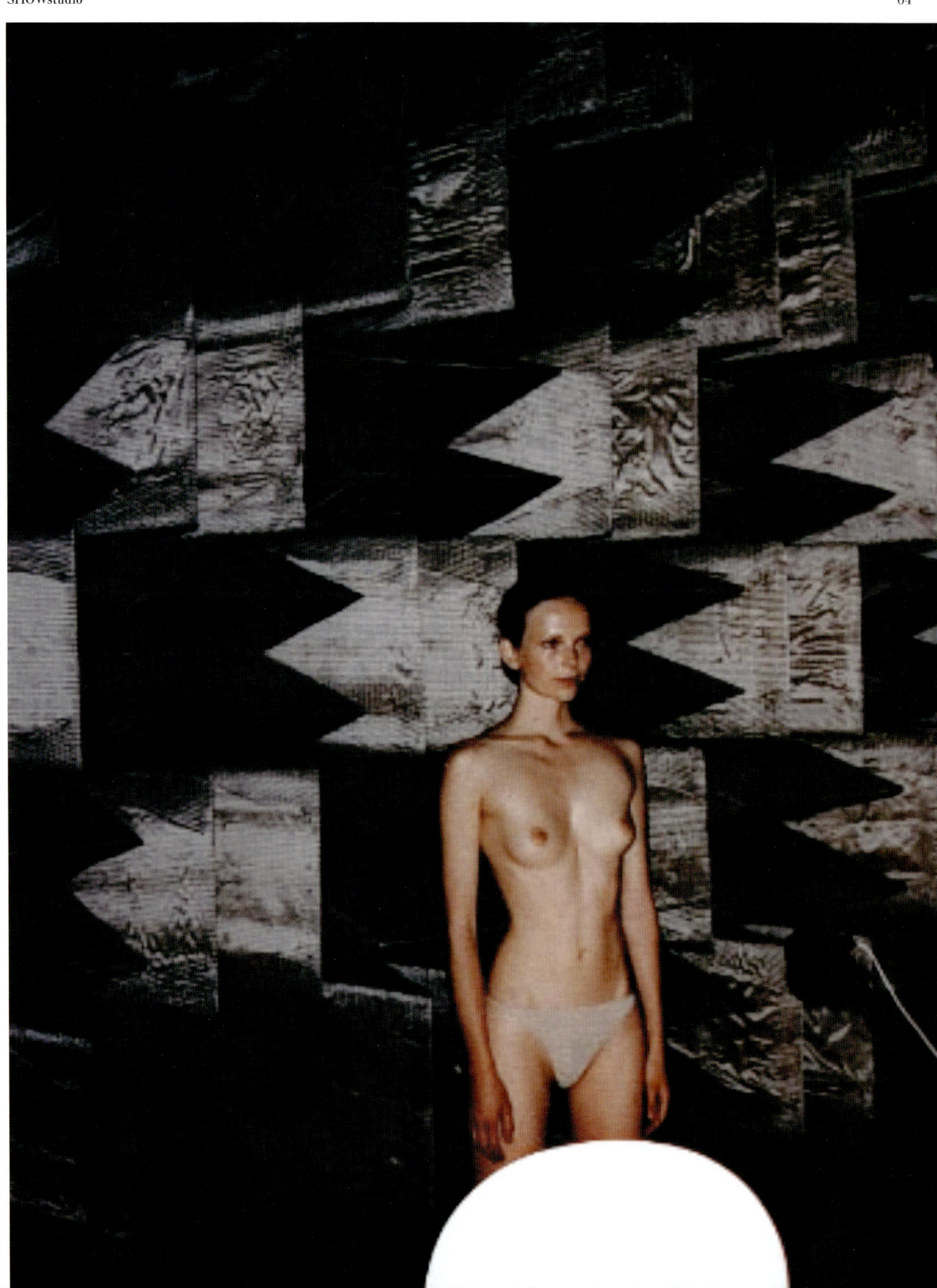

En explorant la dimension sonore du tissu et de ses ornements, *Anechoic* suggère le conditionnement du mouvement par le vêtement. En mettant en scène le son, l'installation privilégie un aspect marginal de la mode, habilement marqué par l'image. Le chant du vêtement fait partie intégrante de son identité.

Cliquetis des sequins, froissement du taffetas ou caresse des plumes, les créations sélectionnées par l'équipe de SHOWstudio font toutes preuves d'une musicalité unique exacerbée par le toucher. Ici, le modèle Zora Star devient à la fois chorégraphe et chef d'orchestre. Le corps assimile les répercutions sonores qu'engendrent ses mouvements, le vêtement devient instrument. Les créations d'Alexander McQueen, Christian Dior, Giles Deacon, Hermès, Maison Martin Margiela, Miu Miu, Stella McCartney, Richard Nicoll, Prada et Undercover deviennent partitions et se révèlent sous un nouveau jour. Pionnier dans sa réflexion transversale autour de la mode, SHOWstudio est une plate-forme de recherches aux contributeurs prestigieux. Son directeur, le photographe Nick Knight, a élaboré *Anechoic* avec ses collaborateurs Penny Martin et Paul Hetherington.

Nick Knight, SHOWstudio · *Anechoic* · 2006

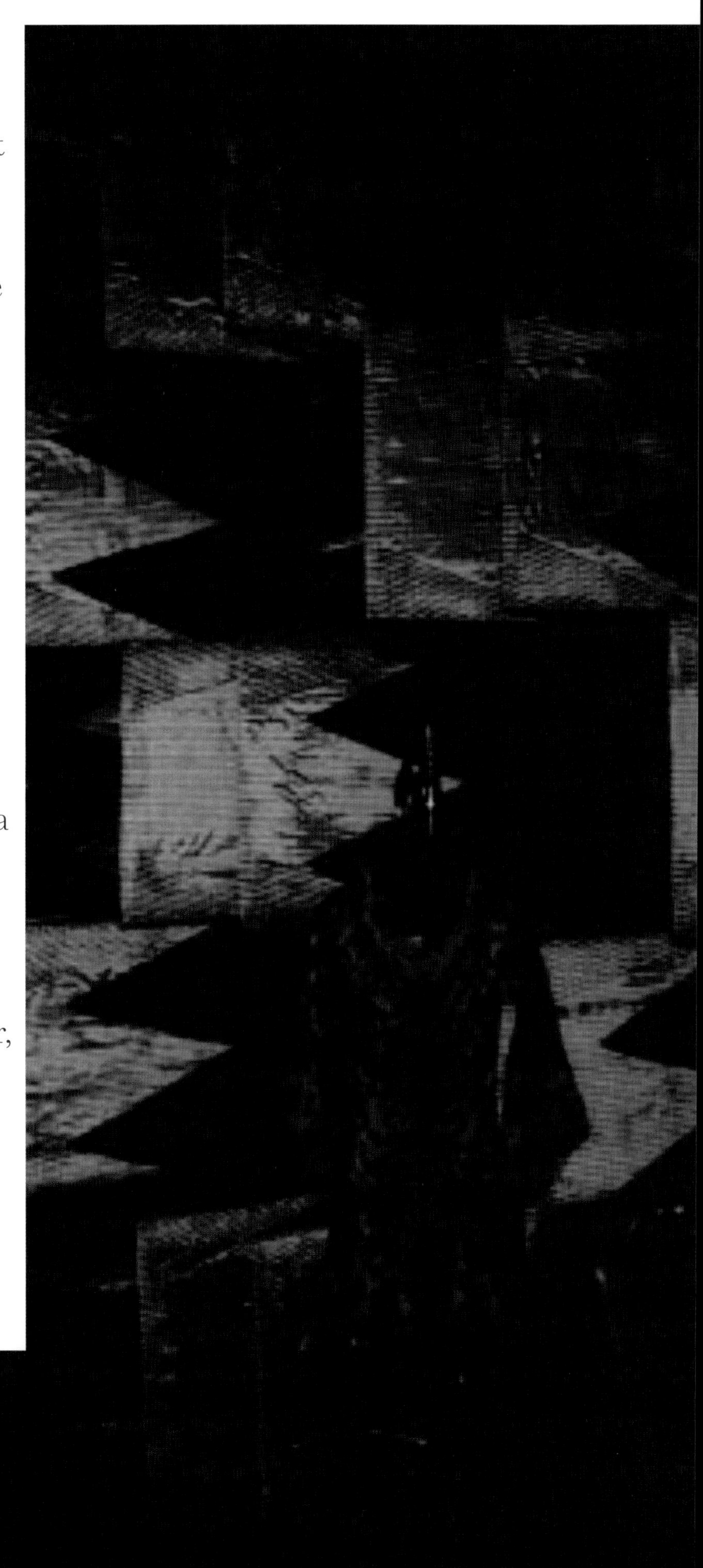

SHOWstudio

Directeur du collectif artistique SHOWstudio, Nick Knight fait partie des photographes les plus influents au monde. Il collabore aux plus prestigieuses revues spécialisées dans la mode et a obtenu de nombreuses récompenses pour son travail éditorial. Parallèlement à ses projets en publicité pour des clients aussi importants qu'Alexandre McQueen, Calvin Klein, Christian Dior, Levi Strauss, Yohji Yamamoto ou Yves Saint Laurent, il a collaboré à la création des pochettes d'album de Björk, David Bowie, Kylie Minogue et Massive Attack. SHOWstudio travaille sur une série de projets qui explorent les marges de la mode contemporaine via un site Internet portant le même nom, et de nombreuses interventions dans des espaces plus traditionnellement consacrés à l'art.

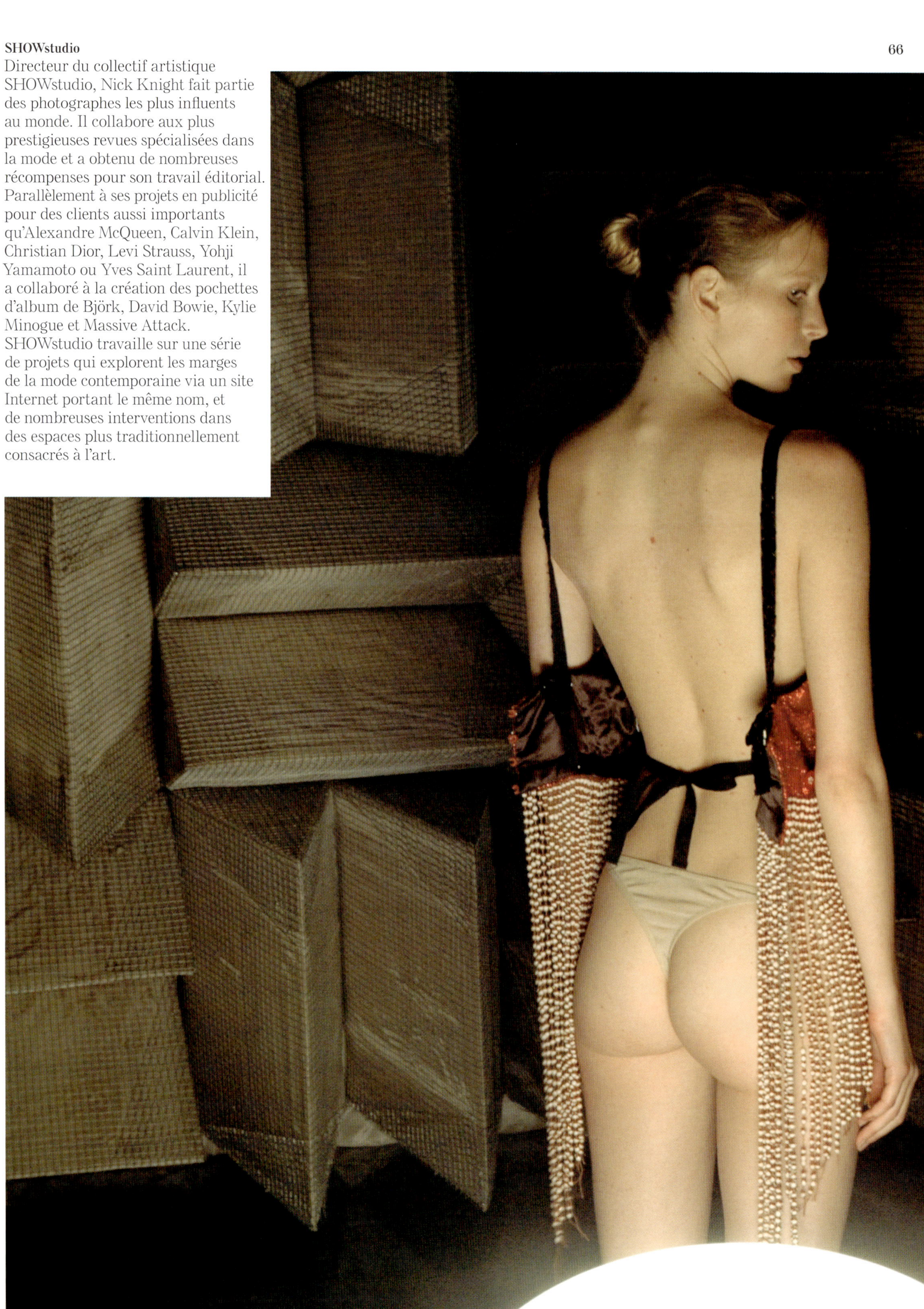

« *Anechoic* est une version auditive et
interactive de ce que l'on appelle dans
la presse de la mode une « histoire
des collections », autrement dit une
séance photos qui met en scène les
vêtements clés de la saison. Une session
d'enregistrement *live* dans un studio
spécialisé dans la prise de sons a eu
lieu le 1er juin 2006. Elle a servi de
base à la création de onze films et d'une
installation interactive qui révèlent
les sons précis de divers matériaux,
comme les plumes, les sequins, les
cristaux de verres, les perles, le nylon, le
taffetas, le cuir, le velours, le jacquard,
ou encore les fermetures éclair, des
sons imperceptibles à l'oreille nue.
Le résultat illustre parfaitement les
intentions de SHOWstudio : exploiter les
nouvelles technologies pour construire
de nouveaux modes de réalisation
d'images de mode, et notre engagement
à dévoiler la performance et le processus
de création impliqués dans ces
productions. »

Nick Knight, SHOWstudio · *Anechoic* · 2006

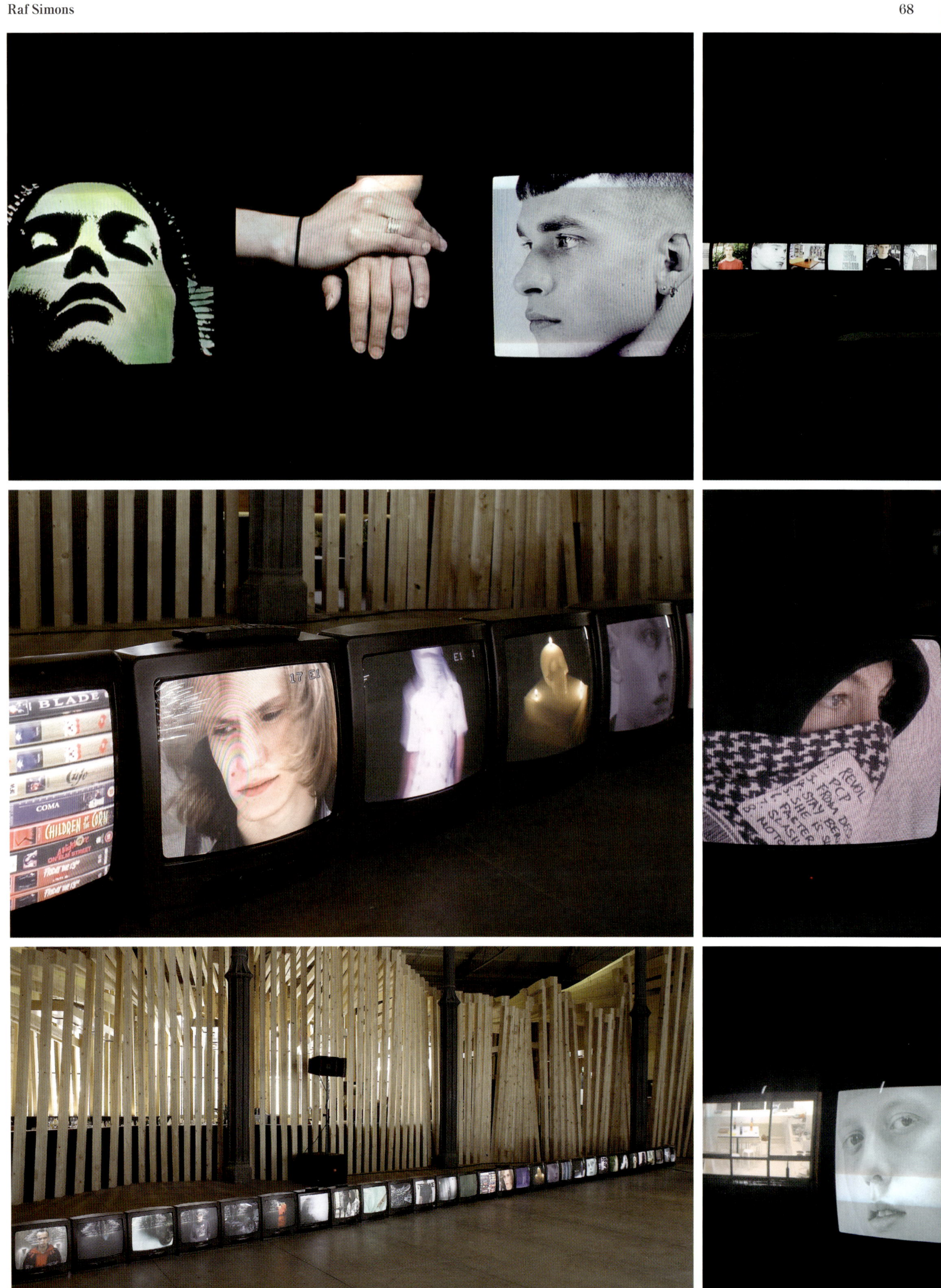

08. Raf Simons, Repeat

Installation muette, *Repeat* déploie l'imaginaire
de Raf Simons à travers une série de vidéos.
Créée et produite par la fondation Pitti Discovery
en 2005 pour célébrer les 10 ans de création de
l'Anversois, elle trace une ligne d'images à l'aide
de plusieurs dizaines de moniteurs. Ces écrans
diffusent simultanément différentes séquences
filmées par Peter De Potter, comme autant
d'éléments d'un montage cinématographique.
Elles révèlent à quel point la mode de Simons
s'apparente à un système extrêmement référencé,
avec sa propre musique (en l'occurrence la *new-
wave*), sa typologie corporelle (frêle et juvénile)
et ses références artistiques et culturelles.
Par sa spatialisation radicale, cette juxtaposi-
tion d'images – fixes ou en mouvement – impose
la vision magnétique inlassablement déclinée
par le créateur : celle d'une transition – de
l'adolescence à l'âge adulte –, d'un flottement
paradoxal, entre rage et égarement, blanc et noir,
obscurité et lumière.

Raf Simons · *Repeat* · 2005

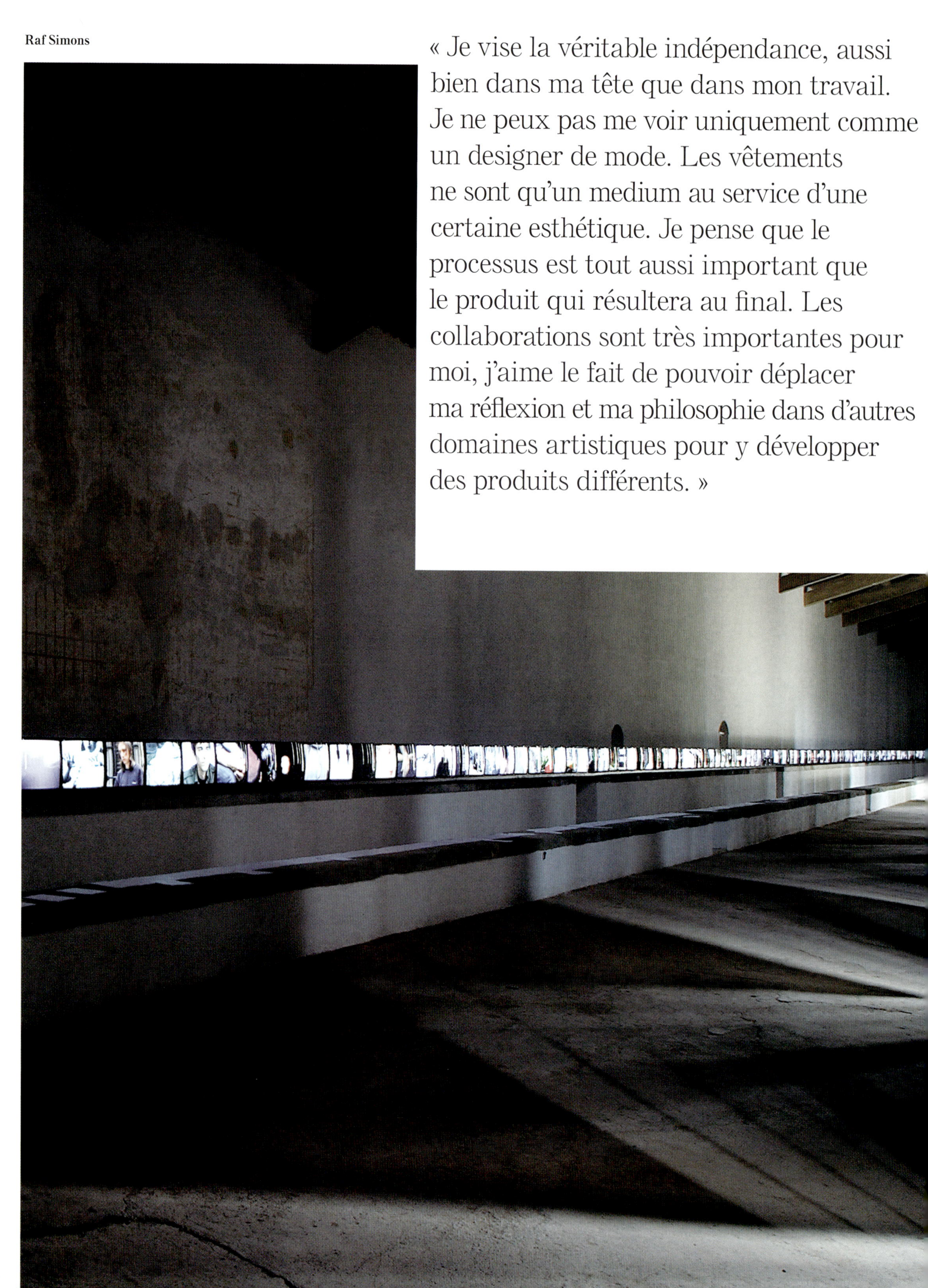

« Je vise la véritable indépendance, aussi bien dans ma tête que dans mon travail. Je ne peux pas me voir uniquement comme un designer de mode. Les vêtements ne sont qu'un medium au service d'une certaine esthétique. Je pense que le processus est tout aussi important que le produit qui résultera au final. Les collaborations sont très importantes pour moi, j'aime le fait de pouvoir déplacer ma réflexion et ma philosophie dans d'autres domaines artistiques pour y développer des produits différents. »

Raf Simons

Raf Simons est né à Neerpelt, en Belgique, en 1968. Il étudie le design industriel à Genk et après un stage réalisé au bureau de Walter Van Beirendonck en 1995, il lance sa première collection homme, automne-hiver.
Après avoir présenté sa collection automne-hiver 1999, il restructure son entreprise et revient en 2000 avec une collection automne-hiver présentant un nouveau look radical aux multiples facettes, présenté à son habitude sur des mannequins non professionnels recrutés dans les rues d'Anvers. Parallèlement, Raf Simons a conçu les collections masculines Ruffo Research (printemps-été et automne-hiver 1999). De 2000 à 2005, il enseigne la mode à l'Université des Arts appliqués de Vienne, il crée sa griffe *Raf by Raf Simons*, en 2005, et est nommé directeur artistique de la collection prêt-à-porter Homme et Femme de Jil Sander. Raf Simons a également reçu le prix des Swiss Textiles Awards en 2003. Influencé par la musique gothique, par le punk ou encore par l'architecture Bauhaus, Raf Simons développe une réflexion forte sur l'adolescence et les notions d'identité et d'individualité.

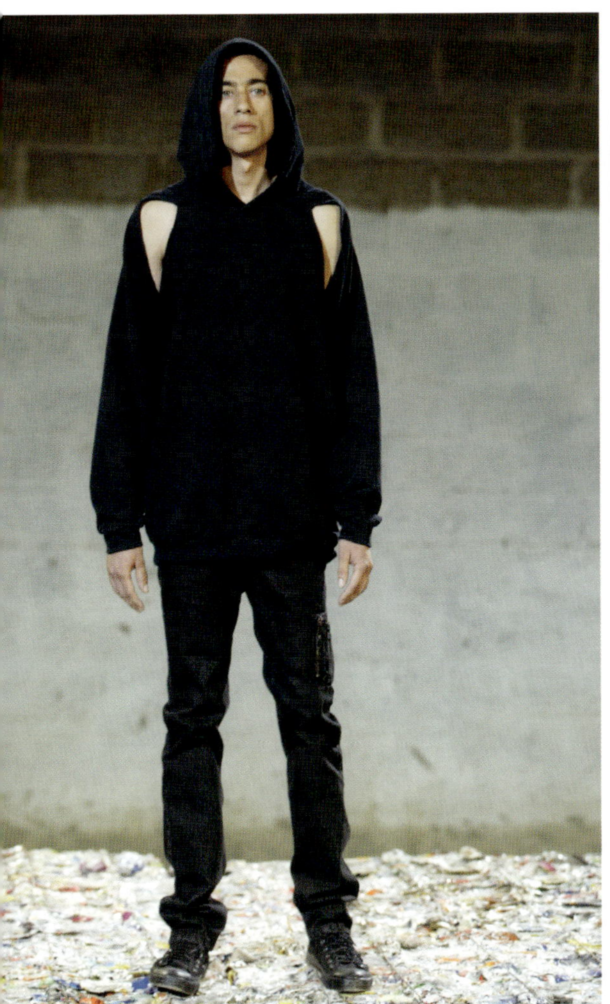

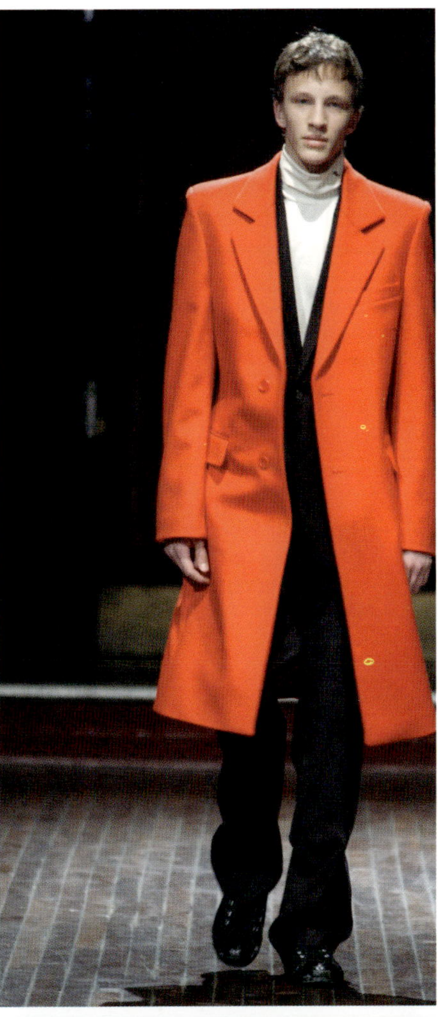

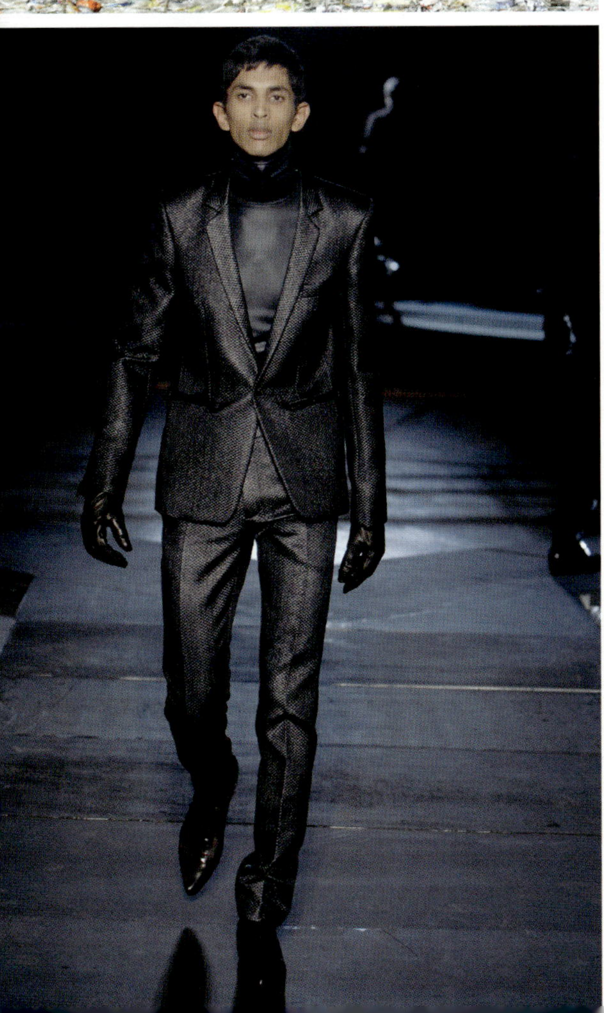

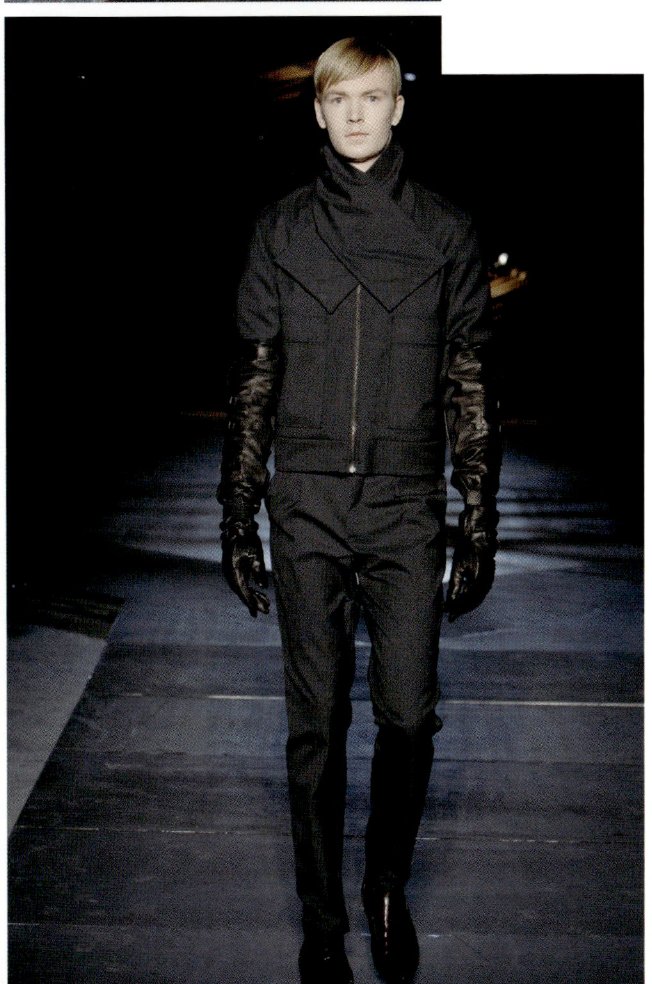

Raf Simons · *Repeat*
· Pitti Immogine Firenze · 1995-2005

· *Collection P/E* · 2003
· *Collection A/H* · 2003-2004
· *Collection A/H* · 2007-2008
· *Collection A/H* · 2007-2008

Sissel Tolaas

Artiste conceptuelle norvégienne basée à Berlin, Sissel Tolaas a étudié les arts visuels, la chimie et les mathématiques. Depuis 1990, elle concentre sa recherche sur l'odeur, le langage et la communication : l'expérience sensorielle est au cœur de sa réflexion. Sissel Tolaas développe ainsi des archives d'odeurs, en capturant dans des bouteilles l'essence des villes, et crée littéralement des parfums de ville. Plus de sept mille huit cents fragrances sont ainsi stockées dans ses archives. Ses projets sont axés sur la relation d'une odeur/parfum à un espace/lieu. Elle a collaboré avec plusieurs marques internationales telles que Comme des Garçons, pour lesquelles elle a produit des fragrances novatrices et originales. Ses installations ont notamment été exposées à la Biennale de Berlin et à la Biennale de Venise en 2005.

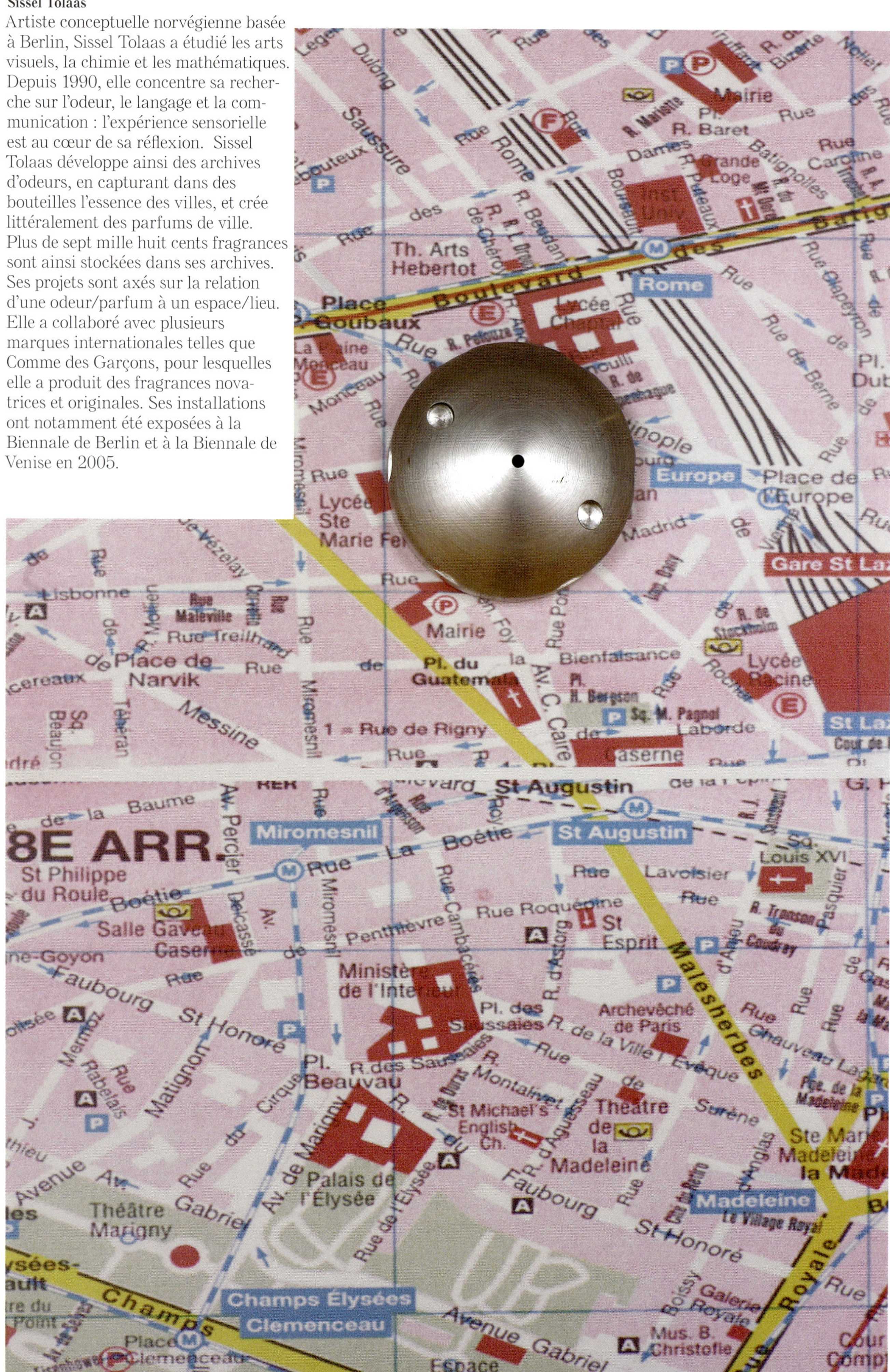

09. Sissel Tolaas, The In-Betweens

Installation olfactive, *The In-Betweens* est une expérience unique basée sur la reconstitution des identités olfactives de diverses métropoles. New York, Paris, Londres et Berlin deviennent les nouveaux points cardinaux de La Rotonde, l'espace d'exposition circulaire qui accueille *Dysfashional*. L'odorat, sens premier du ressentir, aborde la représentation identitaire par un chemin souvent occulté au profit de l'image. Au terme d'une collecte méticuleuse d'informations – armée de son nez et d'une pléiade d'instruments techniques –, Sissel Tolaas, l'investigatrice du projet, recrée le plus précisément possible les environnements urbains qu'elle a parcourus. Là où l'industrie de la parfumerie met en avant des univers métaphoriques et imaginaires, l'artiste prône une confrontation au réel et réfute la dichotomie olfactive agréable/ repoussant. C'est donc à travers une profonde remise en cause des échelles d'appréciation que Sissel Tolaas relance la question de la construction identitaire.

Sissel Tolaas · *The In-Betweens* · 2007

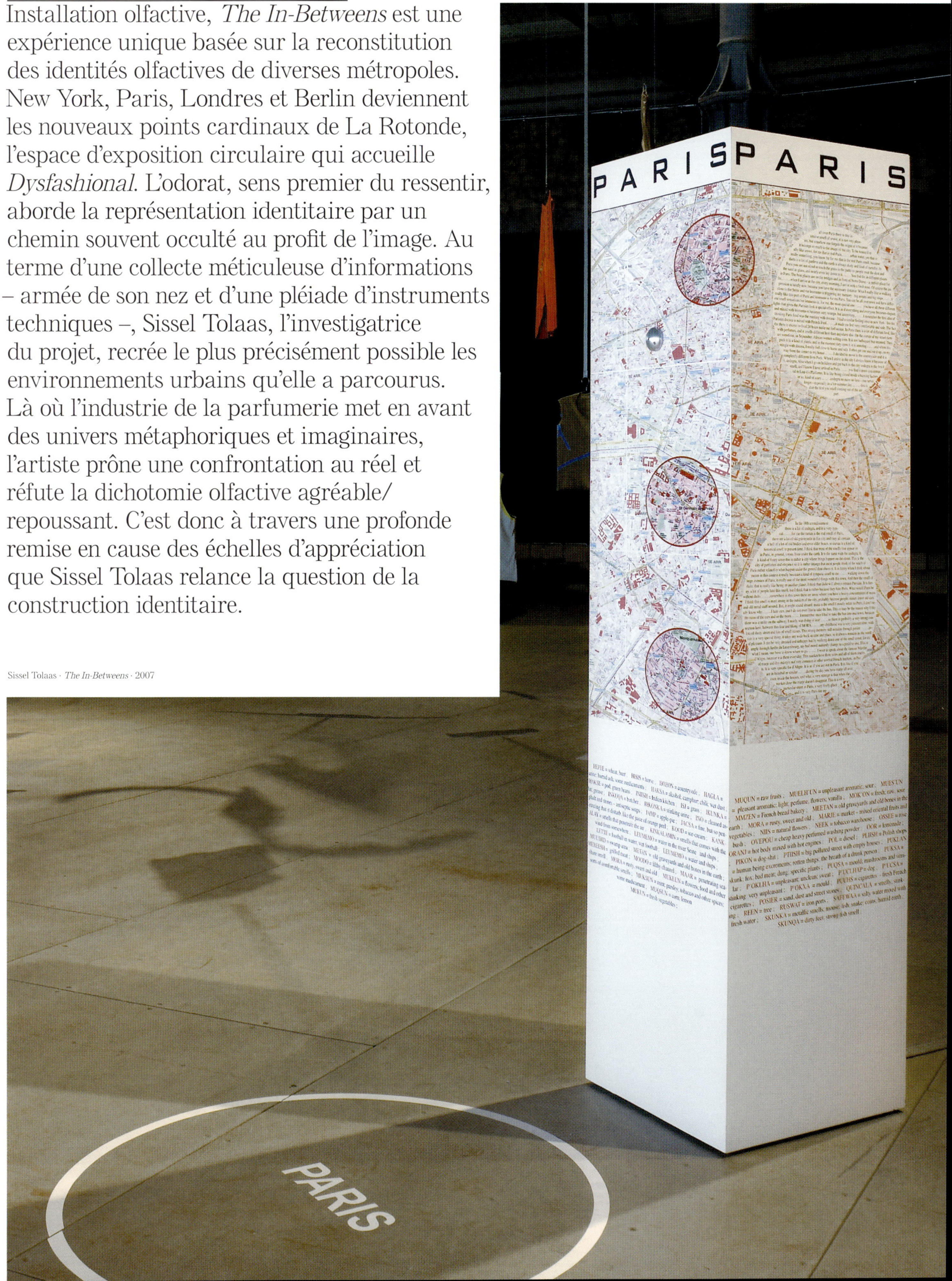

« Trop d'images nous entourent. Il est temps de revenir à des choses plus concrètes. L'industrie de la mode voudrait nous faire croire que nous sommes tous différents et uniques tout en nous faisant porter le même parfum. C'est totalement incohérent, alors qu'il existe tellement de possibilités olfactives inédites ou oubliées. Il faut rééduquer les gens à la richesse des odeurs. »

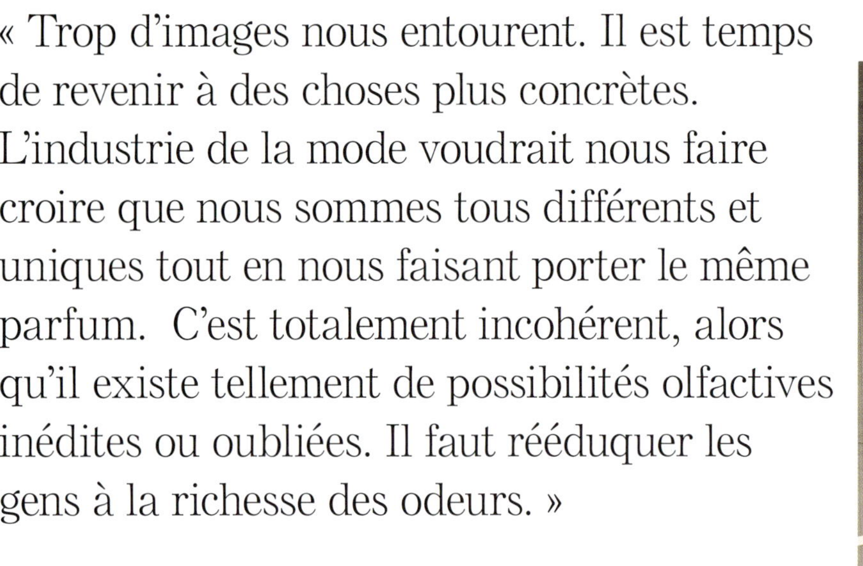

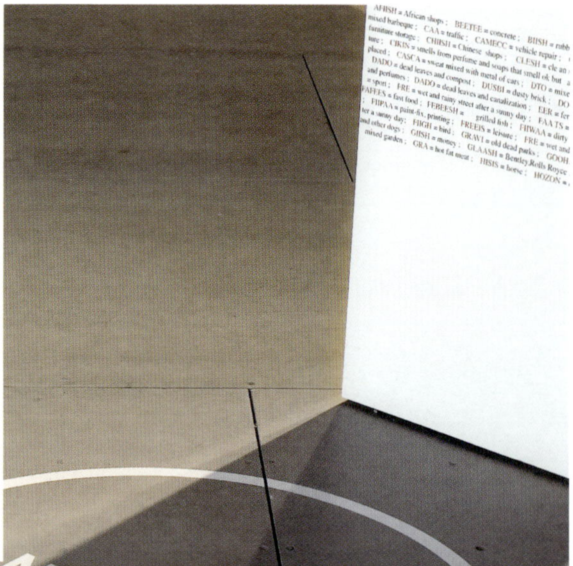

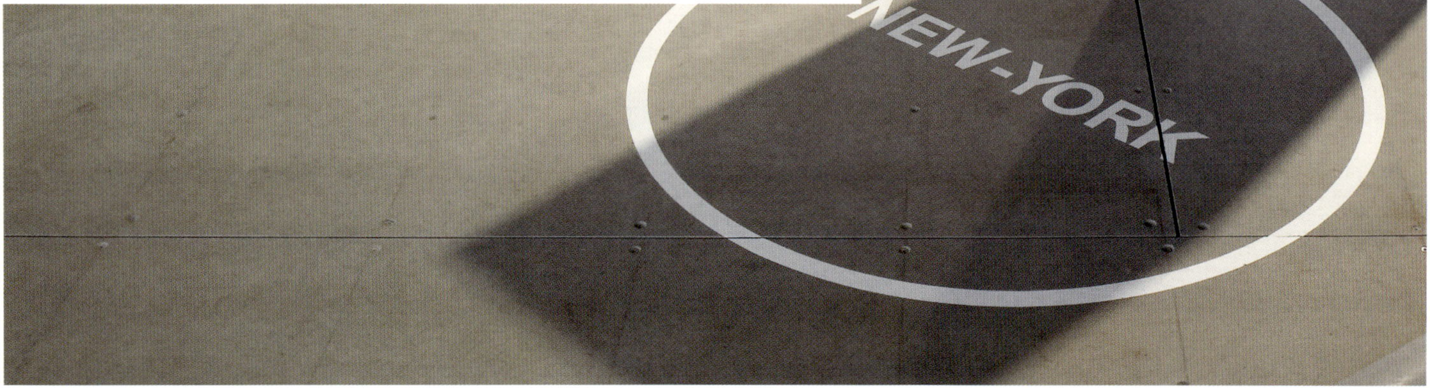

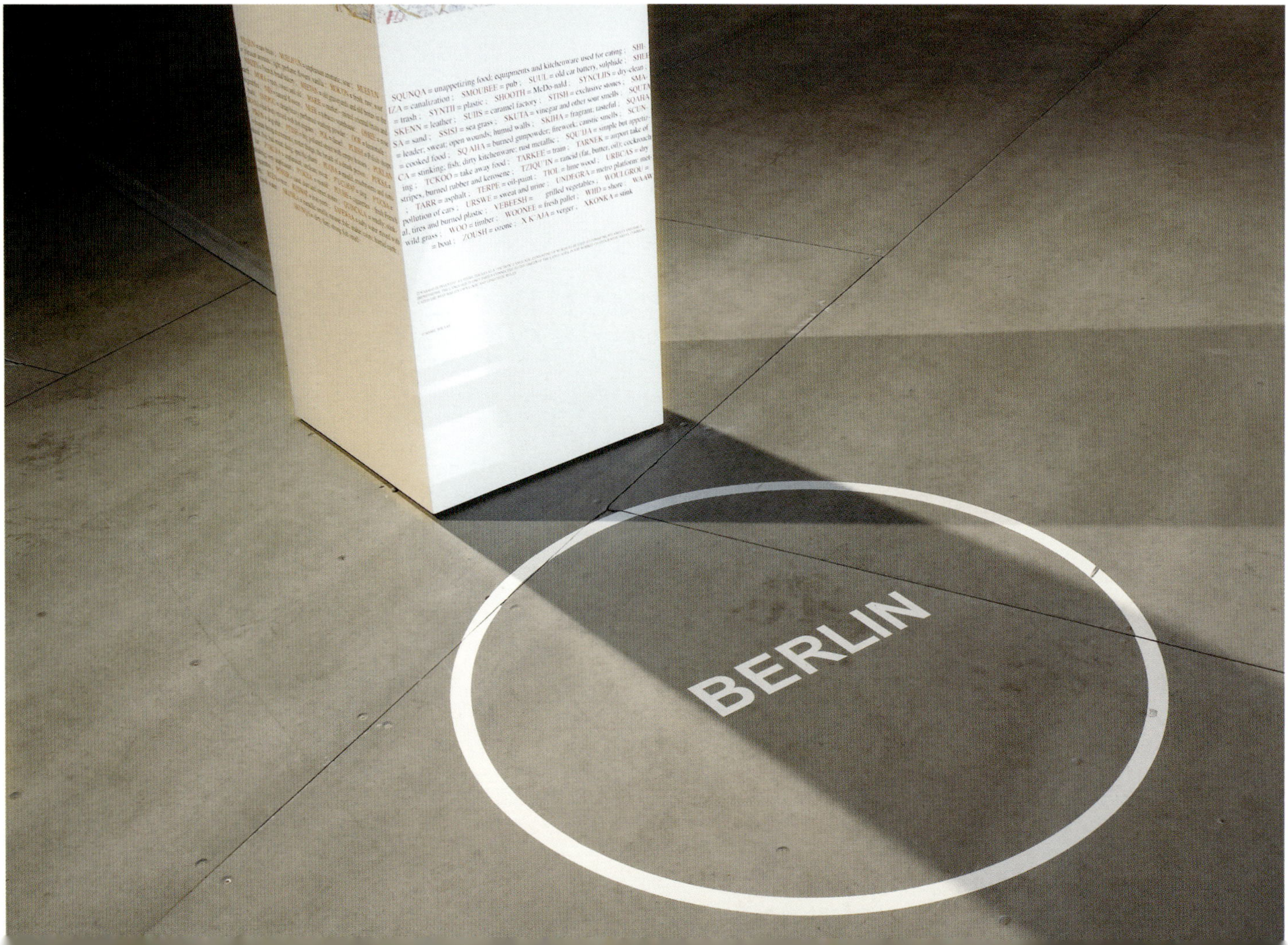

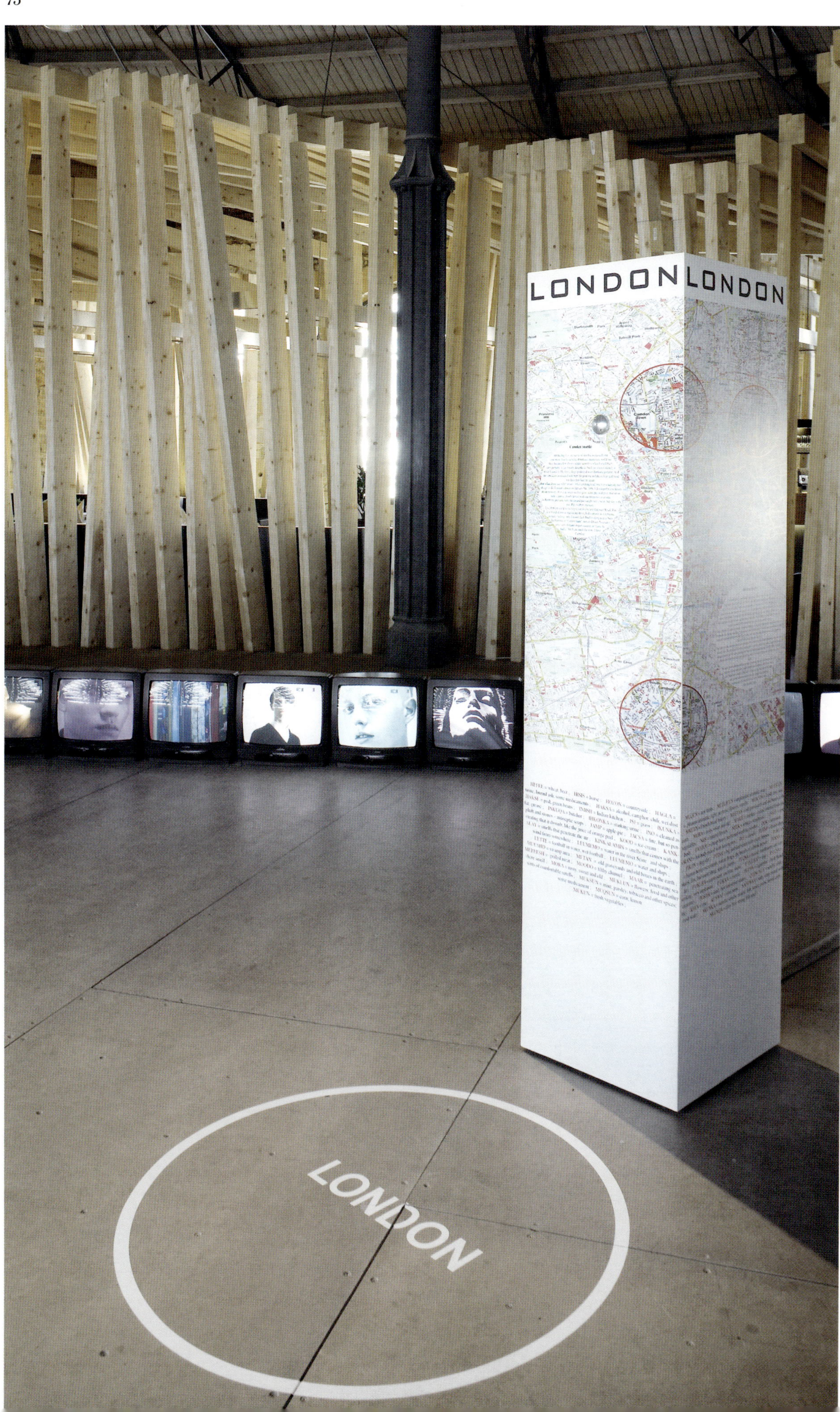

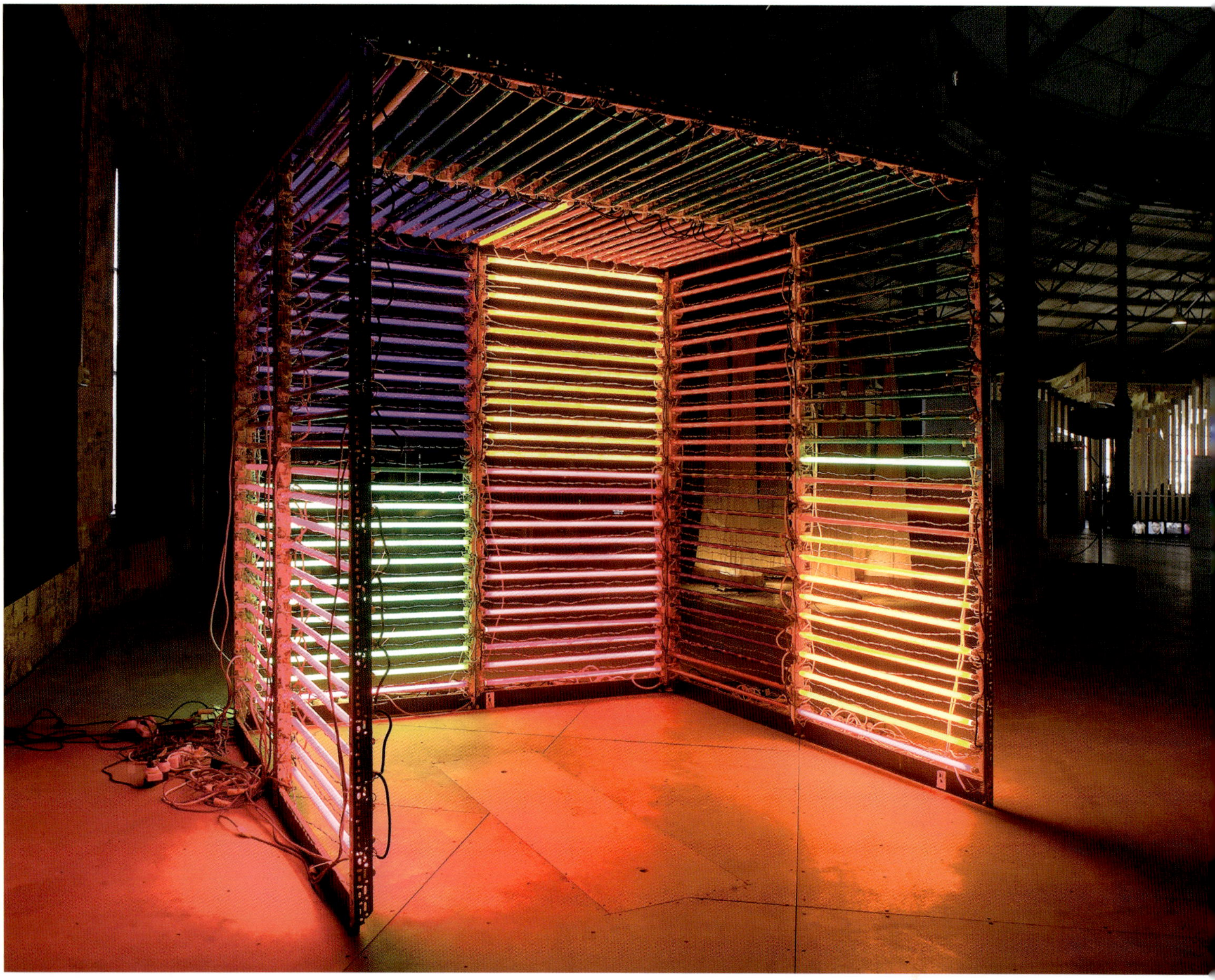

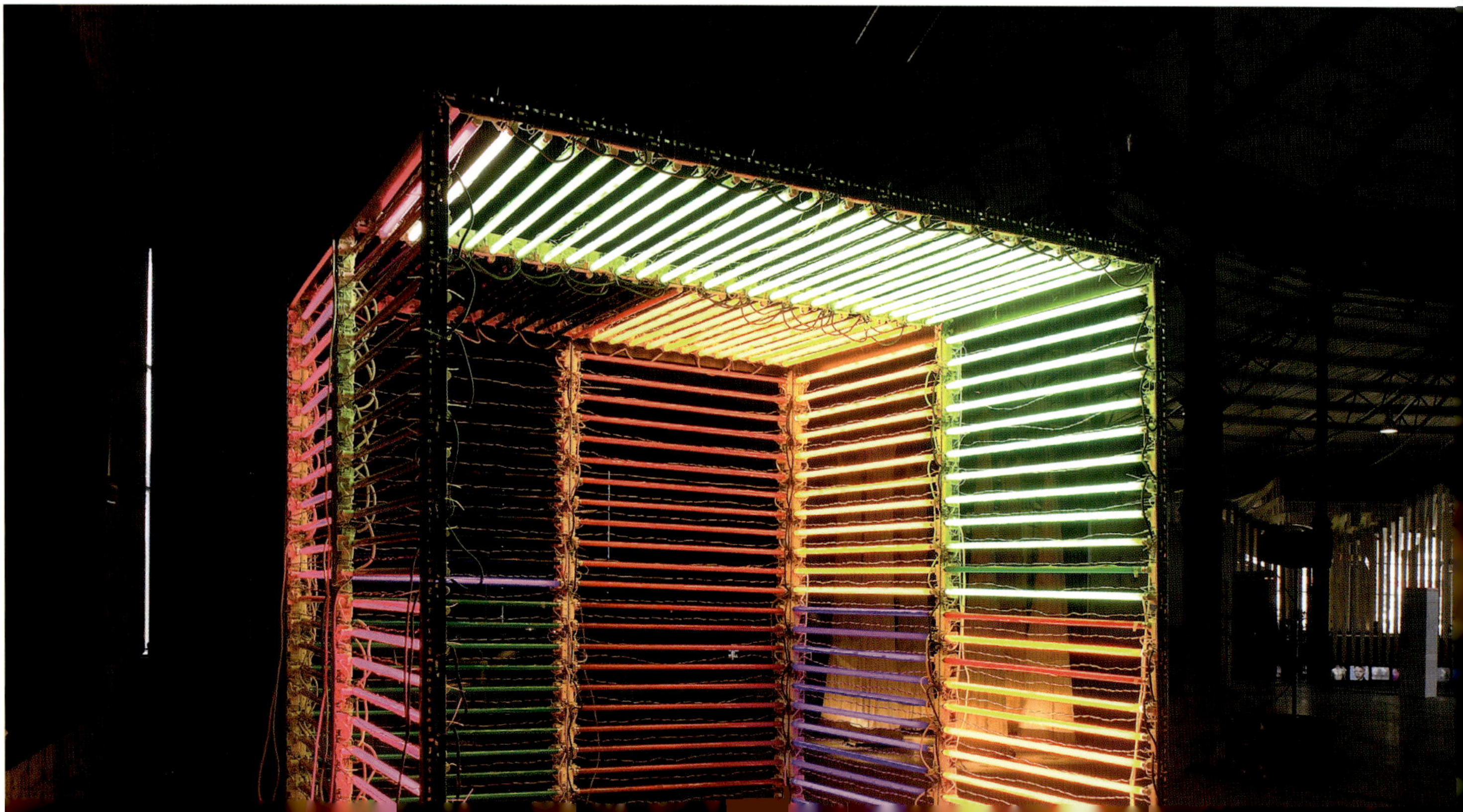

10. Gaspard Yurkievich,
Peau d'housse & Cubismes

L'installation *Cubismes* – commissionnée
par le Festival international des Arts de la Mode
de Hyères en 2003 – est un environnement
lumineux dans lequel le visiteur est amené à
évoluer. Dispositif scénique digne d'un vidéo-
clip, elle constitue un trait d'union entre
corps, musique et performance, les trois prin-
cipaux axes de recherche de Gaspard
Yurkievich. Outre l'aspect plastique évident de
Cubismes – sa spatialisation rigoureuse de la
couleur –, l'installation prend une dimension
sensorielle : l'excitation oculaire produite
par les néons et la chaleur qu'ils dégagent
sont autant d'éléments qui définissent son
caractère expérimental. Gaspard Yurkievich
traduit ici la mode comme un espace.

Gaspard Yurkievich · *Cubismes* · 2003

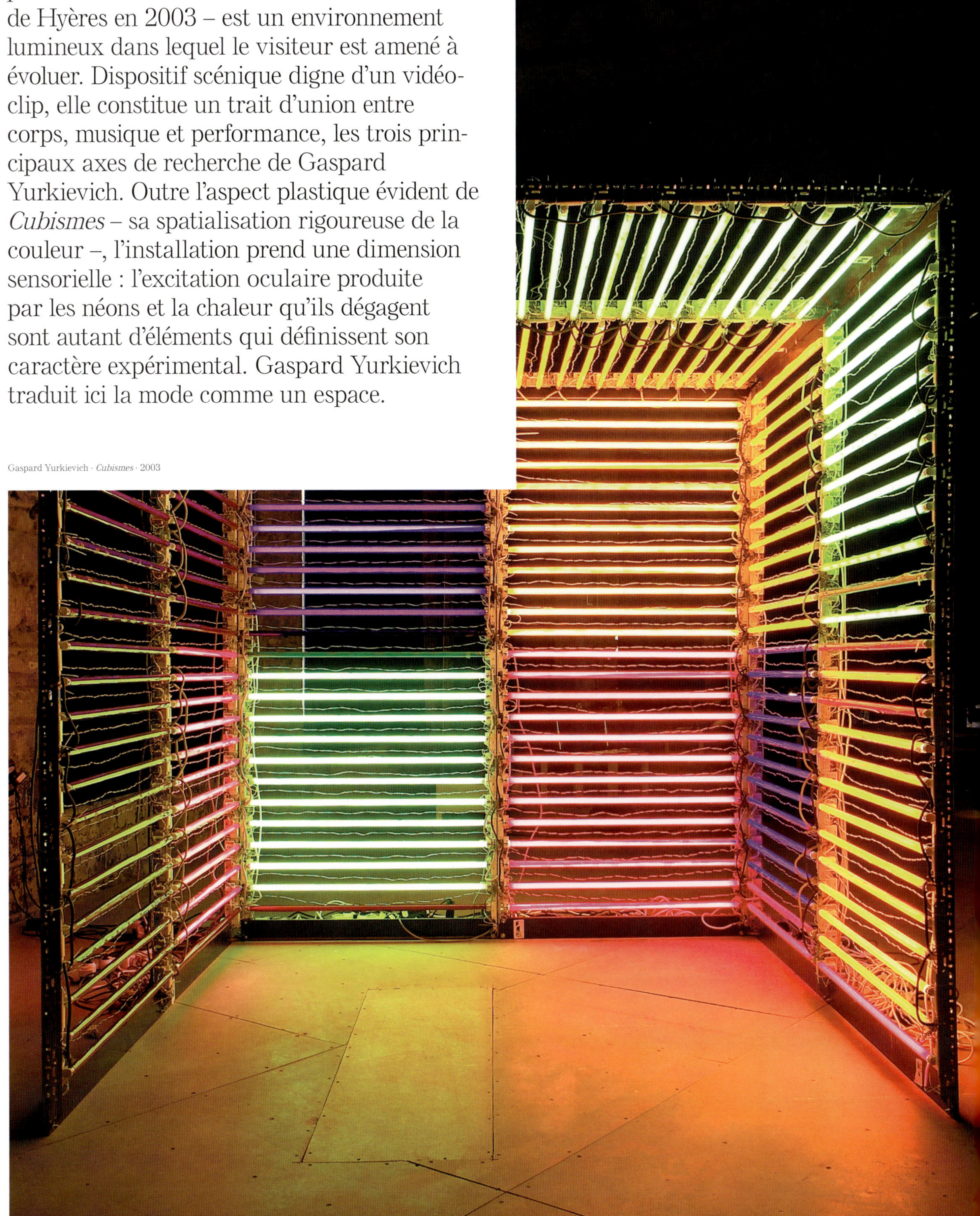

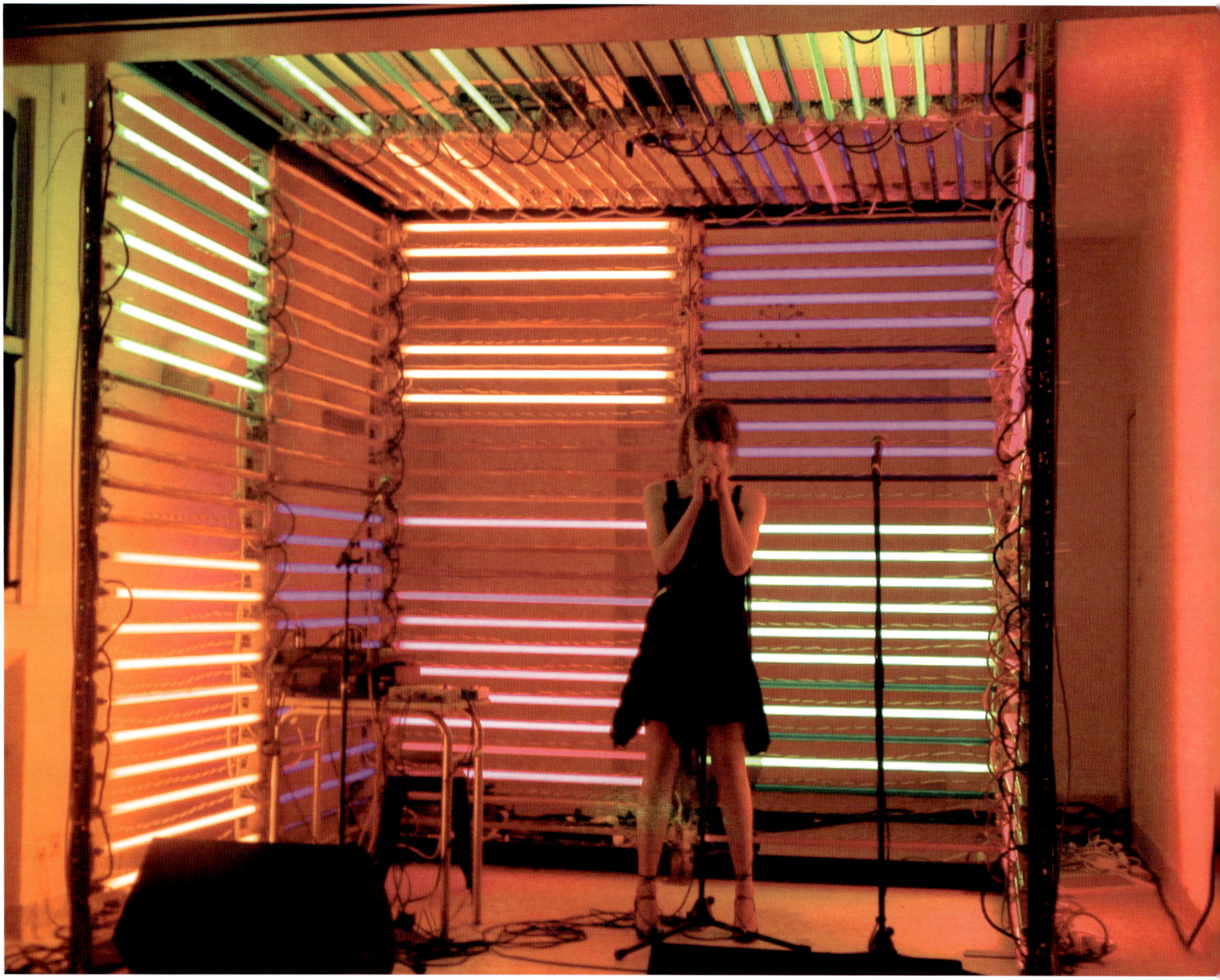

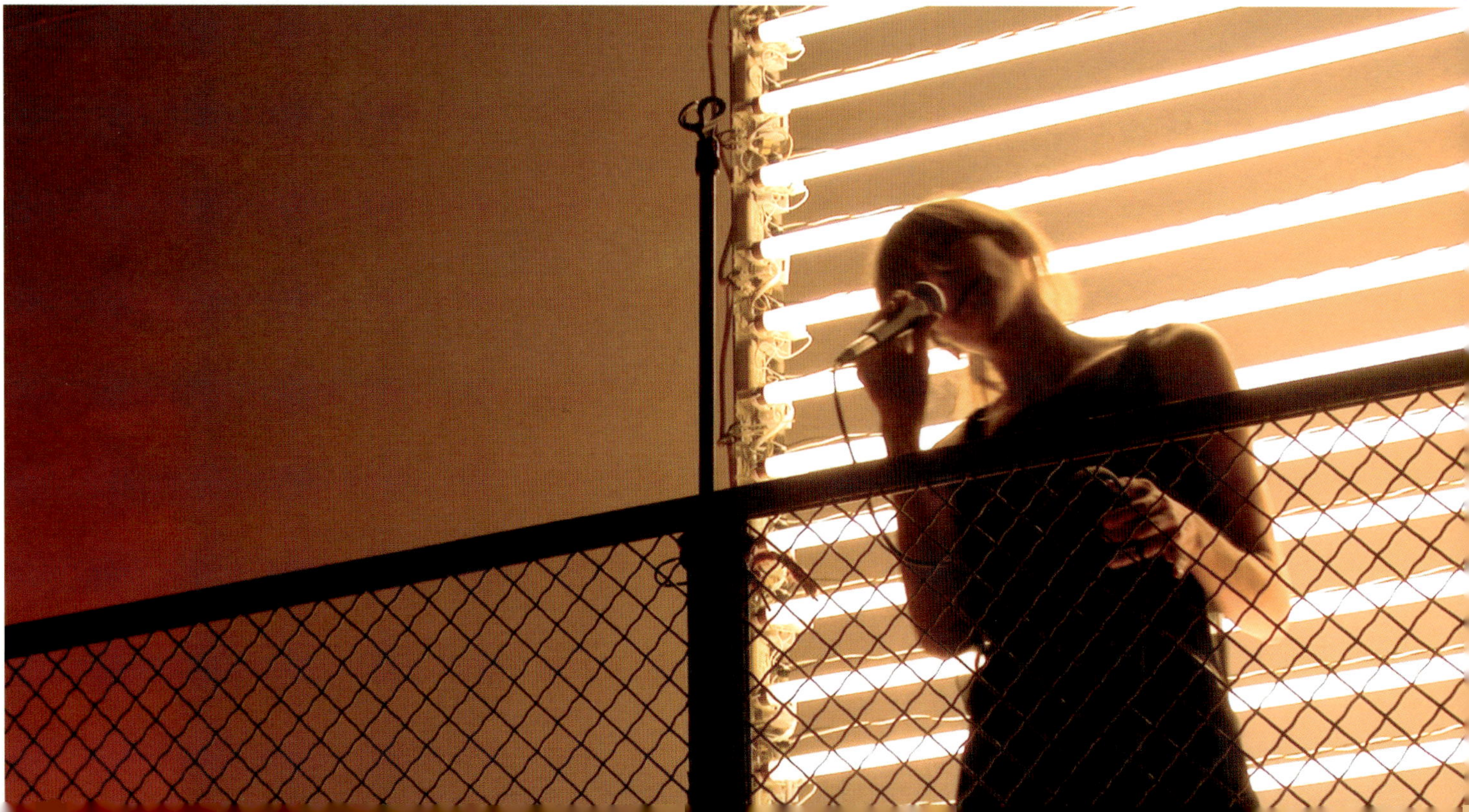

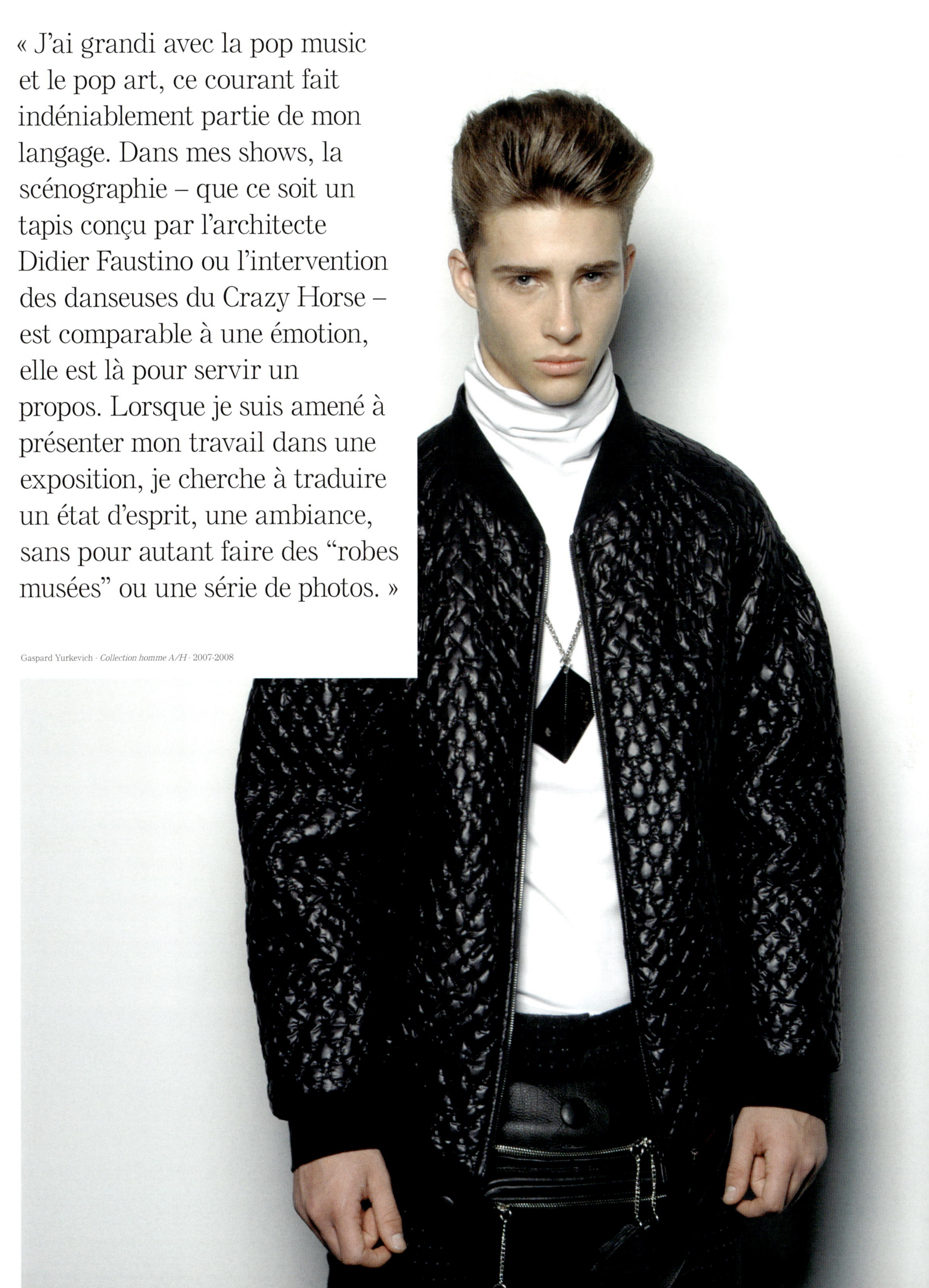

« J'ai grandi avec la pop music et le pop art, ce courant fait indéniablement partie de mon langage. Dans mes shows, la scénographie – que ce soit un tapis conçu par l'architecte Didier Faustino ou l'intervention des danseuses du Crazy Horse – est comparable à une émotion, elle est là pour servir un propos. Lorsque je suis amené à présenter mon travail dans une exposition, je cherche à traduire un état d'esprit, une ambiance, sans pour autant faire des "robes musées" ou une série de photos. »

Gaspard Yurkevich · *Collection homme A/H* · 2007-2008

Né en 1972, à Paris, et d'origine franco-argentine, Gaspard Yurkievich étudie au studio Berçot de 1991 à 1993. Stagiaire chez Thierry Mugler, assistant chez Jean-Paul Gaultier et chez Jean Colonna, il crée sa propre griffe en 1997, et remporte ainsi le prix prestigieux de meilleur styliste pour femme au festival de Hyères. Le travail de Gaspard Yurkievich explore la sensualité féminine et l'élégance moderne en les associant à des références historiques très explicites. L'univers de Yurkievich, combinant à la fois le flair créatif londonien à la grandeur historique de la France, est sexy, avec une pointe de *trash* chic, très parisien et précurseur. Confirmé dans le monde de la mode, Gaspard Yurkievich fait des incursions dans l'univers de l'art contemporain : il parraine en 2005 l'exposition *j'en rêve* à la Fondation Cartier et collabore avec Olivier Casamayou, Karine Charaire et Dani Siciliano pour l'installation *Cubismes*, exposée au Festival des arts de la mode de Hyères en 2003 et à la Nuit Blanche à Paris en 2005.

Collaboration entre la designer Florence Doléac et Yurkievich, *Peau d'housse* est une hybridation entre le vêtement et le mobilier. Directement inspirée par le geste que l'on fait lorsque l'on retire un manteau pour le déposer sur une chaise, cette création protéiforme est une cape, une assise ou encore une nappe. Épiderme d'un nouveau genre, elle joue sur sa réversibilité pour basculer d'une frontière à l'autre. En enveloppant le corps comme une couverture maternelle, Peau d'housse est une prothèse aussi sensuelle que régressive.

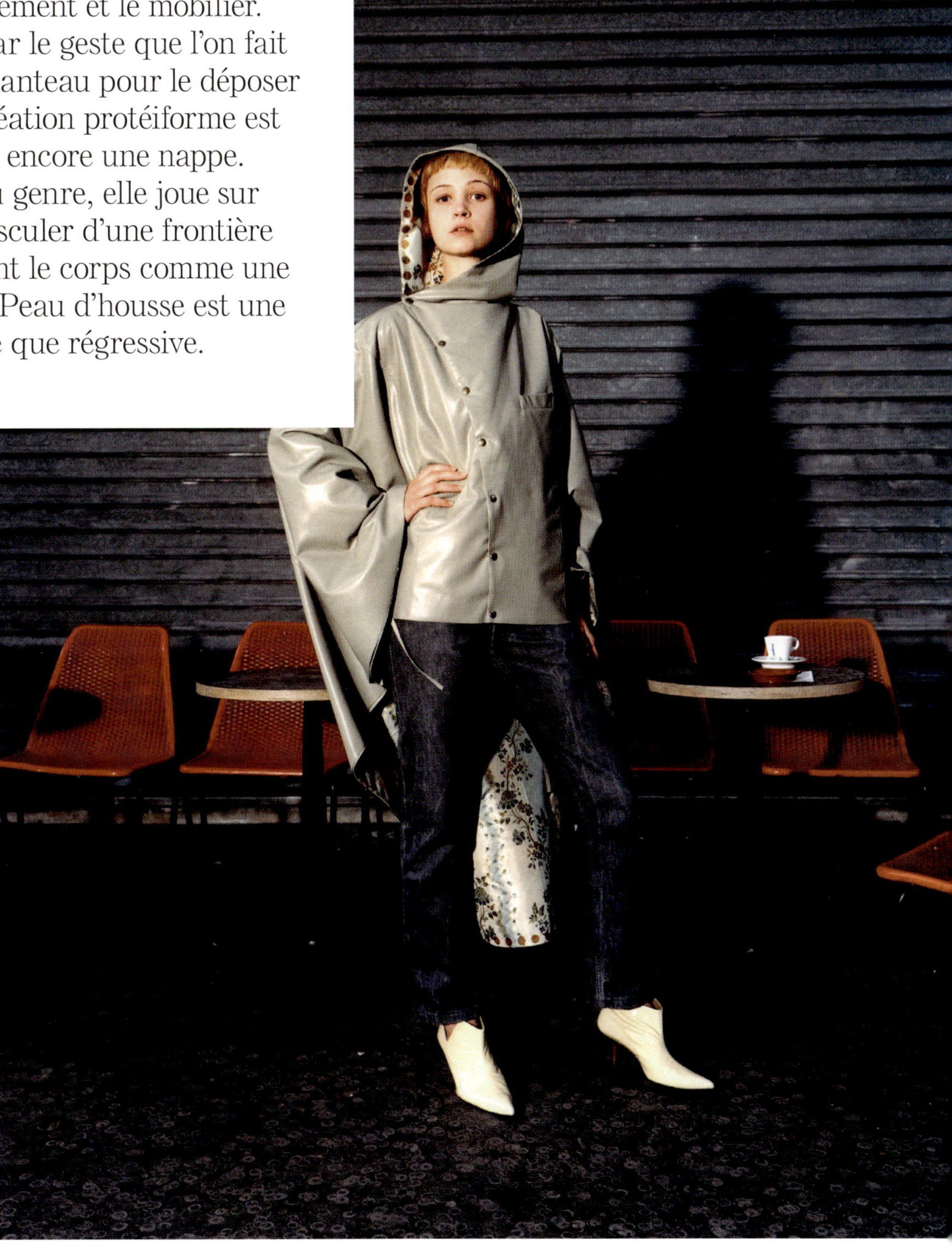

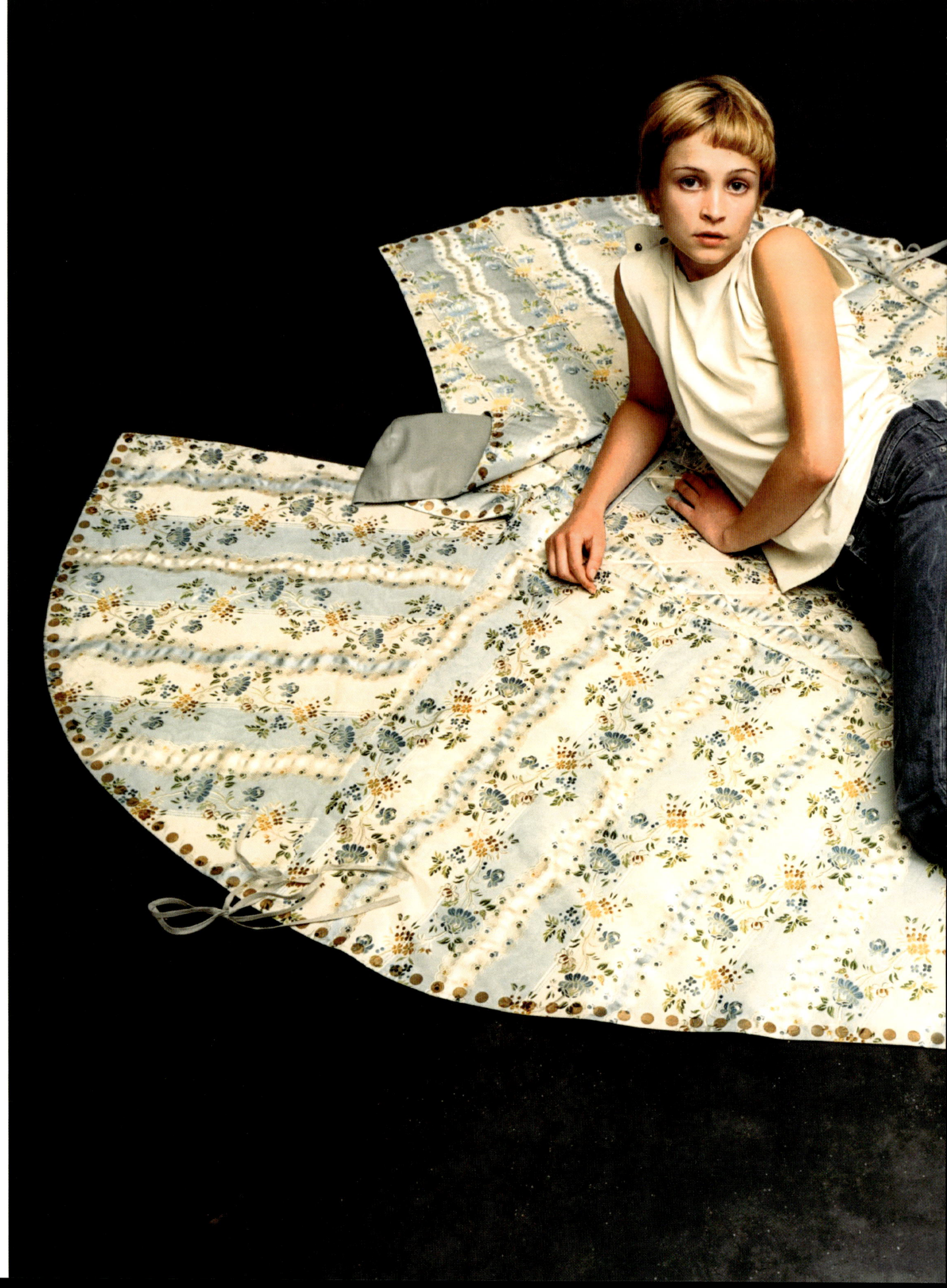

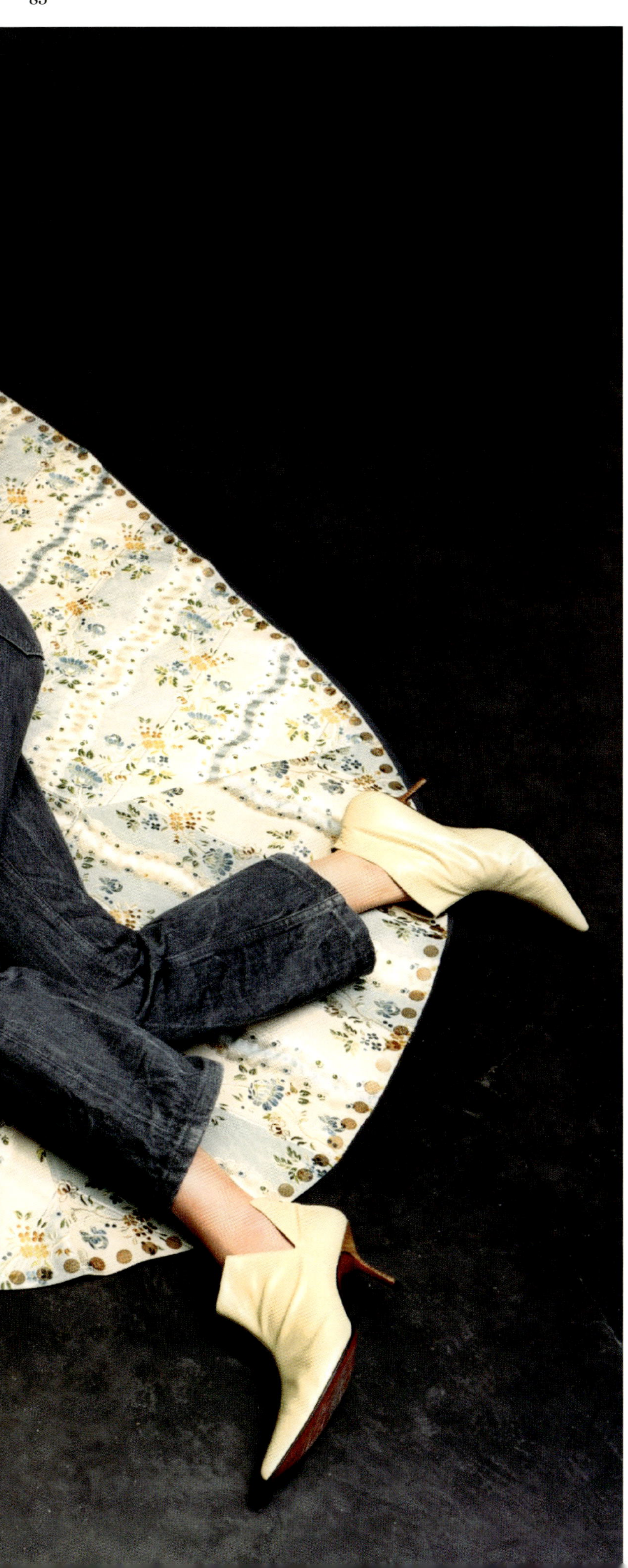

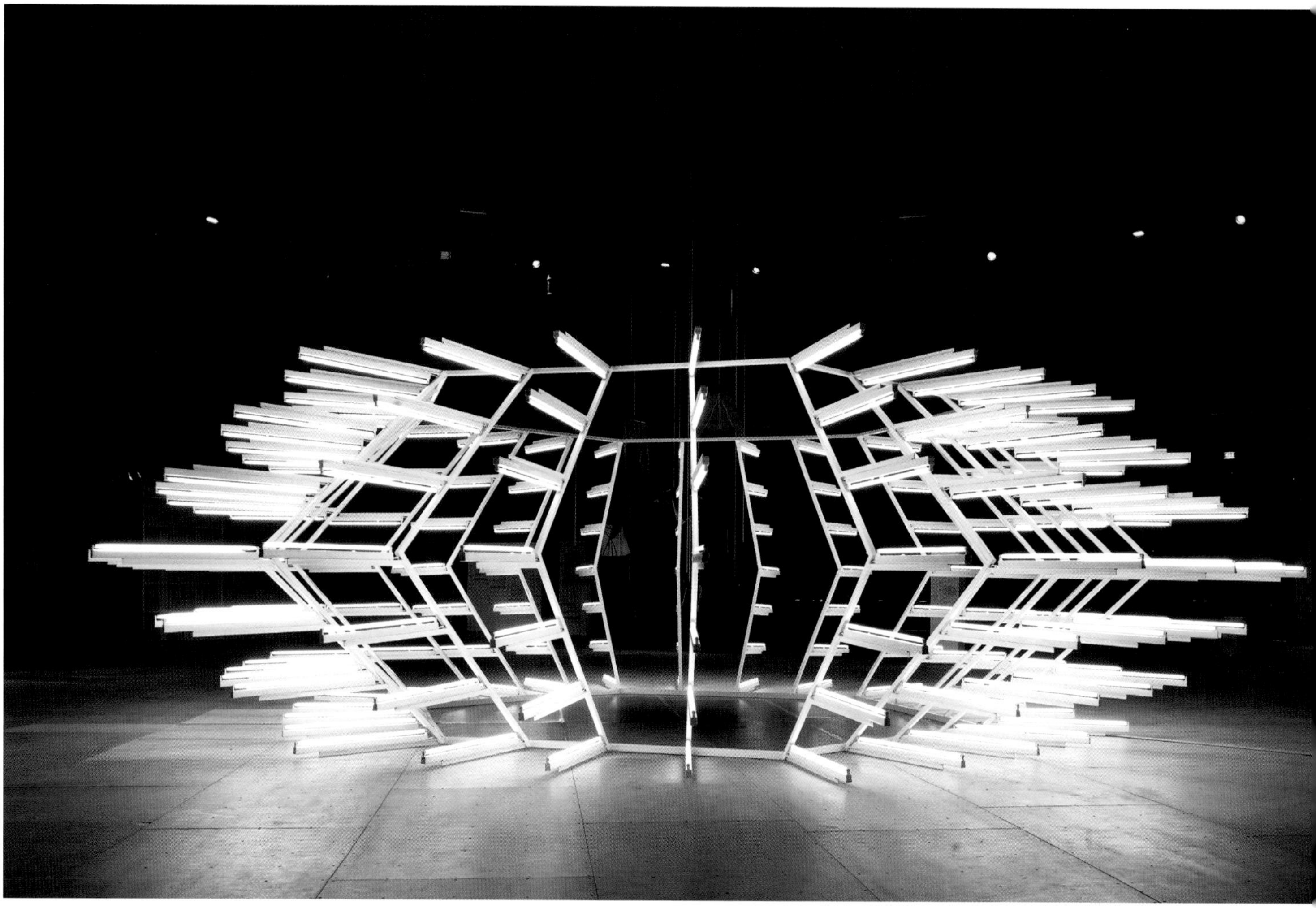

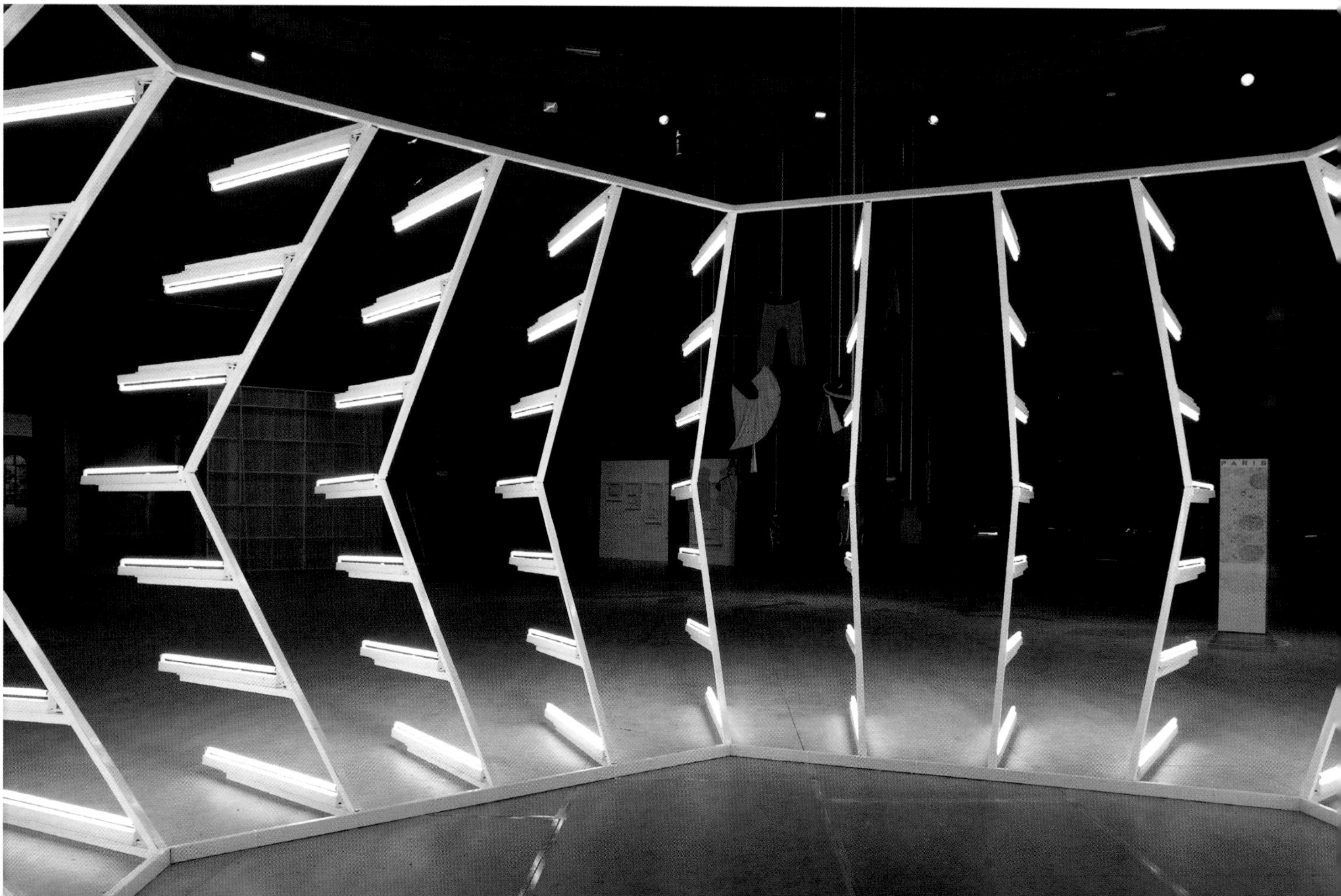

P.S.

__Installation et performances
pour danseurs bien habillés__
À l'initiative d'Emanuele
Quinz et de Luca Marchetti,
P.S. est le noyau conceptuel
de *Dysfashional*. Pointant les
entremêlements identitaires et
corporels liés aux actions de
l'habillage et du déshabillage,
le projet met en scène un
corps à l'état transitif, entre
nudité et recouvrement,
comme espace privilégié du
déploiement de soi.
Si les initiales P.S. réfèrent à
post-scriptum et à sa notion
de postériorité, elles font
également référence au décor
dans lequel se déroule cette
série de performances.

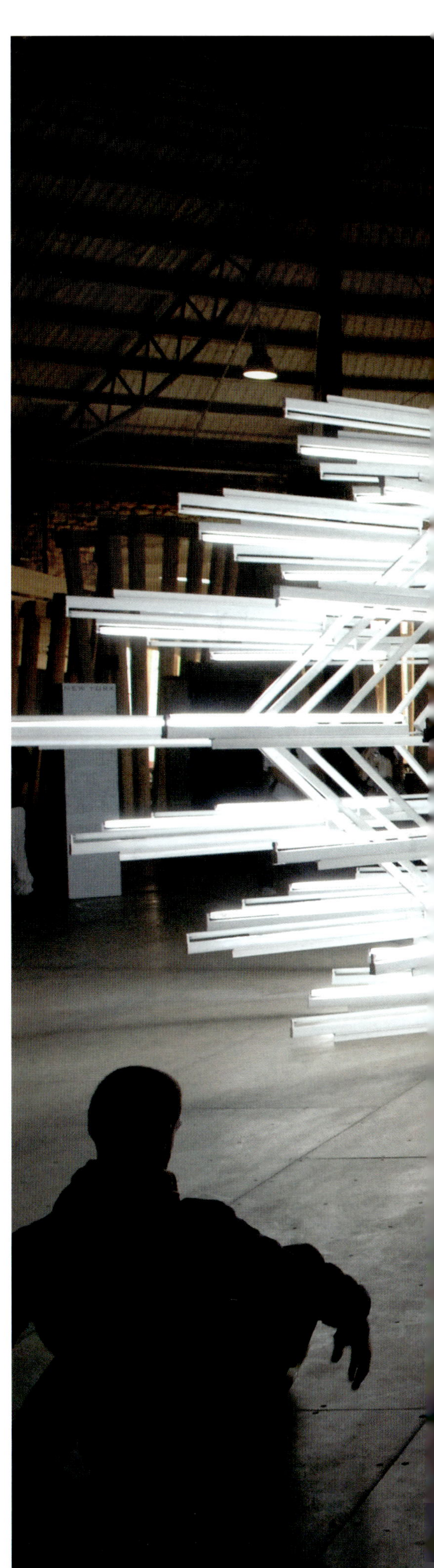

L'architecte Philippe Rahm a en effet imaginé un *peep-show* de lumière en guise de scène. Cinq chorégraphes sont invités à y réinventer les gestes classiques de l'effeuillage en exploitant des créations de mode au design complexe. Ainsi Damien Jalet rencontrera l'univers d'Undercover, Fanny de Chaillé, celui d'Ann Demeulemeester, Maria-Clara Villa-Lobos se confrontera aux vêtements de Walter Van Beirendonck, Marco Berrettini, à ceux de Givenchy homme, alors que Jennifer Lacey mélangera les pièces de Christian Wijnants, Fabrics Interseason, Romain Kremer, Andrea Crews, Fade, Wolford, House of the very island, Paule Ka, Maurizio Galante, Véronique Branquinho, Stanlowa, Lanvin, et les accessoires de Sandra Berrebi.

En axant cet exercice de dénudement autour de vêtements-architectures, *P.S.* révèle la capacité de l'habit à suggérer un mouvement à travers son volume. Plus qu'une enveloppe de tissus, le vêtement peut donc programmer les actions du corps, il peut être un tuteur physique et, par extension, psychique. Situé au cœur de l'espace d'exposition de *Dysfashional, P.S.* est une boussole dont les points cardinaux sont le Corps, le Vêtement, le Mouvement et la Perception, et dont le centre est l'Identité.

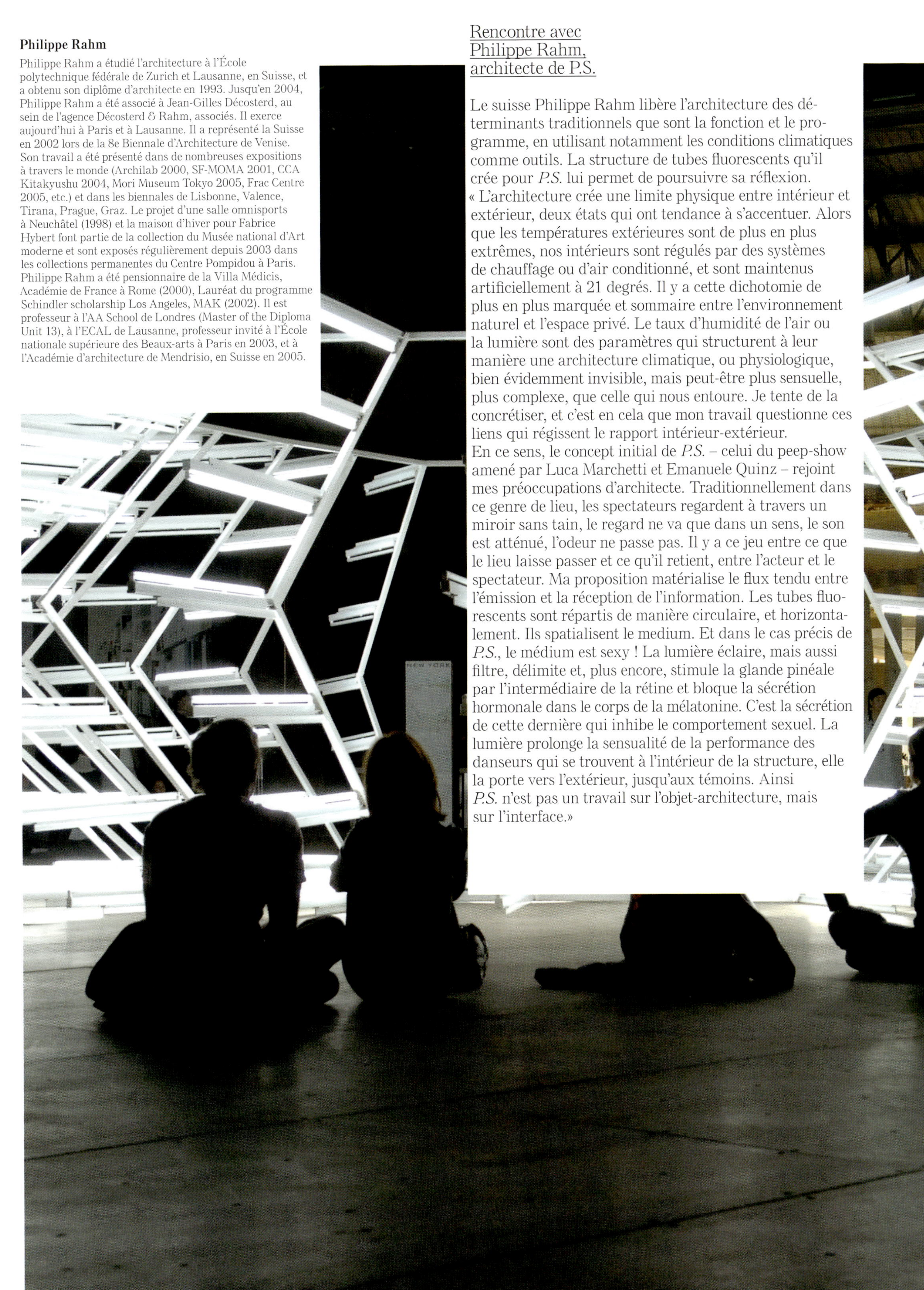

Philippe Rahm

Philippe Rahm a étudié l'architecture à l'École polytechnique fédérale de Zurich et Lausanne, en Suisse, et a obtenu son diplôme d'architecte en 1993. Jusqu'en 2004, Philippe Rahm a été associé à Jean-Gilles Décosterd, au sein de l'agence Décosterd & Rahm, associés. Il exerce aujourd'hui à Paris et à Lausanne. Il a représenté la Suisse en 2002 lors de la 8e Biennale d'Architecture de Venise. Son travail a été présenté dans de nombreuses expositions à travers le monde (Archilab 2000, SF-MOMA 2001, CCA Kitakyushu 2004, Mori Museum Tokyo 2005, Frac Centre 2005, etc.) et dans les biennales de Lisbonne, Valence, Tirana, Prague, Graz. Le projet d'une salle omnisports à Neuchâtel (1998) et la maison d'hiver pour Fabrice Hybert font partie de la collection du Musée national d'Art moderne et sont exposés régulièrement depuis 2003 dans les collections permanentes du Centre Pompidou à Paris. Philippe Rahm a été pensionnaire de la Villa Médicis, Académie de France à Rome (2000), Lauréat du programme Schindler scholarship Los Angeles, MAK (2002). Il est professeur à l'AA School de Londres (Master of the Diploma Unit 13), à l'ECAL de Lausanne, professeur invité à l'École nationale supérieure des Beaux-arts à Paris en 2003, et à l'Académie d'architecture de Mendrisio, en Suisse en 2005.

Rencontre avec Philippe Rahm, architecte de P.S.

Le suisse Philippe Rahm libère l'architecture des déterminants traditionnels que sont la fonction et le programme, en utilisant notamment les conditions climatiques comme outils. La structure de tubes fluorescents qu'il crée pour *P.S.* lui permet de poursuivre sa réflexion.

« L'architecture crée une limite physique entre intérieur et extérieur, deux états qui ont tendance à s'accentuer. Alors que les températures extérieures sont de plus en plus extrêmes, nos intérieurs sont régulés par des systèmes de chauffage ou d'air conditionné, et sont maintenus artificiellement à 21 degrés. Il y a cette dichotomie de plus en plus marquée et sommaire entre l'environnement naturel et l'espace privé. Le taux d'humidité de l'air ou la lumière sont des paramètres qui structurent à leur manière une architecture climatique, ou physiologique, bien évidemment invisible, mais peut-être plus sensuelle, plus complexe, que celle qui nous entoure. Je tente de la concrétiser, et c'est en cela que mon travail questionne ces liens qui régissent le rapport intérieur-extérieur.

En ce sens, le concept initial de *P.S.* – celui du peep-show amené par Luca Marchetti et Emanuele Quinz – rejoint mes préoccupations d'architecte. Traditionnellement dans ce genre de lieu, les spectateurs regardent à travers un miroir sans tain, le regard ne va que dans un sens, le son est atténué, l'odeur ne passe pas. Il y a ce jeu entre ce que le lieu laisse passer et ce qu'il retient, entre l'acteur et le spectateur. Ma proposition matérialise le flux tendu entre l'émission et la réception de l'information. Les tubes fluorescents sont répartis de manière circulaire, et horizontalement. Ils spatialisent le medium. Et dans le cas précis de *P.S.*, le médium est sexy ! La lumière éclaire, mais aussi filtre, délimite et, plus encore, stimule la glande pinéale par l'intermédiaire de la rétine et bloque la sécrétion hormonale dans le corps de la mélatonine. C'est la sécrétion de cette dernière qui inhibe le comportement sexuel. La lumière prolonge la sensualité de la performance des danseurs qui se trouvent à l'intérieur de la structure, elle la porte vers l'extérieur, jusqu'aux témoins. Ainsi *P.S.* n'est pas un travail sur l'objet-architecture, mais sur l'interface. »

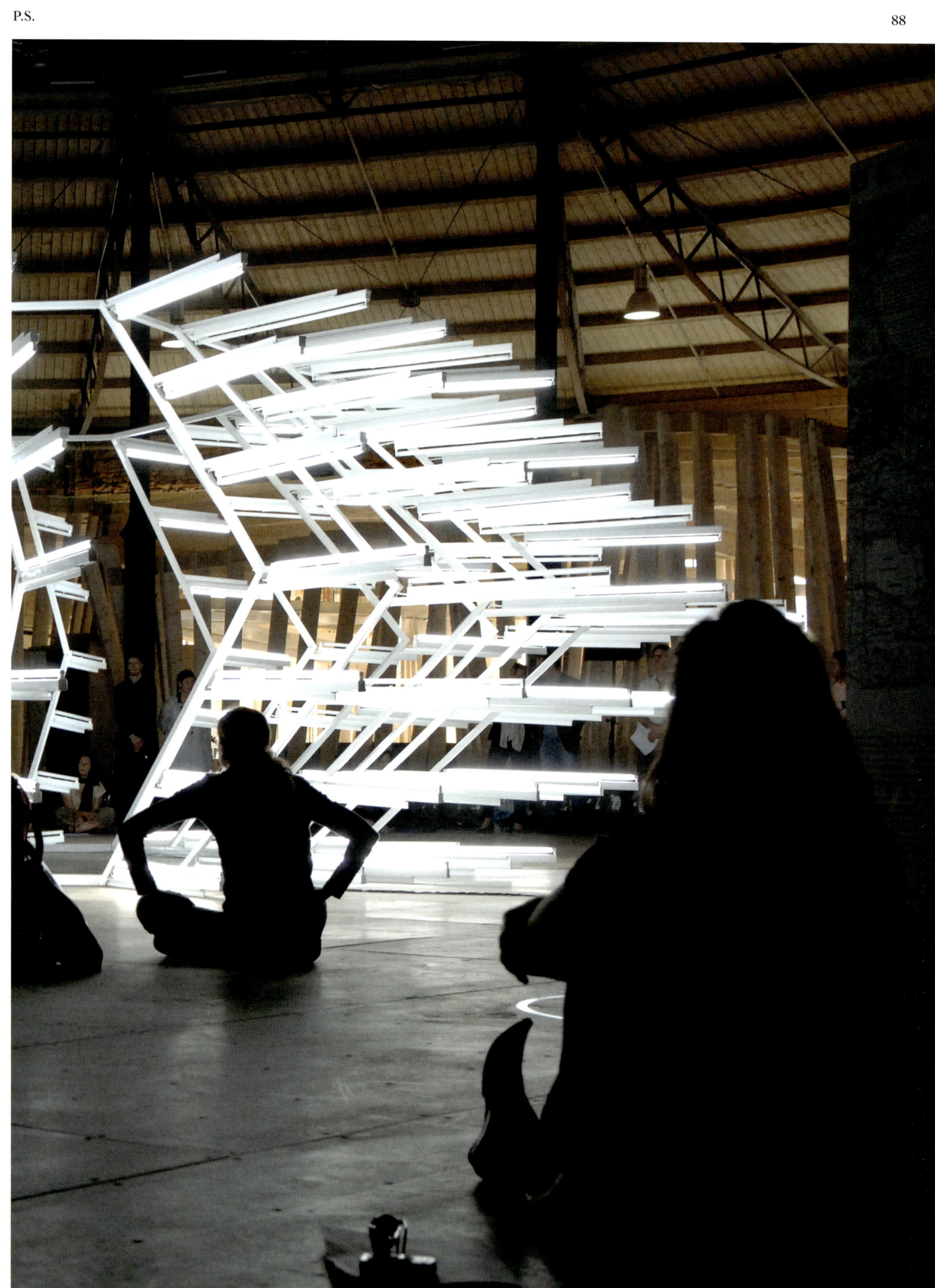

<u>Le Vestiaire</u>
Quand le vêtement s'investit d'une
charge affective forte, il s'affranchit
de sa fonction originelle – celle d'une
seconde peau protectrice – pour devenir
un objet précieux régi selon ses propres
règles. Renversement des rôles, il est
alors celui qui dicte le comportement.
Marcher plus lentement, éviter de
s'asseoir, se tenir droit, autant de
contraintes qu'une simple pièce de tissu
peut imposer au corps. Il conditionne
ainsi notre manière de bouger, devient
allié ou traître selon les circonstances.
Les cinq chorégraphes de *P.S.* ouvrent
les portes de leur vestiaire et nous
présentent leur vêtement iconique, entre
fétichisme et amour de la mode.

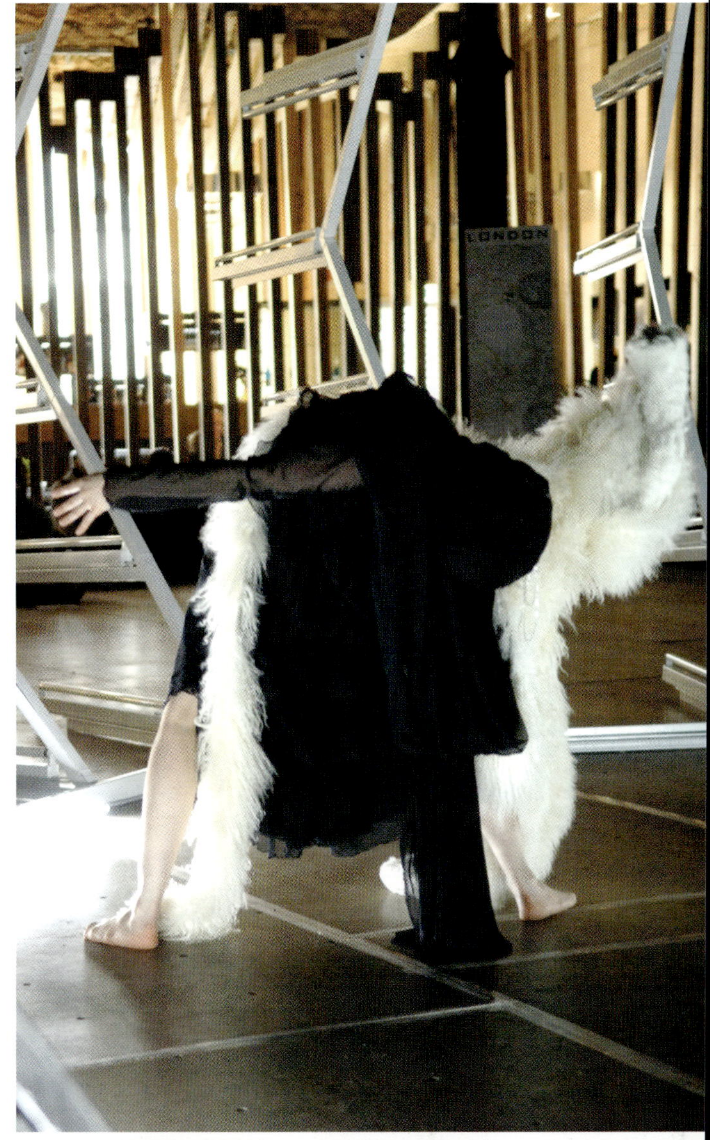

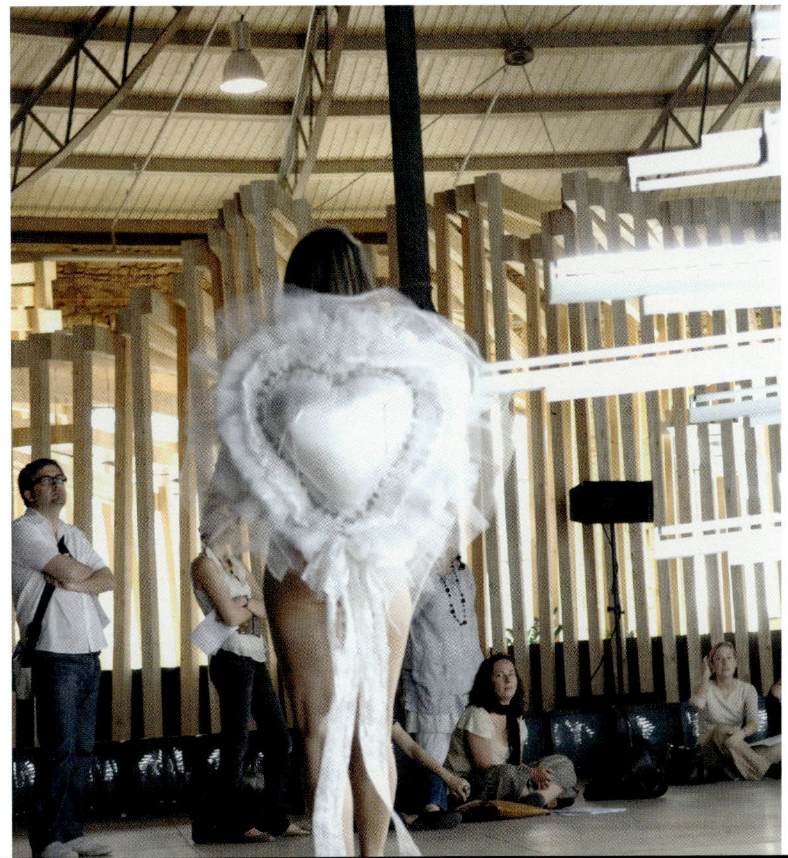

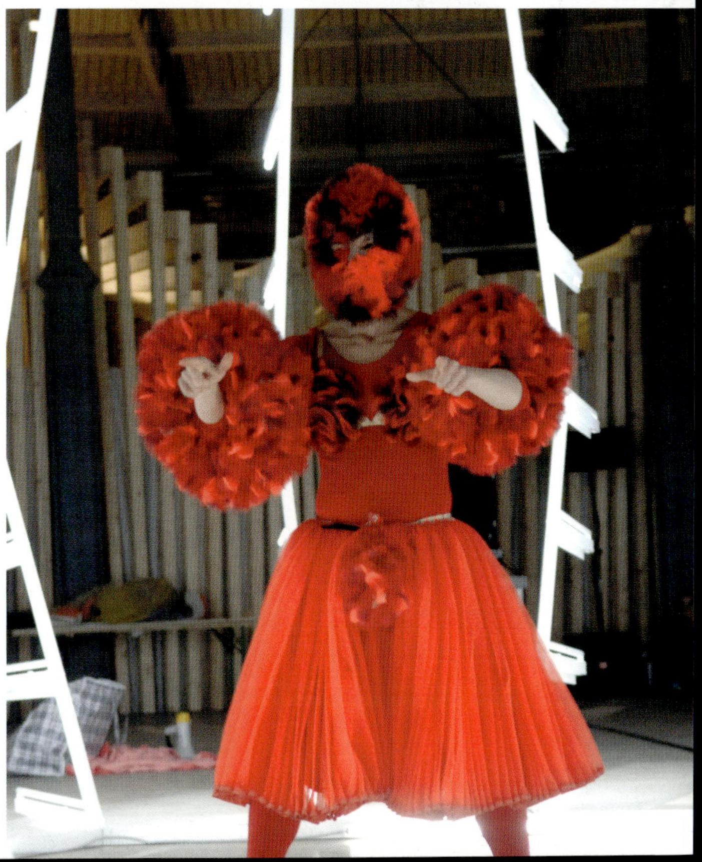

Marco Berrettini

« J'ai un pull fétiche. Il est bleu, en coton. Depuis le temps que je le possède et que je le mets, il me gratte ! Mais il m'est indispensable quand je donne des cours de danse. Au moins pendant les cinq premières minutes. Il me donne l'impression de savoir de quoi je parle. Je l'enlève dès que je me rends compte que je ressemble à un professeur de danse classique ! »

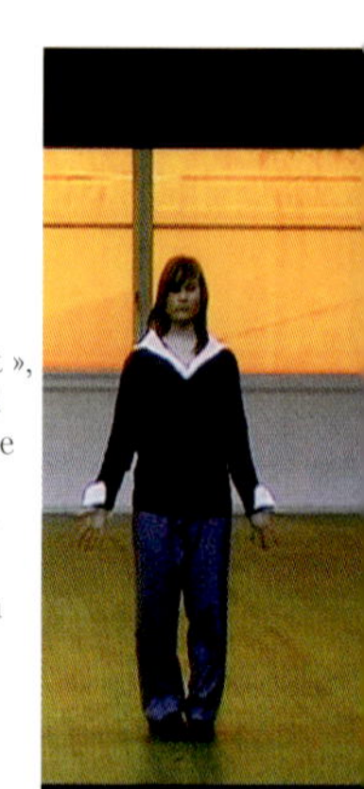

Marco Berrettini est né en 1963 en Allemagne, de parents italiens. Champion d'Allemagne de danse disco à l'âge de 15 ans, il entame sa formation de danseur à la London School of Contemporary Dance, puis à la Folkwangschule d'Essen (Pina Bausch). Il fonde la Compagnie Tanzplantation en 1986, rebaptisée Melk prod en 2000. Ironique, provocateur, imprévisible, adepte d'une « danse pour tous » et contre le « spectaculairement correct », il a fait sienne cette maxime de Nietzsche : « Il faut danser la vie ».Il est l'auteur de plus d'une vingtaine de pièces, telles que *Flack(s) 11* (1990) ou encore *Multi(s)me* (2000), *Le procès d'Emil Sturmwetter* (1998), *New Movements for Old Bodies* (2003) et *No Paradan* (2006), coproduit par le Théâtre de la Ville de Paris et le Festival d'Automne à Paris.

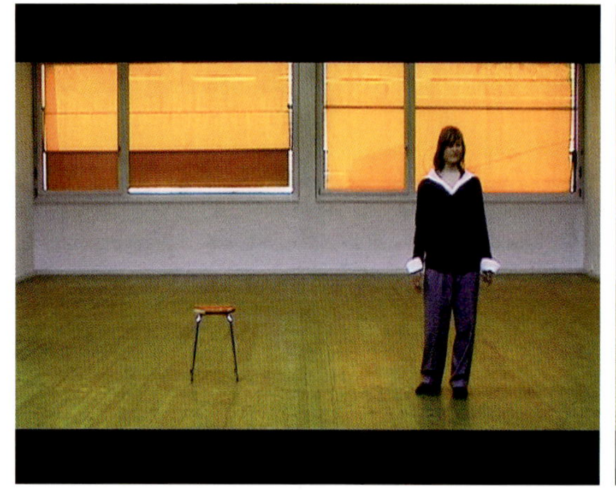
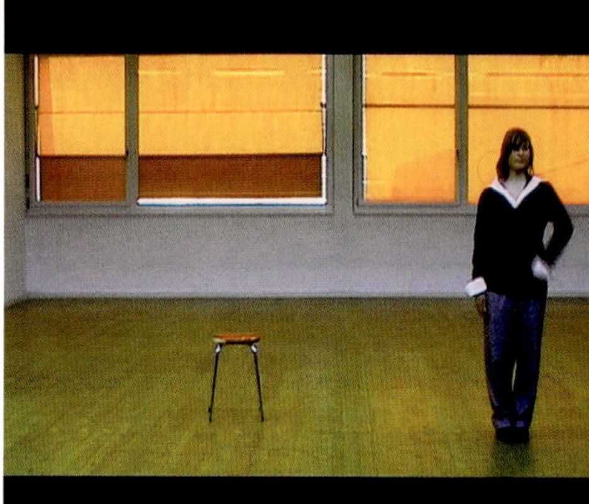

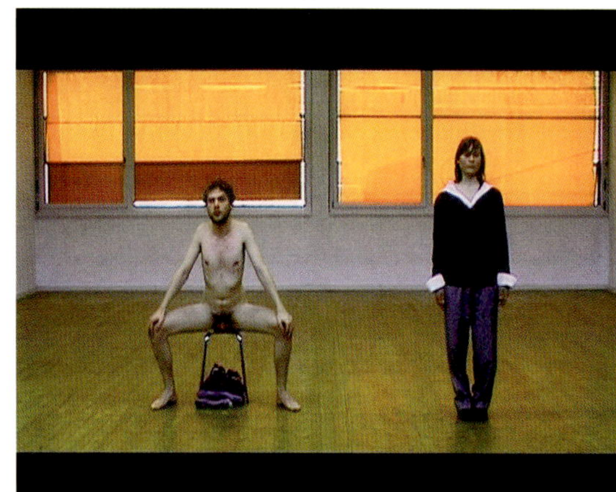
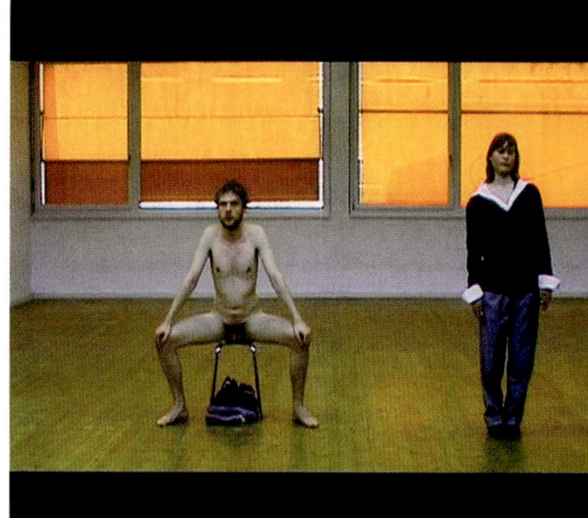

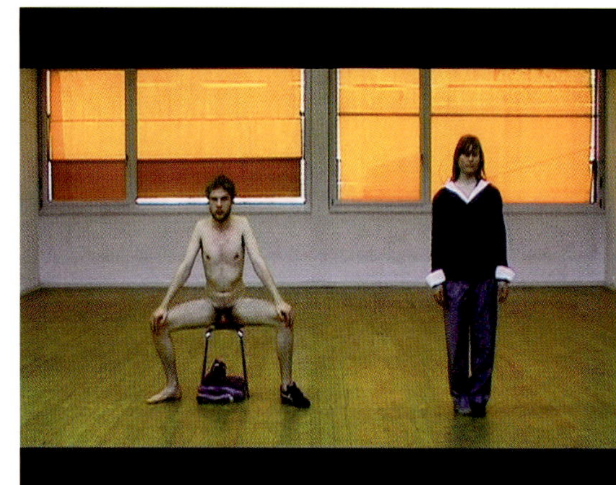
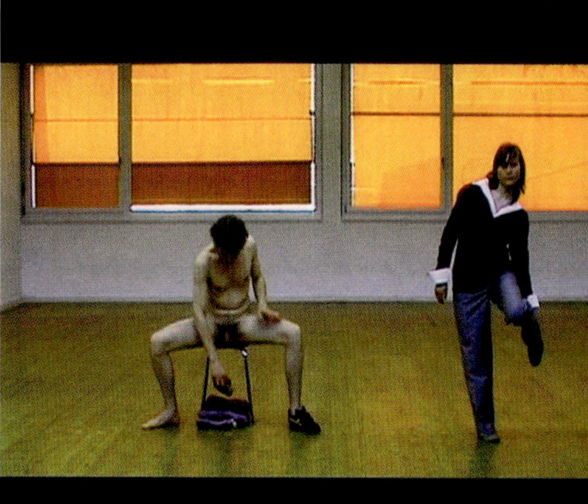

Chorégraphe Marco Berrettini · *Turn things Upside down*
Interprète Lucie Eidenbenz et Alexandre Doublet
Musique de Robert Wyatt « Turn Things Upside Down »
(JB Glasier/Mat Fox) de la compilation Flotsam Jet sam
Vêtements de Givenchy
Extraits de la vidéo de Sophie Laly
Commande de Luca Marchetti et Emanuele Quinz pour Dysfashional
Production anomos / mosign / Luxembourg et Grande Région,
Capitale européenne de la Culture 2007

Fanny de Chaillé

« J'ai une jupe en jean, je devrais plutôt
dire une jupette tellement elle est
courte. Elle est en jean bleu délavé, je
l'ai achetée alors que j'avais quatorze
ans, elle était alors à ma taille. Je la
porte toujours, mais j'ai grandi depuis !
Quand je la mets, je suis obligée de
mettre mes mains dans les deux poches
qu'elle a sur le devant car sinon elle
est vraiment trop courte. C'est un
peu ennuyeux quand je dois serrer la
main de quelqu'un. Ce qui fait que
j'ai tendance à faire la bise. J'ai même
écrit une chanson sur cette jupe, elle
s'appelle *Les mains de la poche.* »

Fanny de Chaillé

Parallèlement à ses recherches universitaires, Fanny
de Chaillé travaille plusieurs années aux cotés de
Daniel Larrieu en tant qu'assistante à la mise en
scène et interprète. Elle collabore également à
plusieurs reprises avec Matthieu Doze et Rachid
Ouramdane. Depuis 1998, Fanny de Chaillé réalise
des installations interrogeant la relation entre la
performance orale, la poésie sonore et le corps,
dont : *Le Karaokurt, La pierre de Causette, Le
Robert, Le Voyage d'hiver* ou encore *Wake up.*
En 2002, elle créée *Underwear, pour une politique
du défilé* et, depuis 2004, elle travaille avec le
metteur en scène Gwenaël Morin. S'interrogeant sur
le langage dramatique, elle créée, en 2005, *Ta ta ta.*
En 2006, elle élabore une pièce chorégraphique pour
une île déserte intitulée *AMÉRIQUE.*

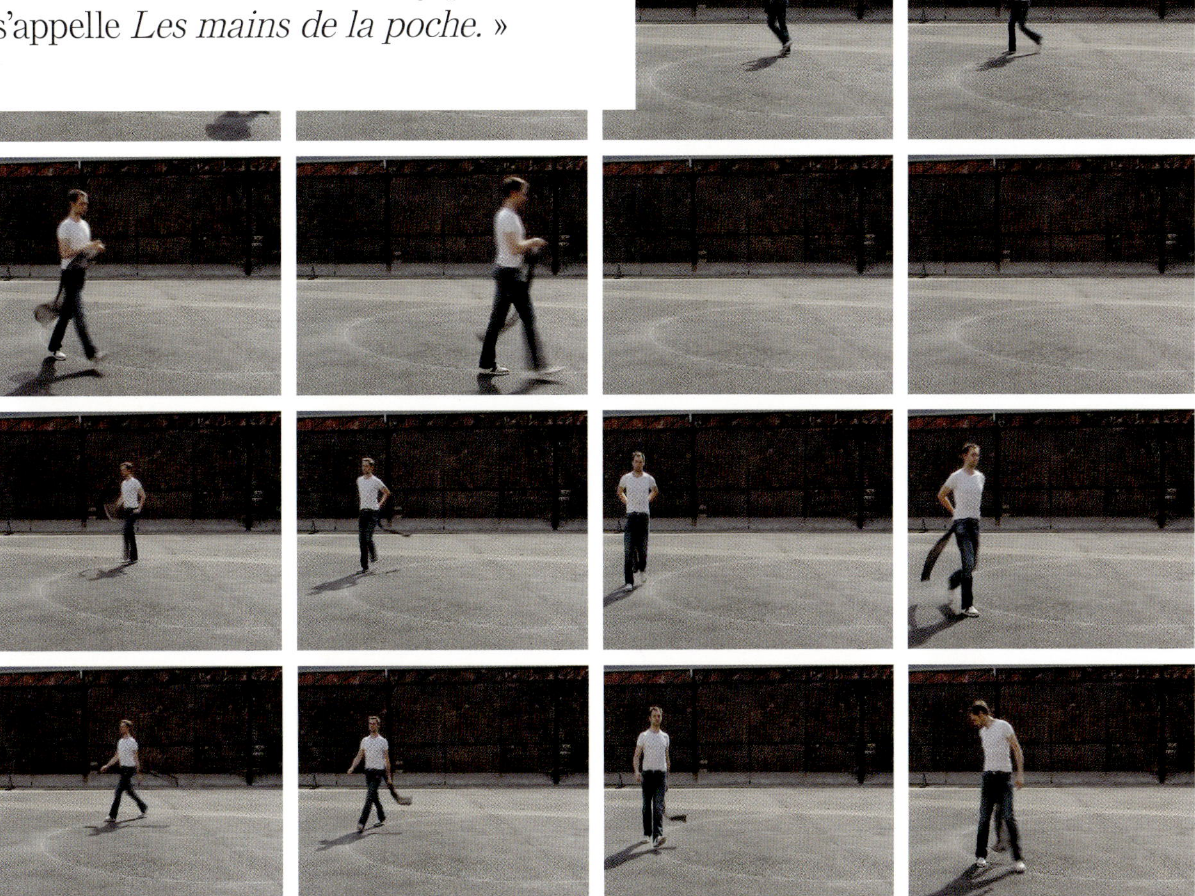

Chorégraphe Fanny de Chaillé · *Underwear (solo)*
Interprète Jérôme Andrieu
Echarpe Ann Demeulemeester
Extraits de la vidéo de Sophie Laly
Commande de Luca Marchetti et Émanuele Quinz pour Dysfashional
Production anomos / mosign / Luxembourg et Grande Région,
Capitale européenne de la Culture 2007

Maria-Clara Villa-Lobos

« J'ai des chaussures, un genre
d'escarpin en plastique doré. Elles ont
un talon très particulier, à mi-chemin
entre une chaussure de science-fiction
et une de style japonais. En réalité, c'est
une création brésilienne. Le Brésil est le
spécialiste des chaussures en plastique,
il y en a de toutes les formes et toutes
les couleurs ! Mes chaussures sont aussi
étranges qu'originales. La souplesse
du plastique épouse parfaitement
le pied, ce qui les rend bizarrement
confortables. Je ne les porte pas très
souvent car elles sont assez hautes.
Elles affectent ma façon de marcher, je
dois me déplacer plus lentement, rouler
un peu des hanches. Quand je les ai
aux pieds, je me sens excentrique et
plutôt sexy, parfois même gênée car
elles sont vraiment très flashy. »

Maria Clara Villa-Lobos est née à Brasilia en
1972. Elle étudie la danse classique et moderne
pendant trois ans à Berlin, et rejoint la Caprioli
Dance Co. en Suède. En 1995, elle s'installe
à Bruxelles pour étudier aux Performing Arts
Research and Training Studios (P.A.R.T.S.). Après
ses études, elle travaille avec Rui Horta, David
Hernandez, Willi Dorner, Christine De Smedt et
Les Ballets C. de la B., Sasha Waltz et Thomas
Lehmen. Depuis 1995, elle développe son travail
chorégraphique avec des pièces telles que *Crash,
Home Sweet Home, TRIO, Pin-up stories, Les
histoires d'amour finissent mal..., XL, because size
does matter, XS, M et XXL*. À partir de 2000,
elle crée une série de performances :
Xl, because size does matter (2000), *XS* (2002), *M,
an average piece* (2003) et *XXL, because big is
beautiful* (2005).

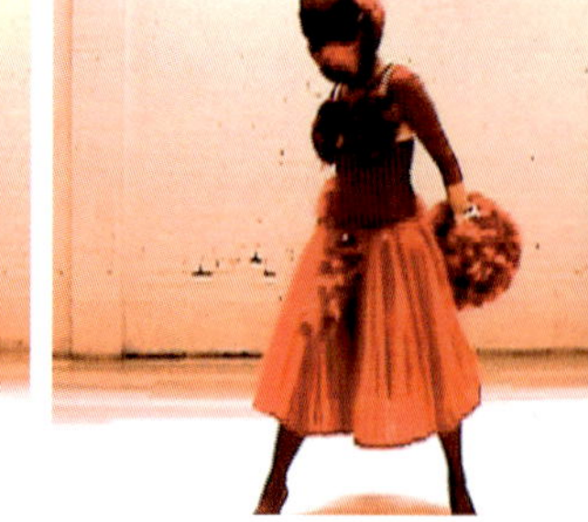
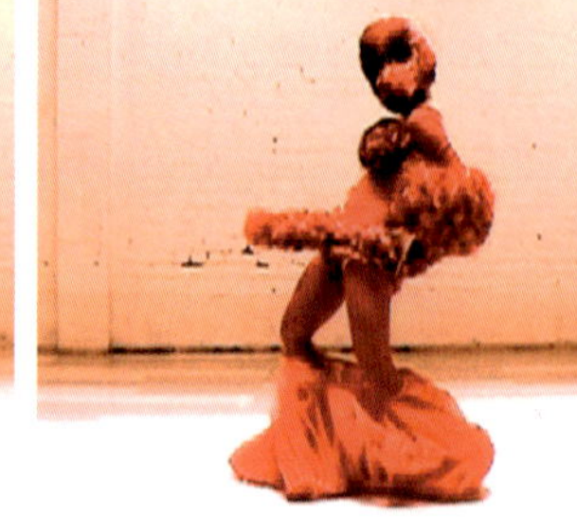
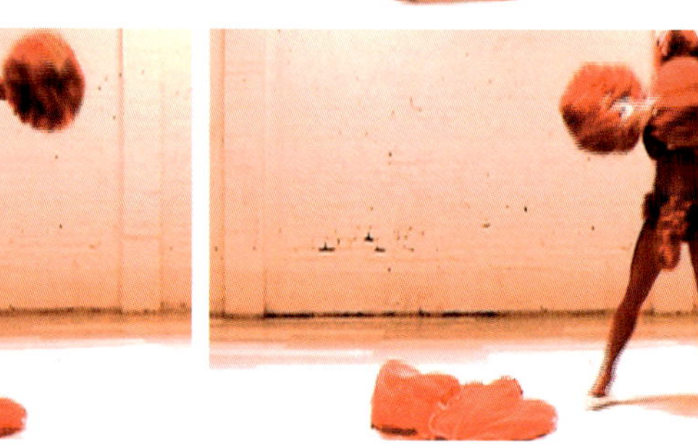
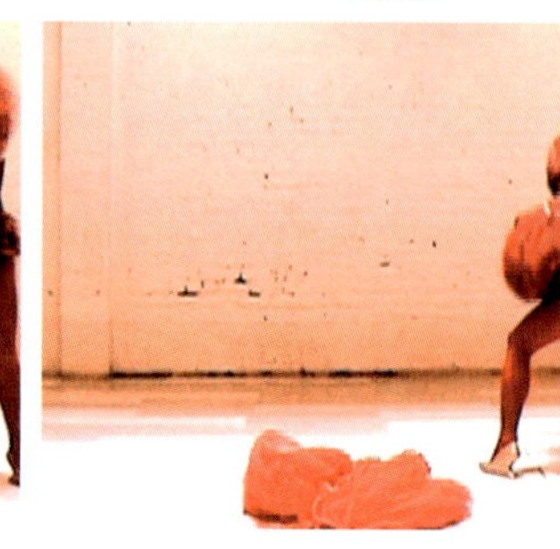
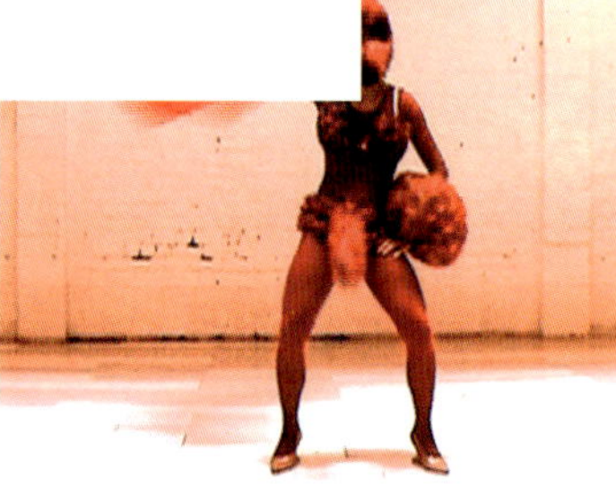
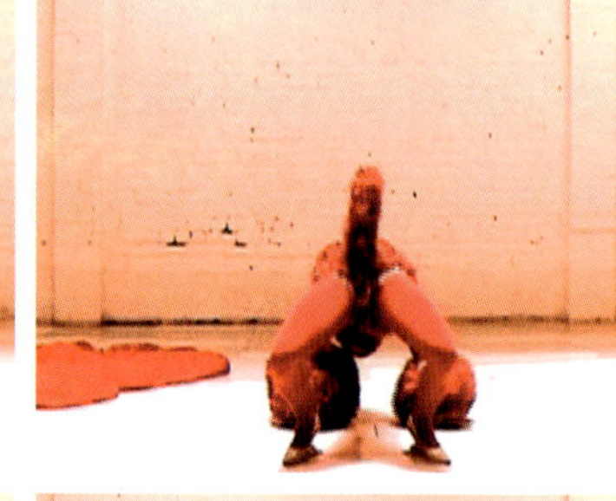
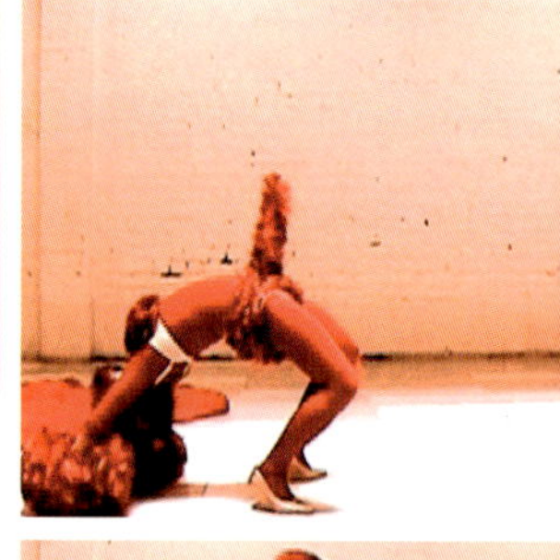
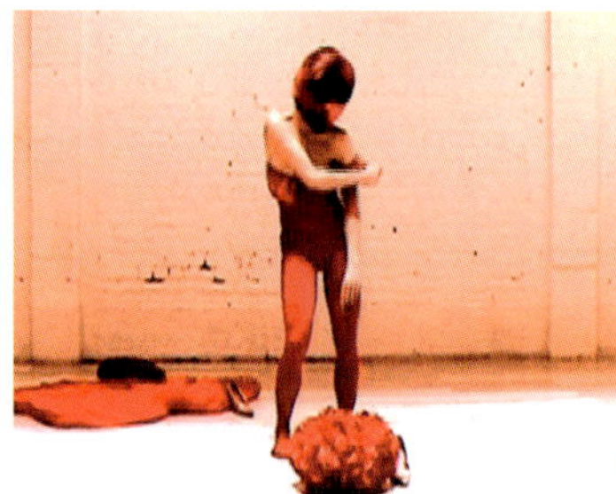
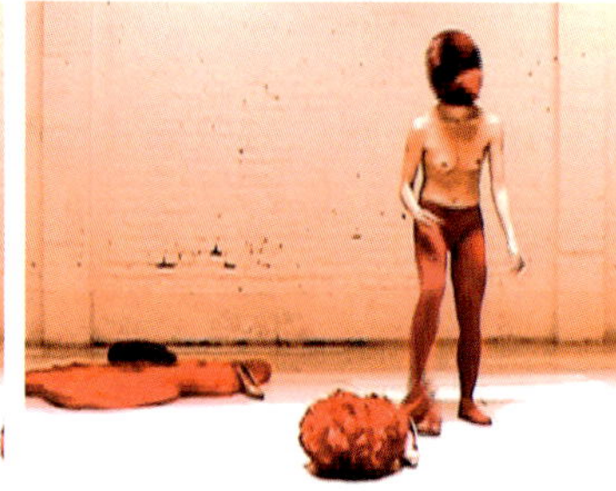
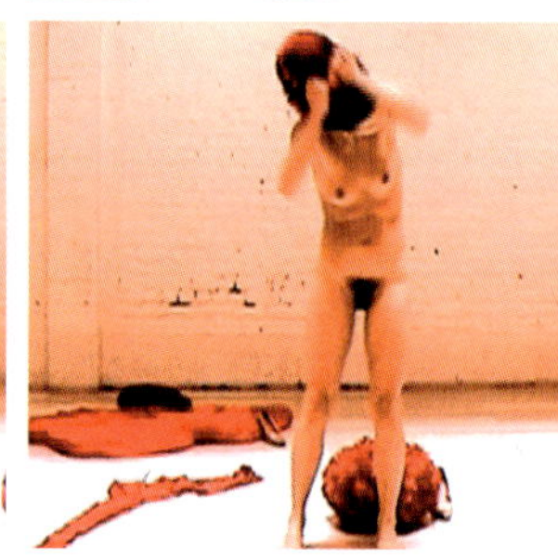

Chorégraphe et interprète Maria-Clara Villa Lobos
Dysfunctional
Musique : Doris Day « whatever will be will be »,
et Peaches « Shake yer dix »
Montage sonore: Gaetan Bulourde
Vêtements de Walter Van Beirendonck
réalisés pour le spectacle« Not strictly Rubens »
du Ballet de Flandres.
Vidéo: Sophie Laly
Commande de Luca Marchetti et Emanuele Quinz pour Dysfashional
Production anomos / mosign / Luxembourg et Grande Région,
Capitale européenne de la Culture 2007

Damien Jalet

« J'ai un pantalon qui me donne
envie de danser dès que je le porte.
C'est un pantalon noir japonais
que j'ai trouvé dans un magasin
de vêtements de travail. Sa coupe
est très spécifique : sa taille haute
tient très bien aux hanches, il est
large et bouffant, mais resserré
aux chevilles par deux tirettes.
J'adore les vêtements qui sont
près du corps car ils précisent le
mouvement, ils sont comme une
seconde peau. Mais ce pantalon
a pour lui la particularité de
créer de nouveaux volumes, il me
procure une sensation de grande
liberté, d'air. J'ai l'impression de
danser mieux quand je l'enfile, du
coup, je le porte tout le temps ! »

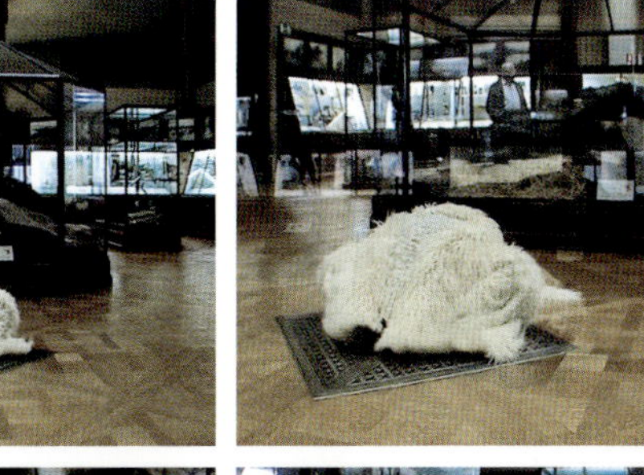
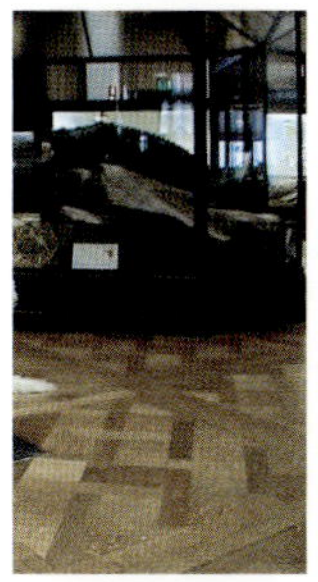
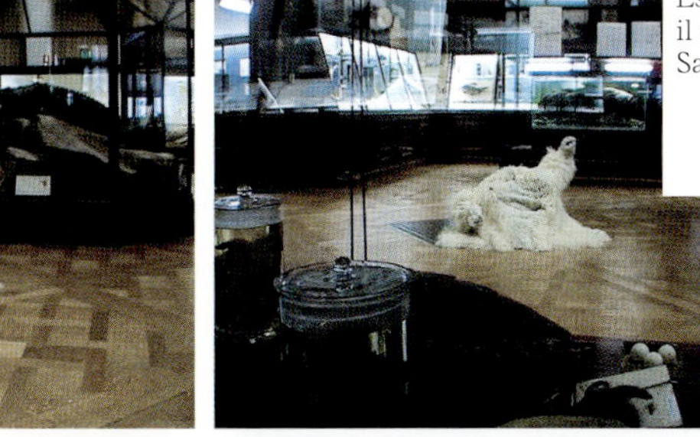
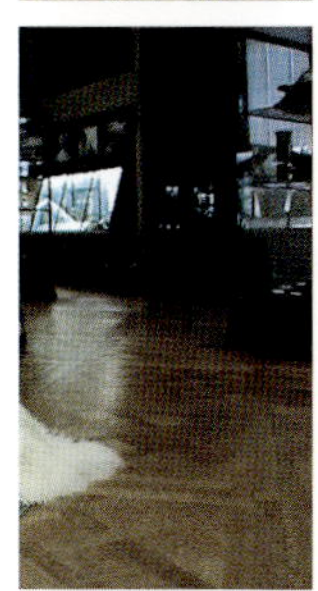
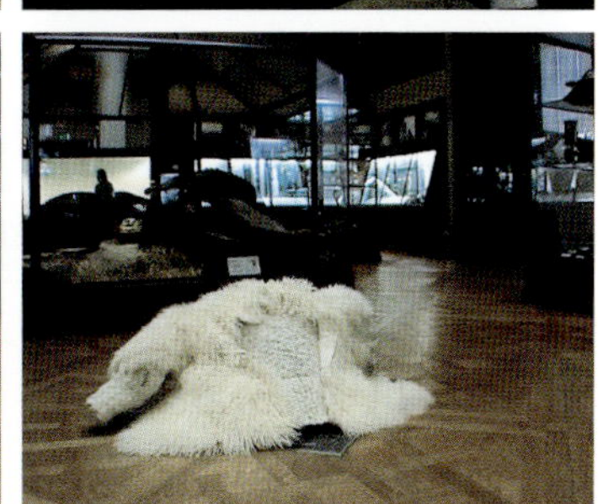

Damien Jalet

Au terme de deux ans de formation théâtrale à
l'Institut National des Arts du Spectacle et
Techniques de Diffusion, à Bruxelles, Damien Jalet
suit une formation intensive en danse, lui permettant
d'aborder différentes techniques. Il étudie aussi
l'ethnomusicologie italienne auprès de Giovanna
Marini et Christine Leboutte, qui exercent
sur lui une influence majeure. Avant de rejoindre
Les Ballets C. de la B., il collabore avec Wim
Vandekeybus et Ted Stoffer. Il travaille ensuite avec
Christine Desmedt et collabore avec Sidi Larbi
Cherkaoui à *Rien de rien* (2000) et *Foi* (2003). En
septembre 2002, il codirige avec Sidi Larbi Cherkoui,
Luc Dunberry et Juan Kruz Diaz de Garaio
Esnaola la chorégraphie *D'avant* . Parallèlement,
il collabore avec des artistes tels qu'An Pierlé,
Sasha Waltz ou Stefanie Tiersch.

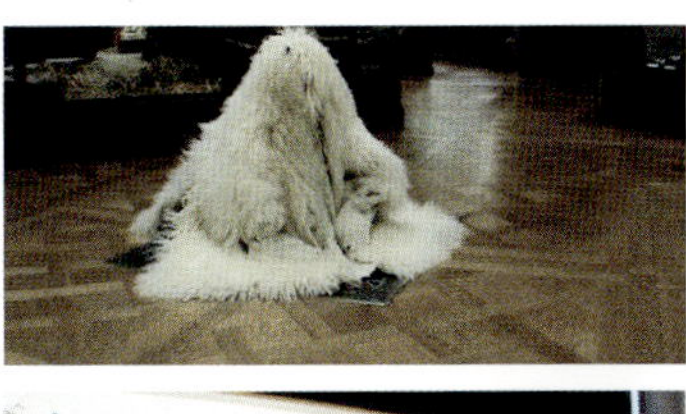
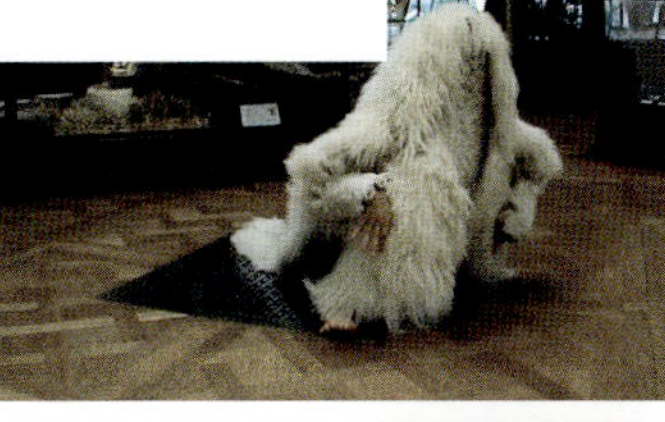
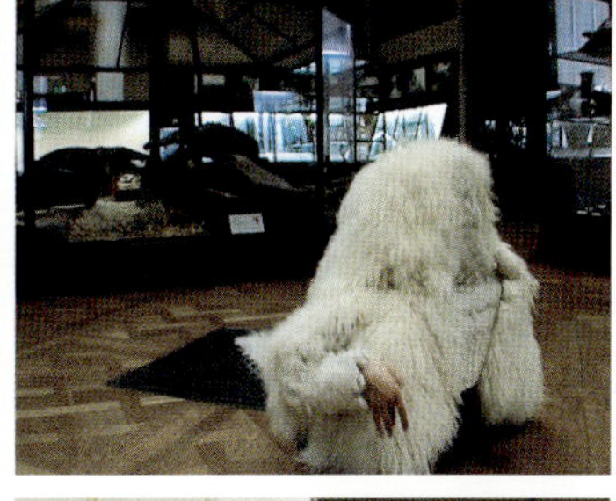
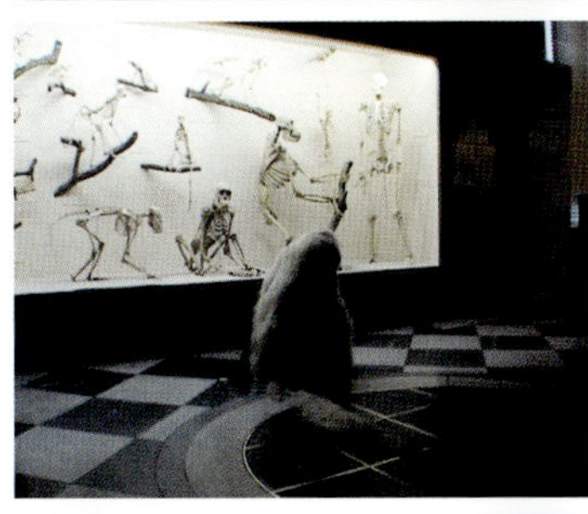
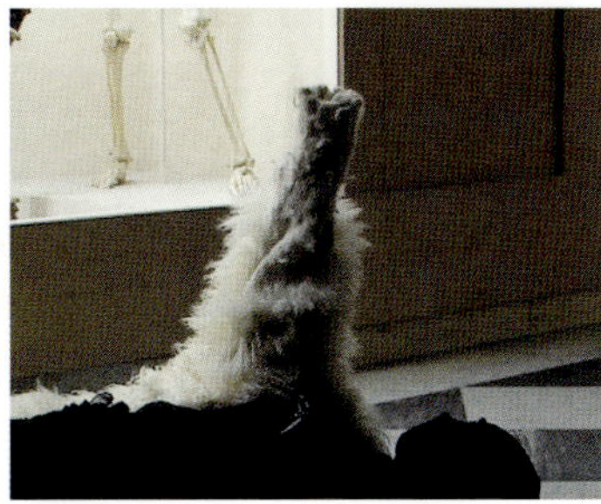
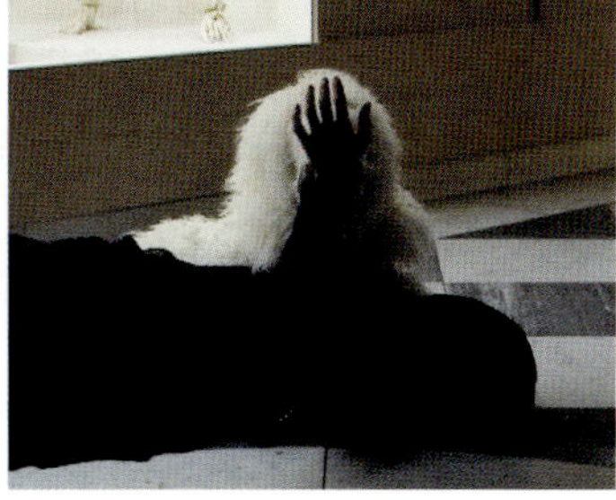
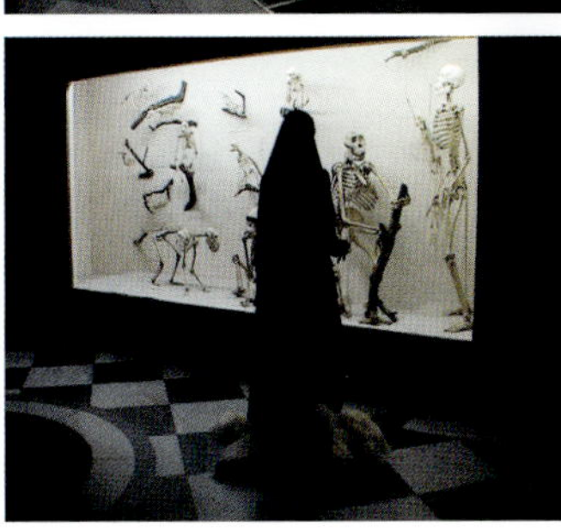
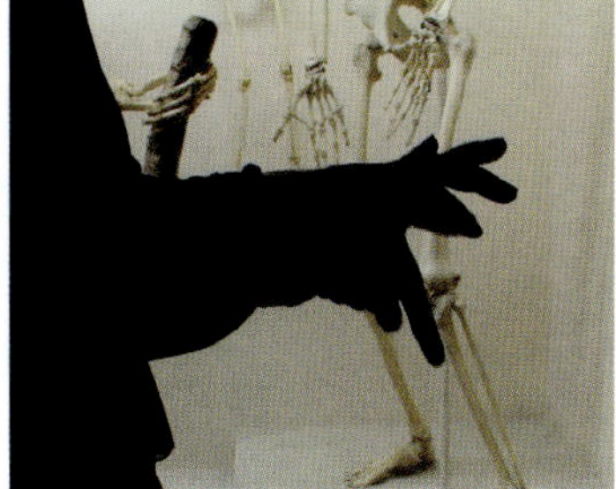
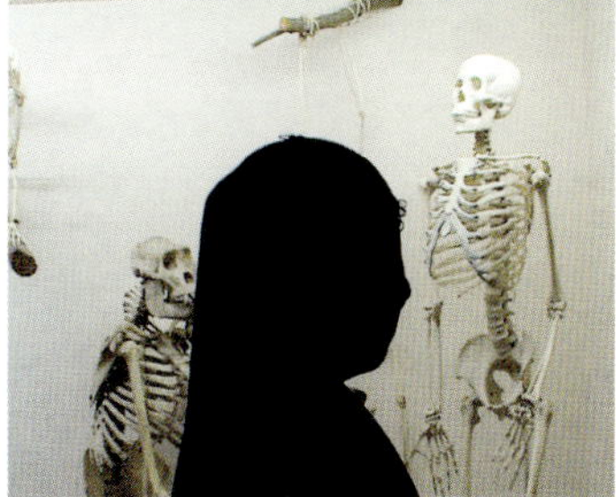

Chorégraphe Damien Jalet
· *Venus in furs*
Interprète Alexandra Gilbert
Musique originale de Christian Fennesz
Vêtements d'Undercover Jun Takahashi
avec des remerciements à Hiromi Otsuka,
Ulrika Kinn Svensson, Pierre Debroux, Sidi Larbi Cherkaoui et
Le Musee d'Afrique de Tervuren.
Extraits de la vidéo de Sophie Laly.
Commande de Luca Marchetti et Émanuele Quinz pour Dysfashional
Production anomos / mosign / Luxembourg et Grande Région, Capitale
européenne de la Culture 2007

Jennifer Lacey

« Ma garde-robe ne contient quasiment que des vêtements fétiches. Il y a ceux qui sont en faveur, ceux qui sont en déshonneur et, enfin, ceux qui ont un avenir certain, mais pas encore tout à fait défini. En ce moment, mon actualité vestimentaire est aux bas haute-tension, noirs et « Lacey » autour des cuisses. Je les ai achetés après m'être fait opérer le genou, ils soutiennent le membre blessé d'une étreinte sécurisante tout en recréant la zone de séduction classique de cette partie de la jambe. Le résultat oscille entre sensualité et gériatrie, un peu dans le genre d'une « pute mamie ». Mais tout cela se passe dans le privé, sous l'intimité de ma jupe. De quoi j'ai l'air quand je les porte ? Pas grand-chose à signaler, juste à une femme qui porte de banals collants noirs, encore faut-il pouvoir remarquer ce détail. »

Jusqu'en 1994, Jennifer Lacey est membre de la Compagnie Randy Warshaw à New York. En 1991, elle commence à développer ses propres travaux chorégraphiques. Elle présente *$Shot* (Lacey/Lauro/Parkins/Cornel), en 2000, et *Chateau of France #2* (Lacey/Lauro), en 2001. Entre 2000 et 2002, elle produit *Prodwhee!* et, en 2002, elle crée avec Nadia Lauro *Châteaux de France #3*. En 2003, elle signe *This is an Epic* et présente *Château de France #4* à Kyoto. En 2004, elle présente *2 Discussions of An Anterior Event* et *A Squatting Event*. Depuis septembre 2004, elle travaille sur une recherche autour des théâtres à l'italienne. Jennifer Lacey collabore régulièrement avec les compositeurs et artistes Zeena Parkins, Jonathan Bepler et Franz Pomassi ou les plasticiens Peter Kogler et Nadia Lauro.

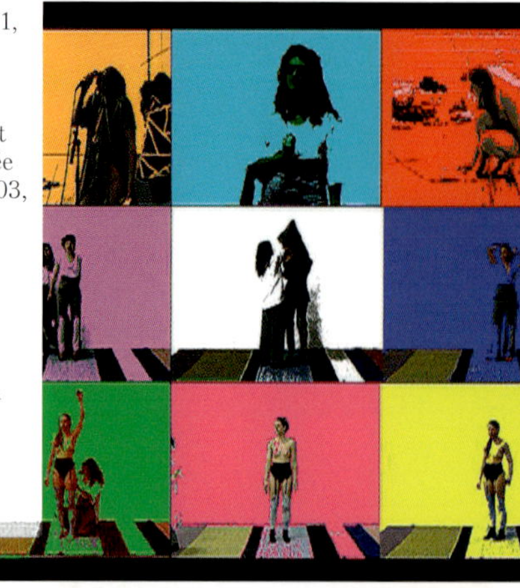

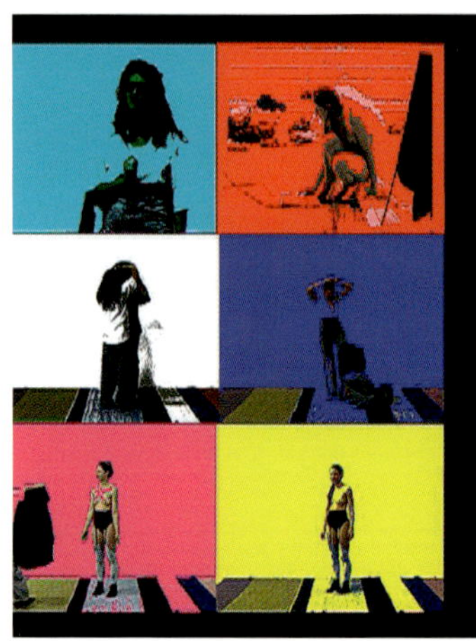

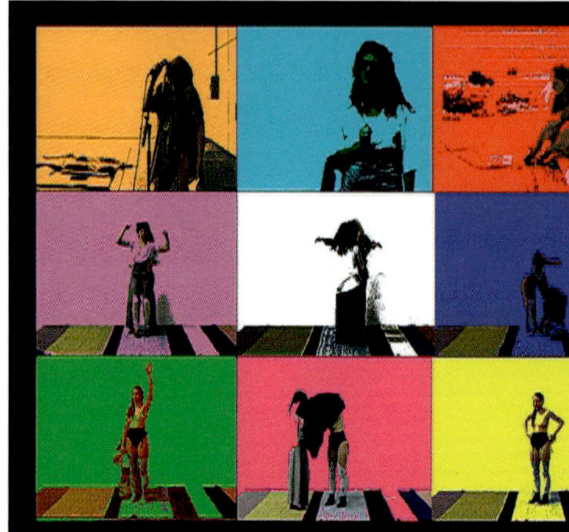

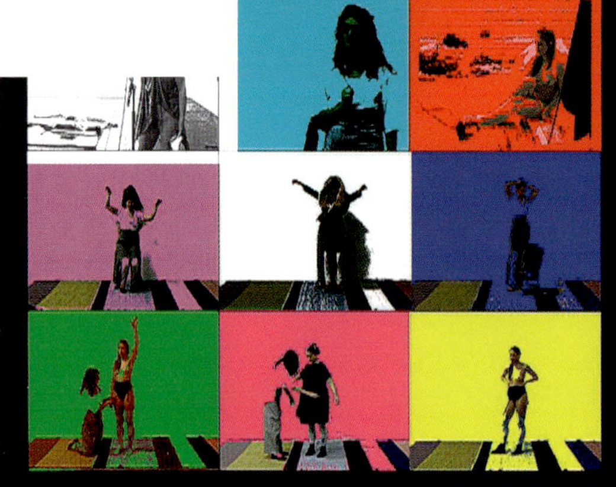

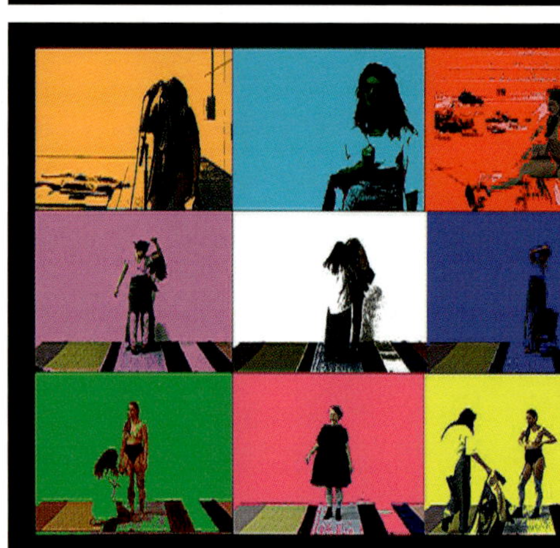

Chorégraphe et interprète : Jennifer Lacey · *Tall*
Styliste interprete Sandra Berrebi
Son : Jennifer Lacey
Vetement de Christian Wijnants, Fabrics Interseason,
Romain Kremer, Andrea Crews, Fade, Paule Ka, Maurizio Galante,
House of the very island, Veronique Branquinho, Stanlowa,
Lanvin, Wolford (en collaboration avec Sandra Berrebi)
Accessoires : Sandra Berrebi
Extraits de la vidéo de Sophie Laly
Commande de Luca Marchetti et Émanuele Quinz pour Dysfashional
Production anomos / mosign / Luxembourg et Grande Région,
Capitale européenne de la Culture 2007

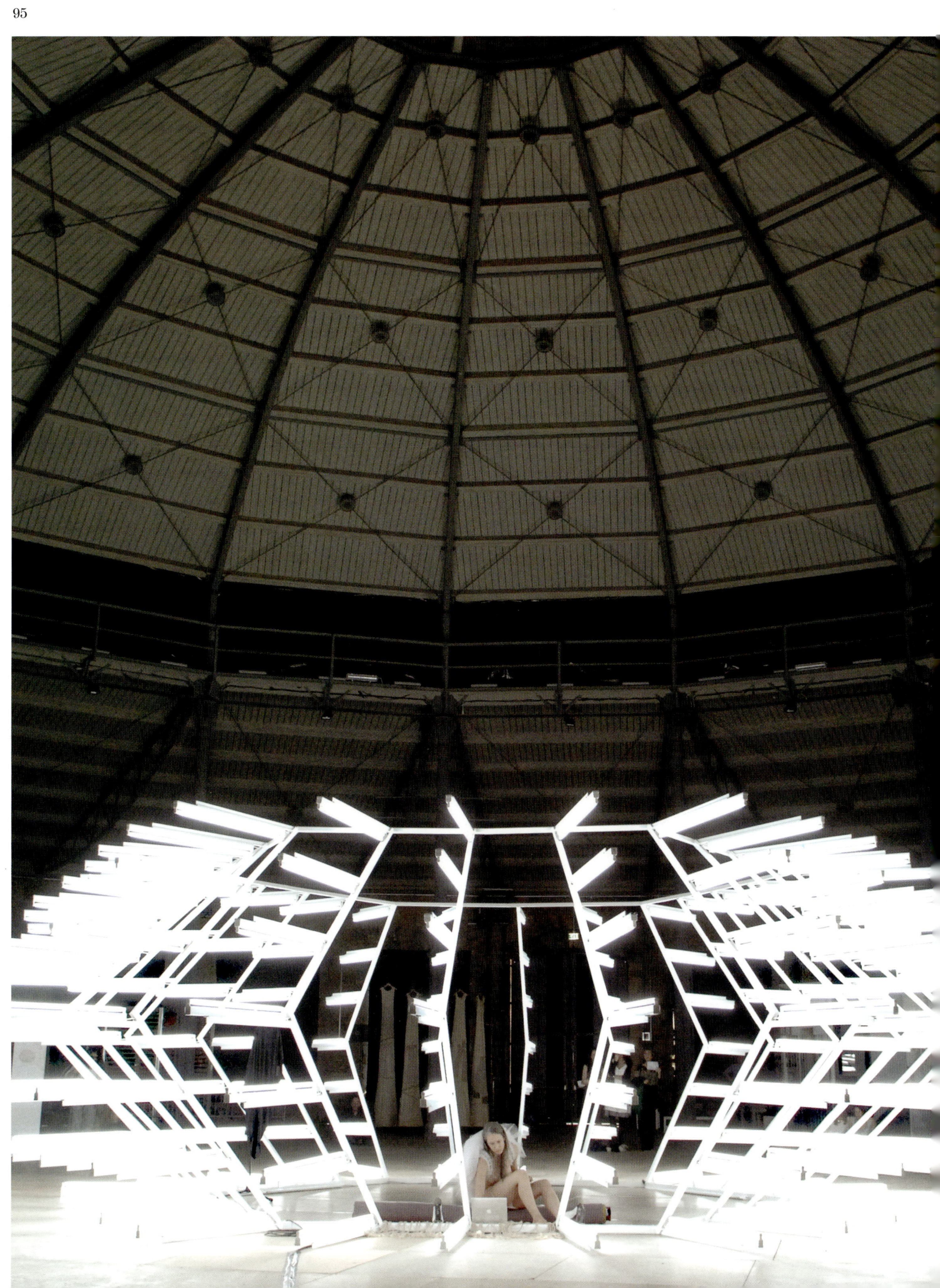

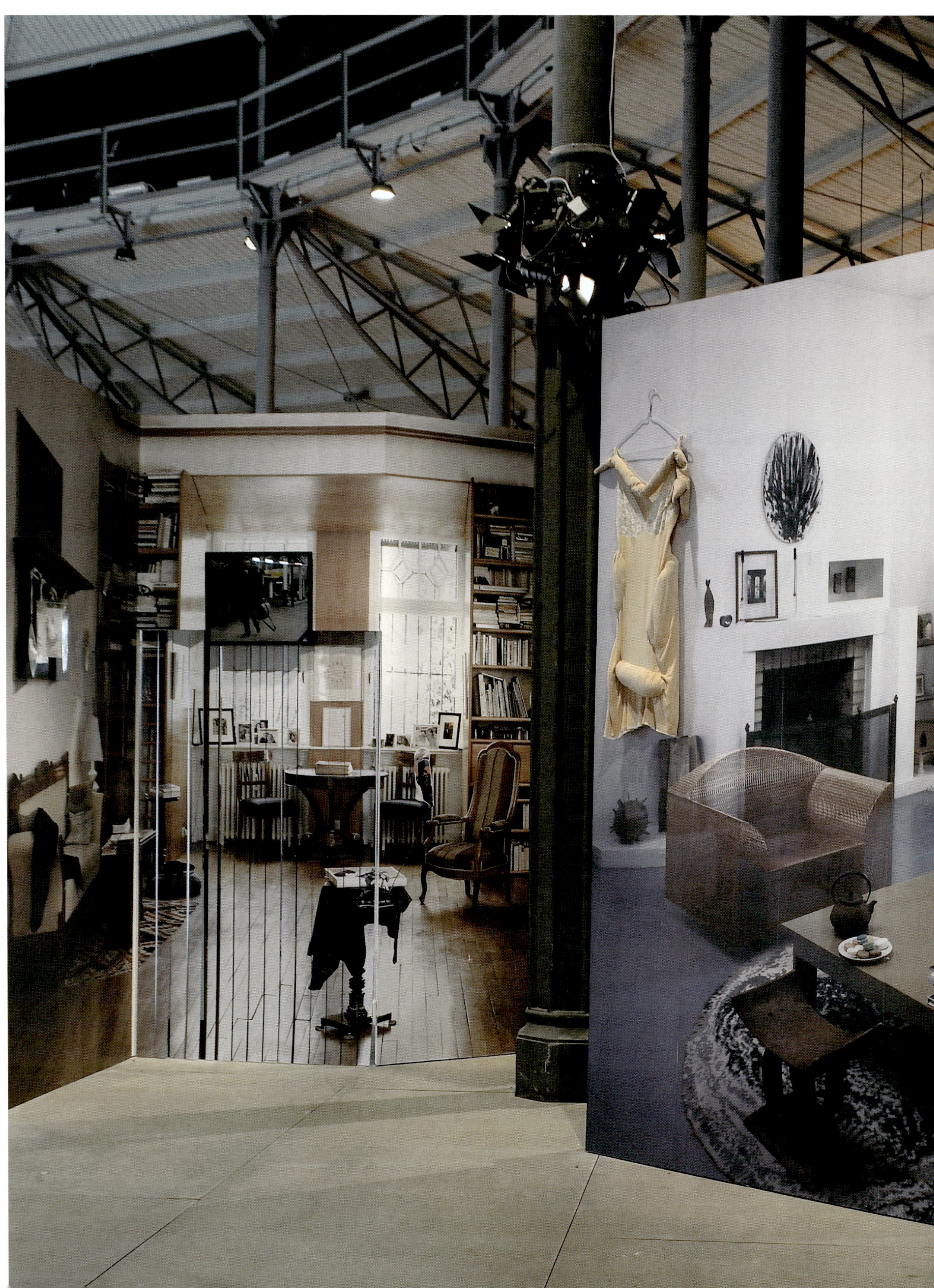

Para-Site

S'affranchissant de la
philosophie de consommation
compulsive inhérente au
concept-store, le Para-Site est
un espace kaléidoscopique
aussi fragmenté dans sa
forme que dans son offre.
Lil Schlichting-Stegemann,
sa directrice artistique
– également collaboratrice
de Comme des Garçons pour
la conception des boutiques
éphémères Guerilla Stores –
confirme : « Para-Site est
un hybride entre la galerie,
l'espace commercial et
l'atelier d'artiste dans le sens
où nous montrons et vendons
à la fois des œuvres d'art
et des objets en connexion
avec l'univers de la mode. À
la différence d'un magasin

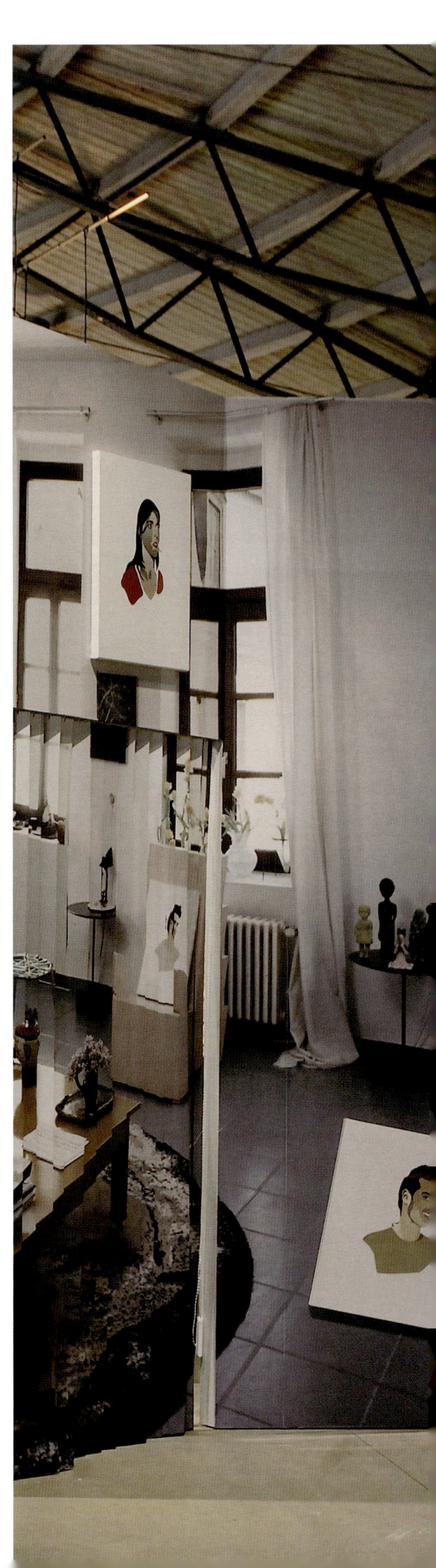

classique, il est amené à exister sur plusieurs niveaux. Sa localisation n'est pas fixe, il se déplace là où les choses se font. Ainsi, sa première adresse est Dysfashional, mais il migrera assurément vers d'autres événements culturels. Nous avons également développé un site Internet, une vitrine virtuelle qui présente les différents artistes qui font partie du projet. »
Mais ce qui démarque le Para-Site, ce n'est pas tant la qualité rigoureuse de sa sélection, mais sa volonté de mettre en lumière le processus de création des artistes. Là où la norme est d'offrir au consommateur un produit manufacturé prêt à l'achat, ce parasite marchand court-circuite le schéma traditionnel en révélant les coulisses de la production de l'œuvre. Croquis d'inspirations ou prototypes, en misant sur une transparence démystificatrice, Para-Site accroît la valeur ajoutée du produit. Les clients ne s'approprient plus un simple objet, ils achètent un savoir-faire, une technique, une démarche artistique explicitée par un environnement aussi stimulant que didactique.
Celui-ci est l'œuvre du duo franco-allemand Bless. Architecture modulable composée de wallscapes – des photographies d'intérieur reproduites à l'échelle d'un mur – et d'éléments de mobilier hétéroclite – une tête de lit rencontre une série de tiroirs, une commode fait sauter ses portes –, c'est un mobile géant où se greffent les produits. Mise en abîme luxembourgeoise, les *wallscapes* du Para-Site mettent en scène des intérieurs photographiés au sein même de la Capitale européenne de la Culture 2007. C'est lorsqu'on les examine attentivement que l'on remarque que certains produits ont été insidieusement placés dans le décor. À ce sujet, Bless témoigne : « Nous voulons donner un référent au client, lui montrer comment les œuvres du Para-Site peuvent exister dans sa propre maison. C'est une manière pour nous de pousser un peu plus loin le concept du *wallscape*. Notre travail n'a pas de message conceptuel, nous créons des pièces que nous avons envie de porter mais qui n'existent pas encore. C'est une réponse à un manque, ou à une problématique très précise. Et, en l'occurrence, celle du magasin en est une qui nous concerne tout particulièrement. »
Issus du champ de la mode ou des arts plastiques, les artistes présentés sont Wilhelm Beestermöller, Cem Bora, François Cadiere, Nino Chubinishvili, Samuel François, Anne-Marie Herckes, Elise Magne, Véronique Mersch, Justin Morin, Leyla Piedayesh, Marianne Stoll, Alfredo Piola, Ben Hassett, Fabrice Laroche et Sarah Maurer.

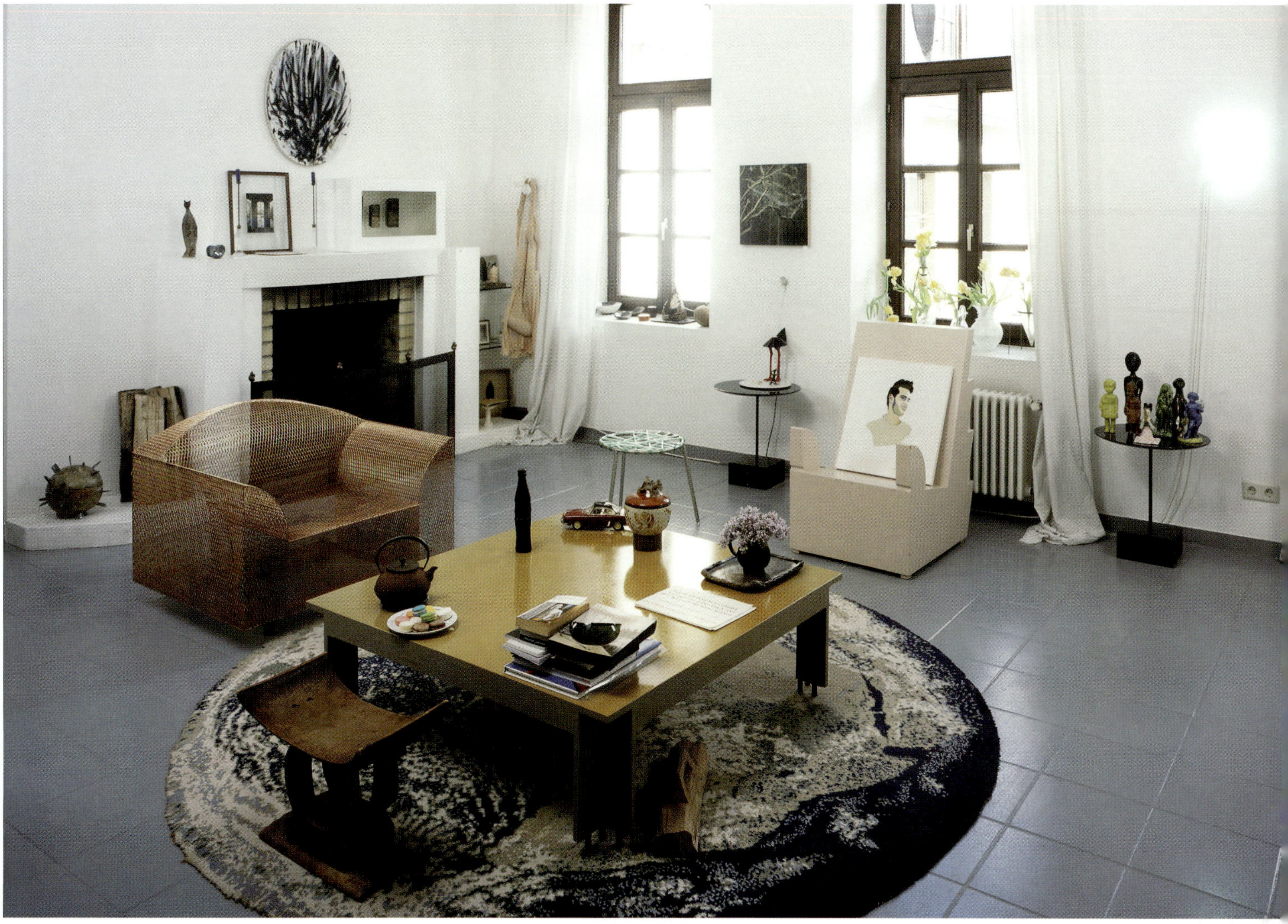

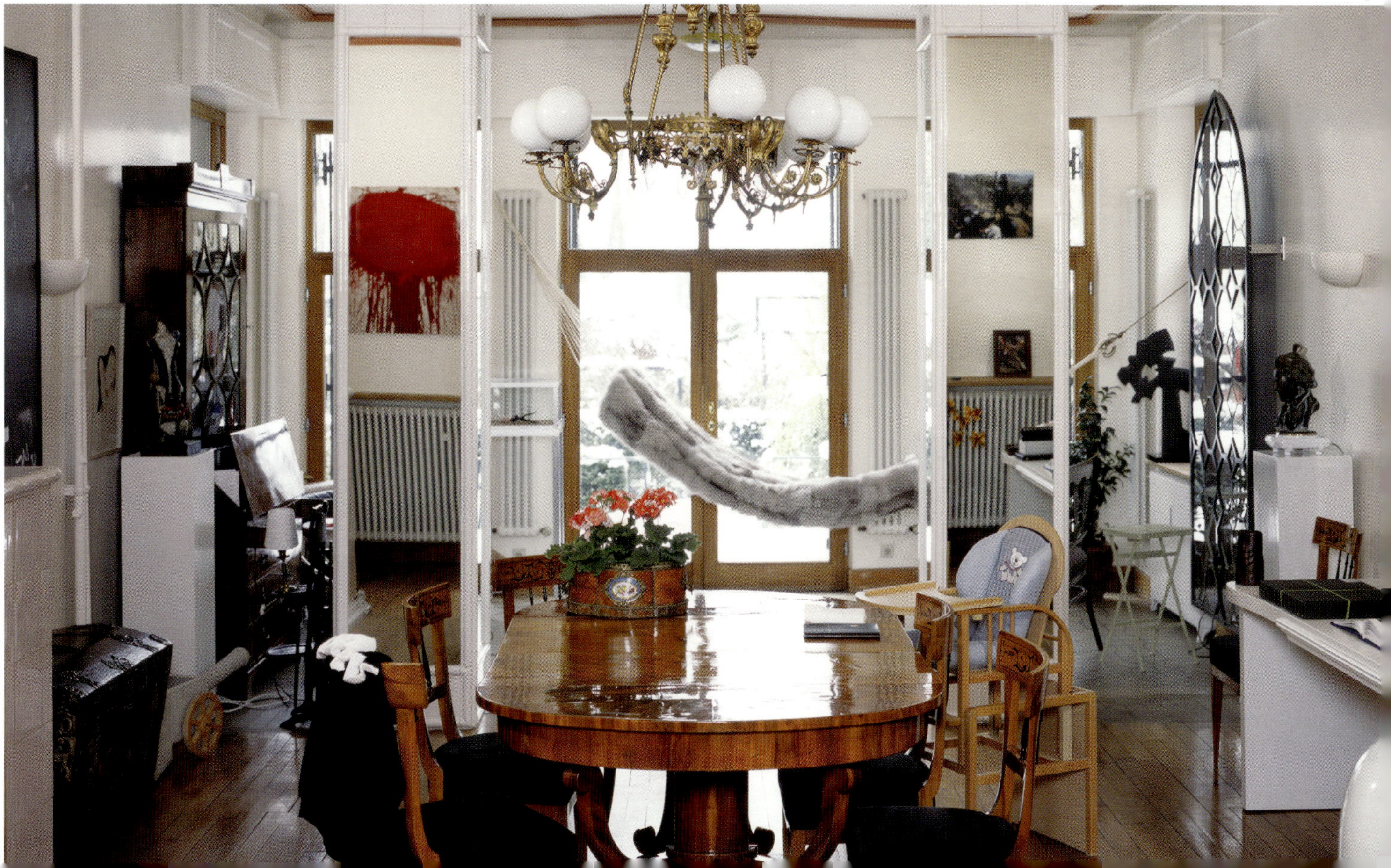

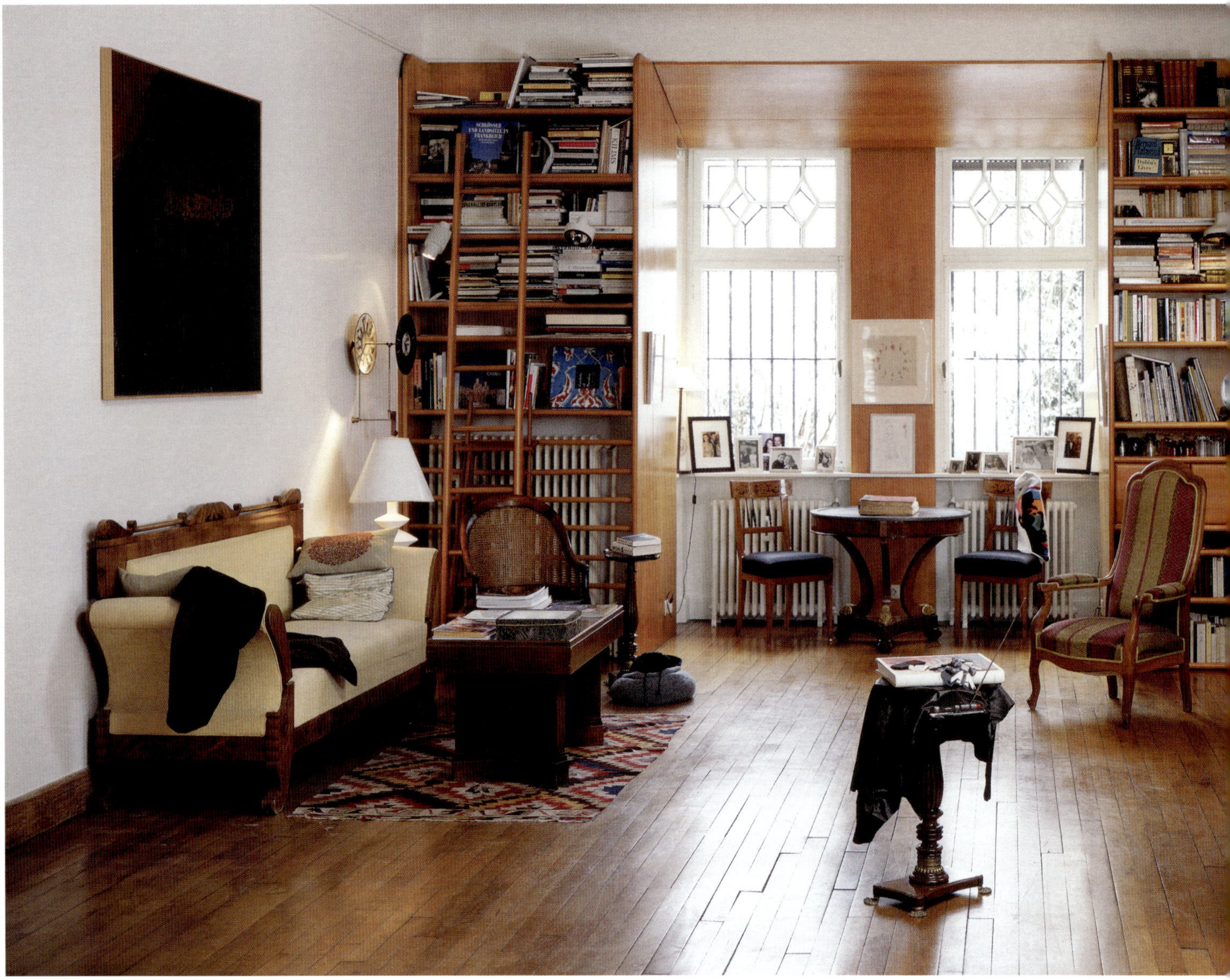

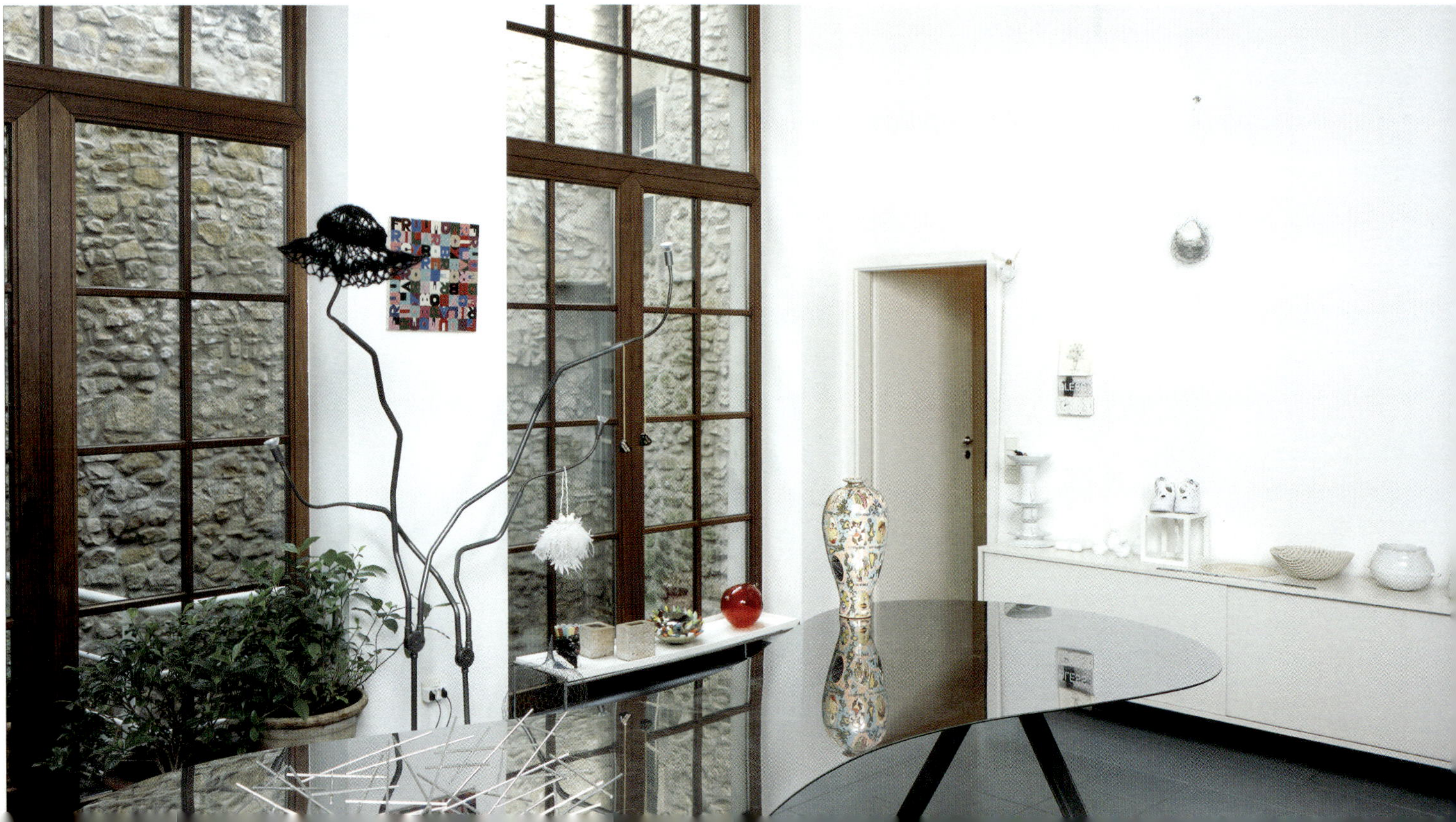

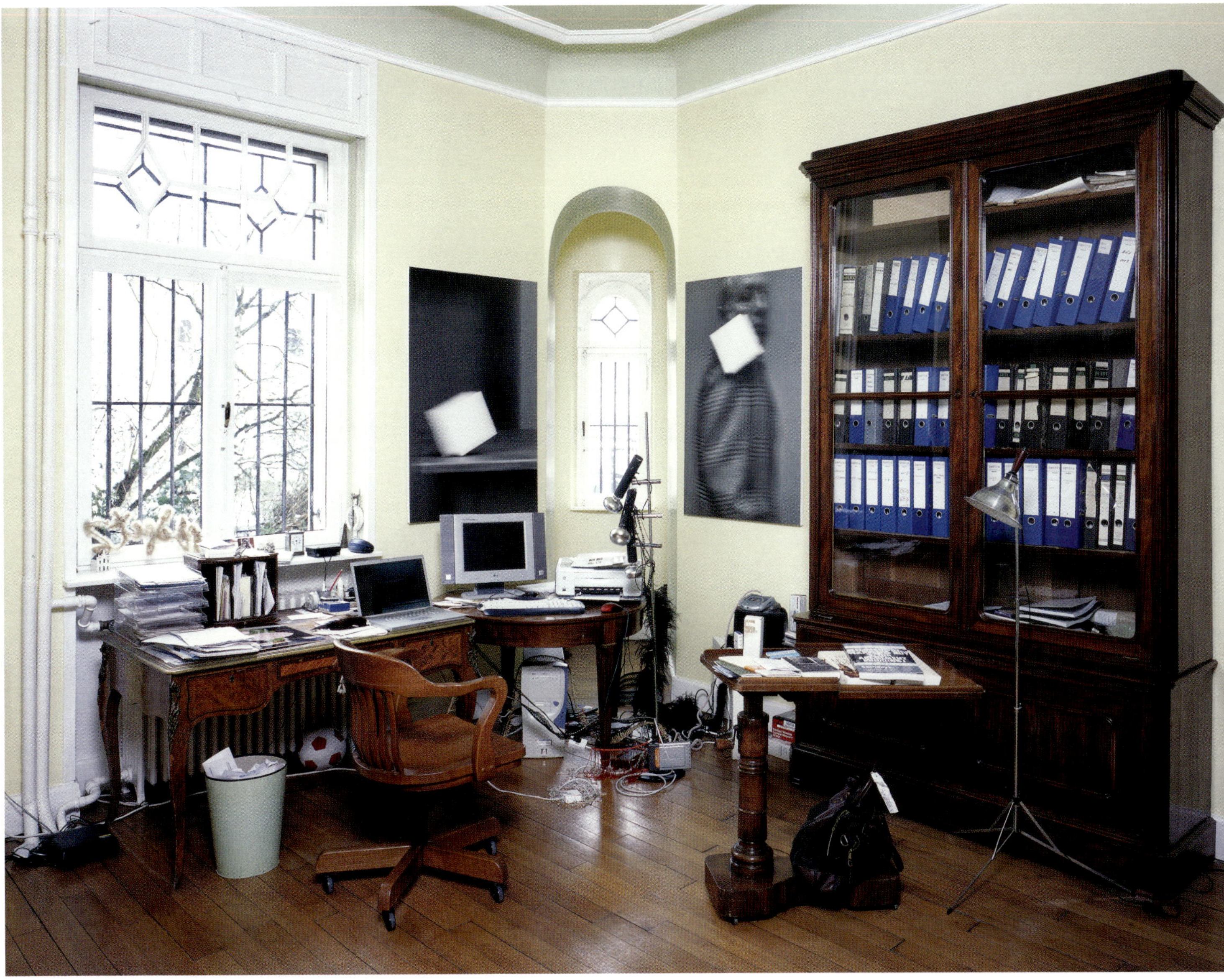

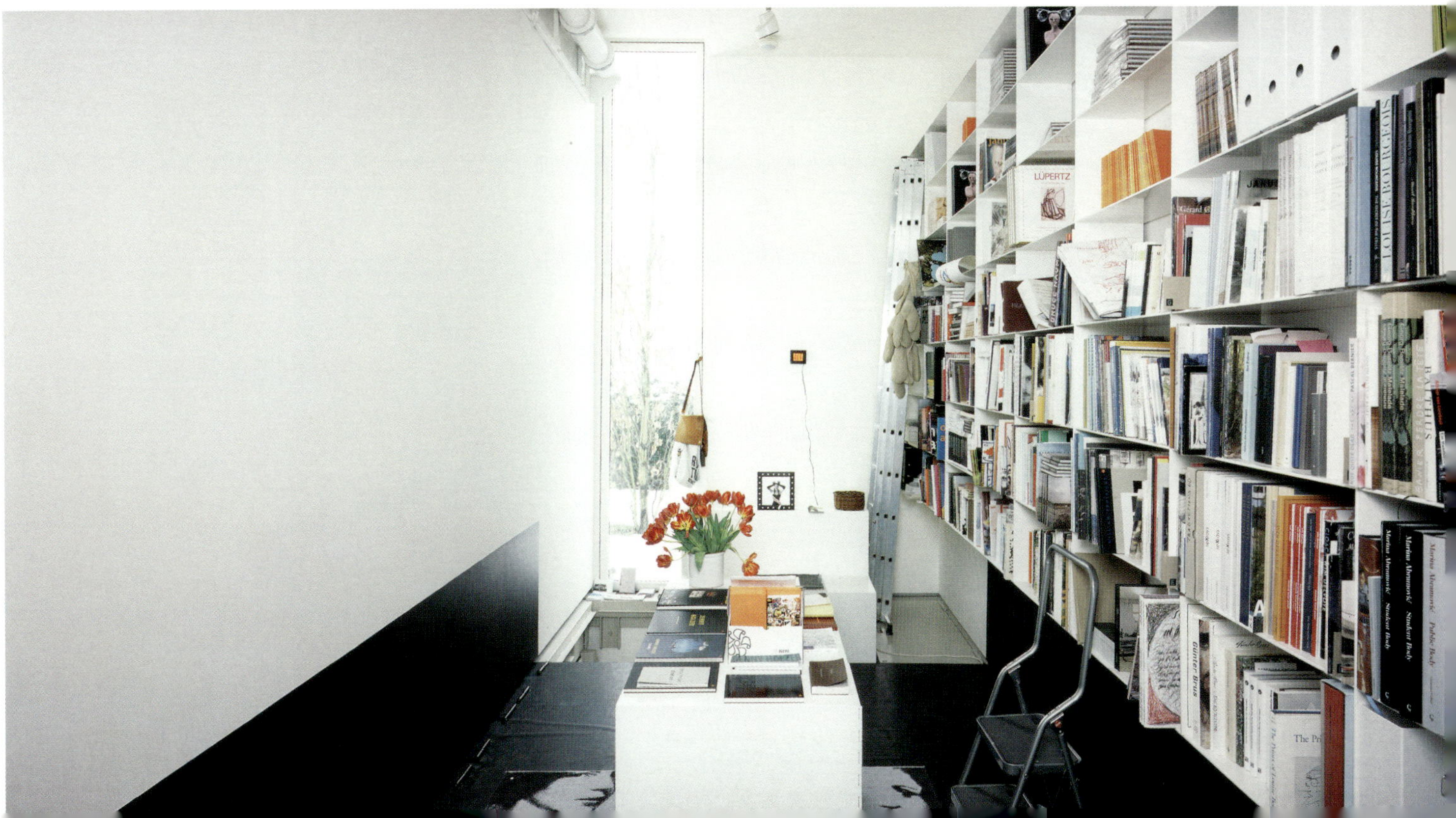
LÜPERTZ
LOUISE BOURGEOIS

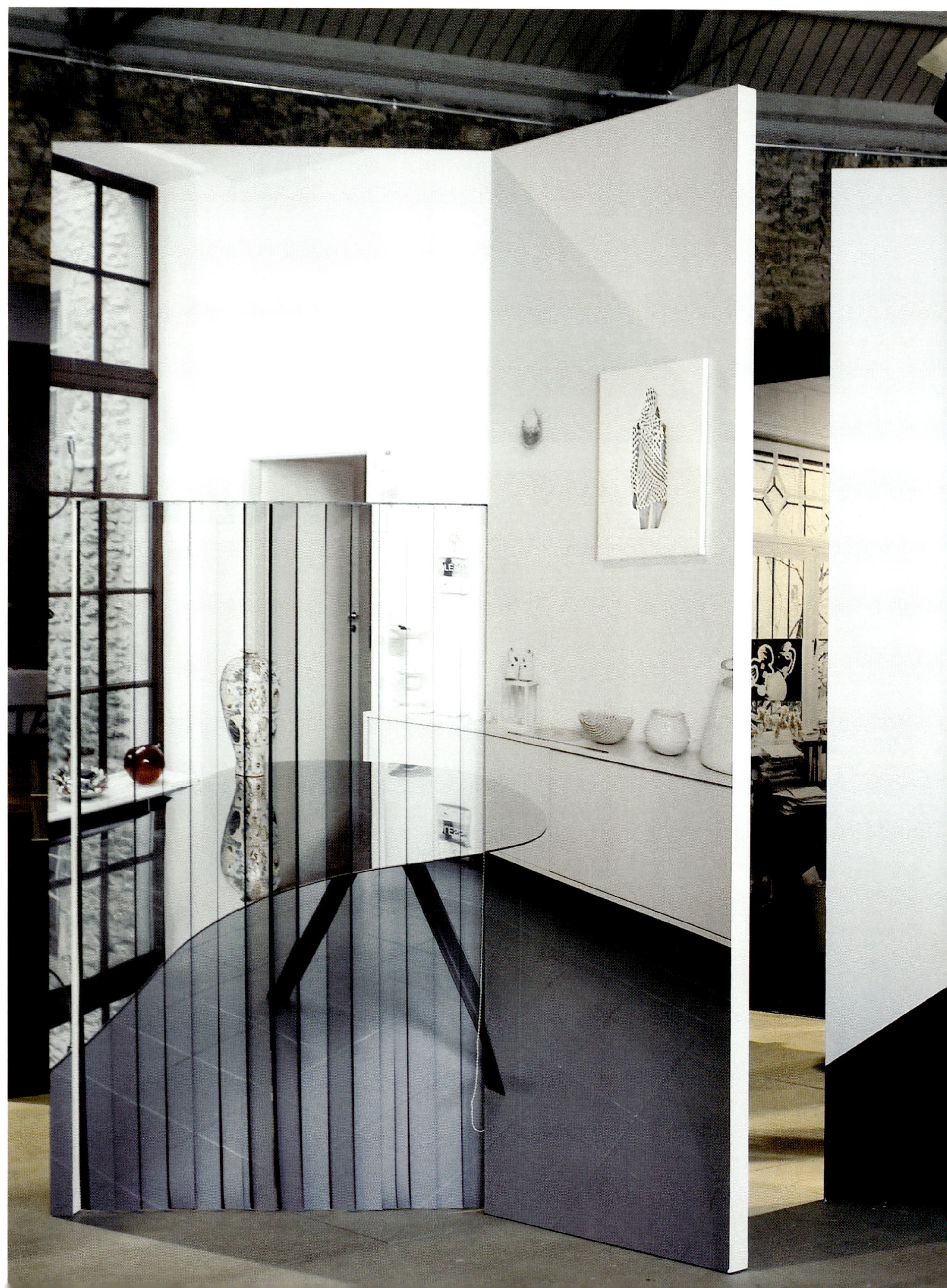

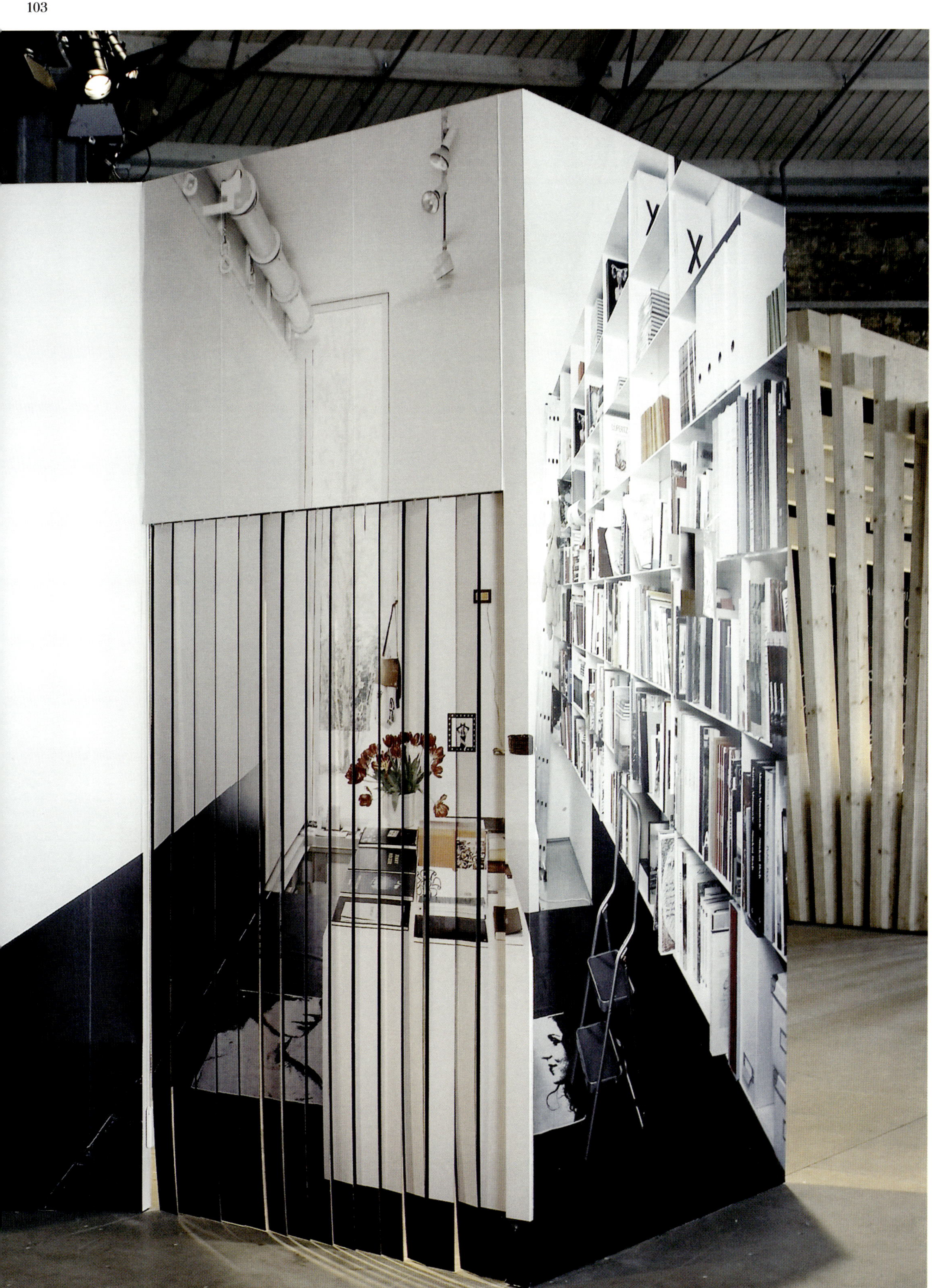

BLESS

Désirée Heiss et Inès Kaag forment le duo franco-allemand BLESS. Titulaires d'un diplôme en mode – obtenu à l'Université des Arts appliqués de Vienne pour Désirée Heiss et à l'Université de l'Art et du Design d'Hanovre pour Inès Kaag – elles collaborent pour la première fois sous le nom de BLESS en 1995. Depuis, BLESS multiplie les expériences dans le milieu de la mode et du design et participe à de nombreuses expositions internationales, à la Biennale de Berlin en 1998, au musée d'Art moderne de la Ville de Paris en 1999, au Centre Georges Pompidou en 2000, au musée de la Mode et du Textile en 2004 , et au musée Boijmanns van Beunigen de Rotterdam en 2006.

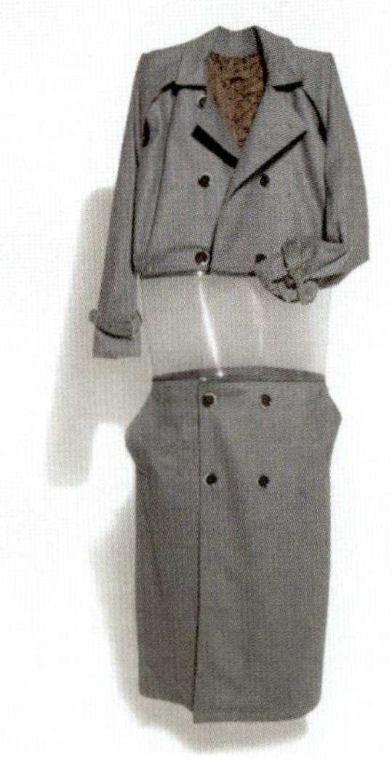

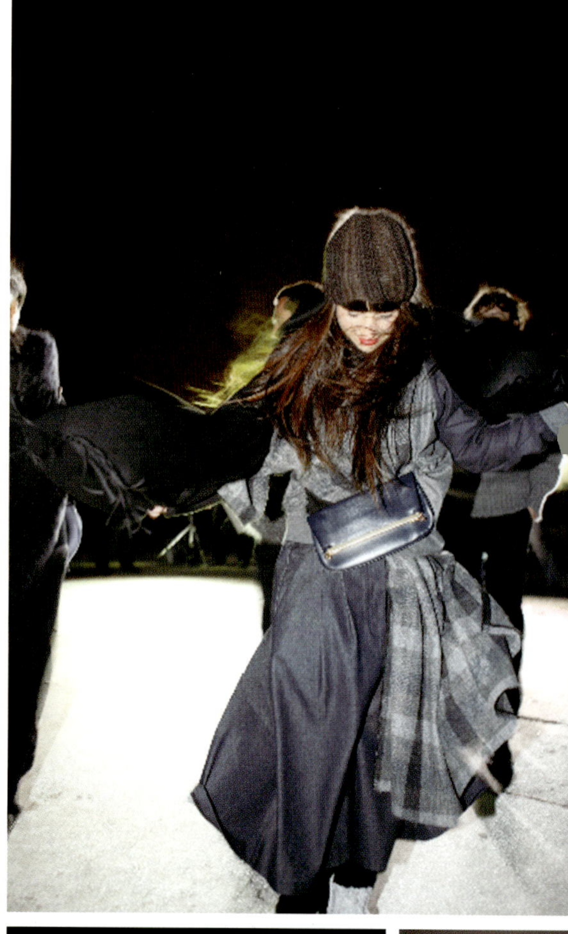

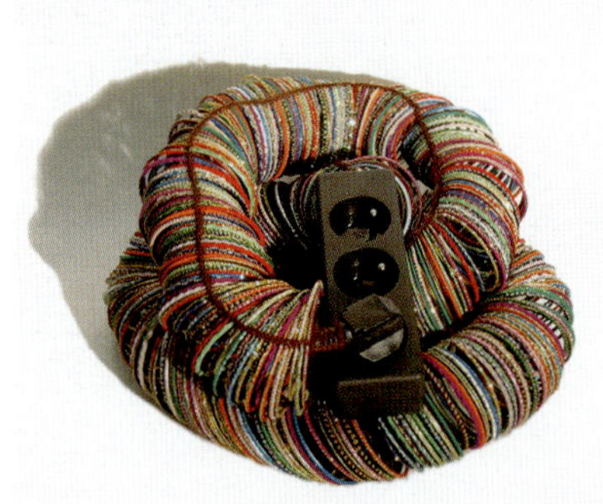

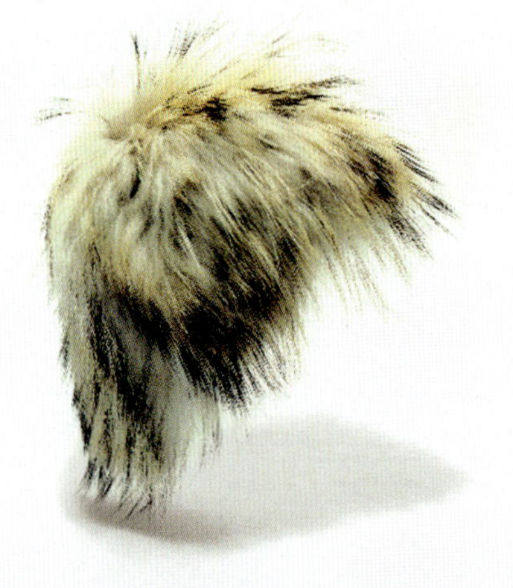

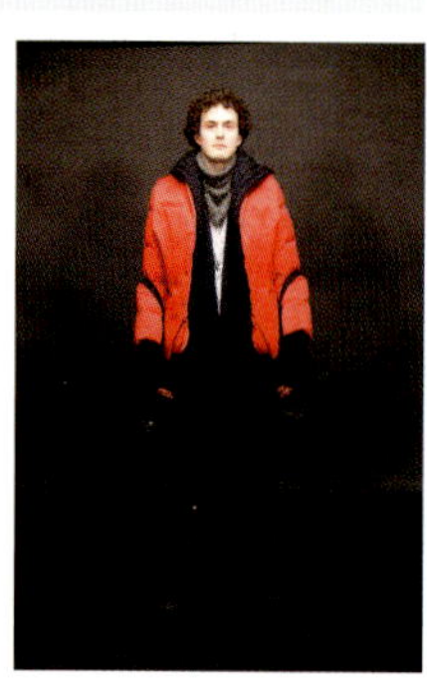

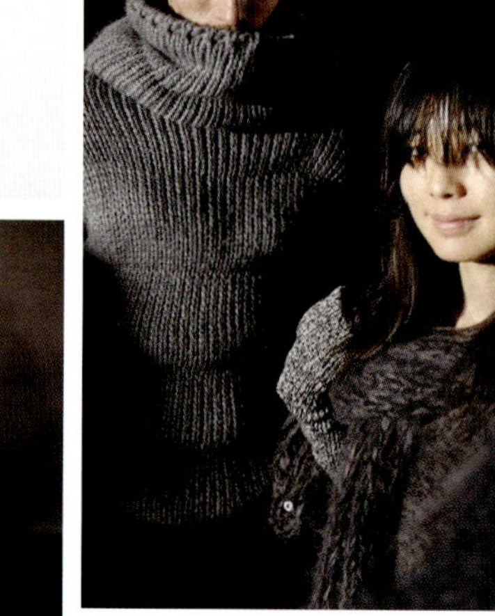

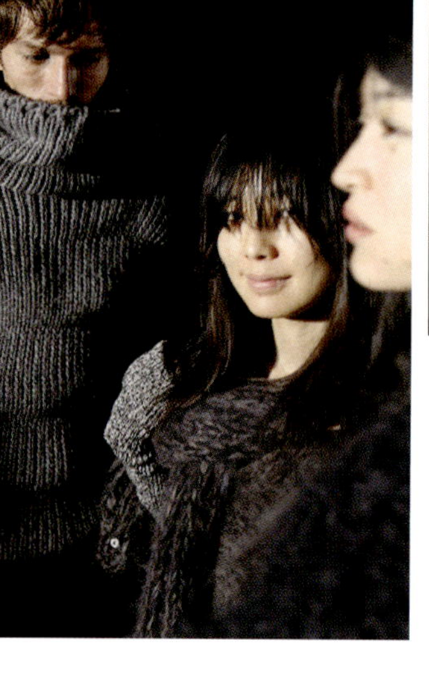

BLESS
· N°00 fur wig · 1997
· N°26 cable jewellery, multicolored bangles · 2005
· N°28 climate confusion assistance, transparent waistcoat · 2006
· Collection n°31 Ohyescoolgreat

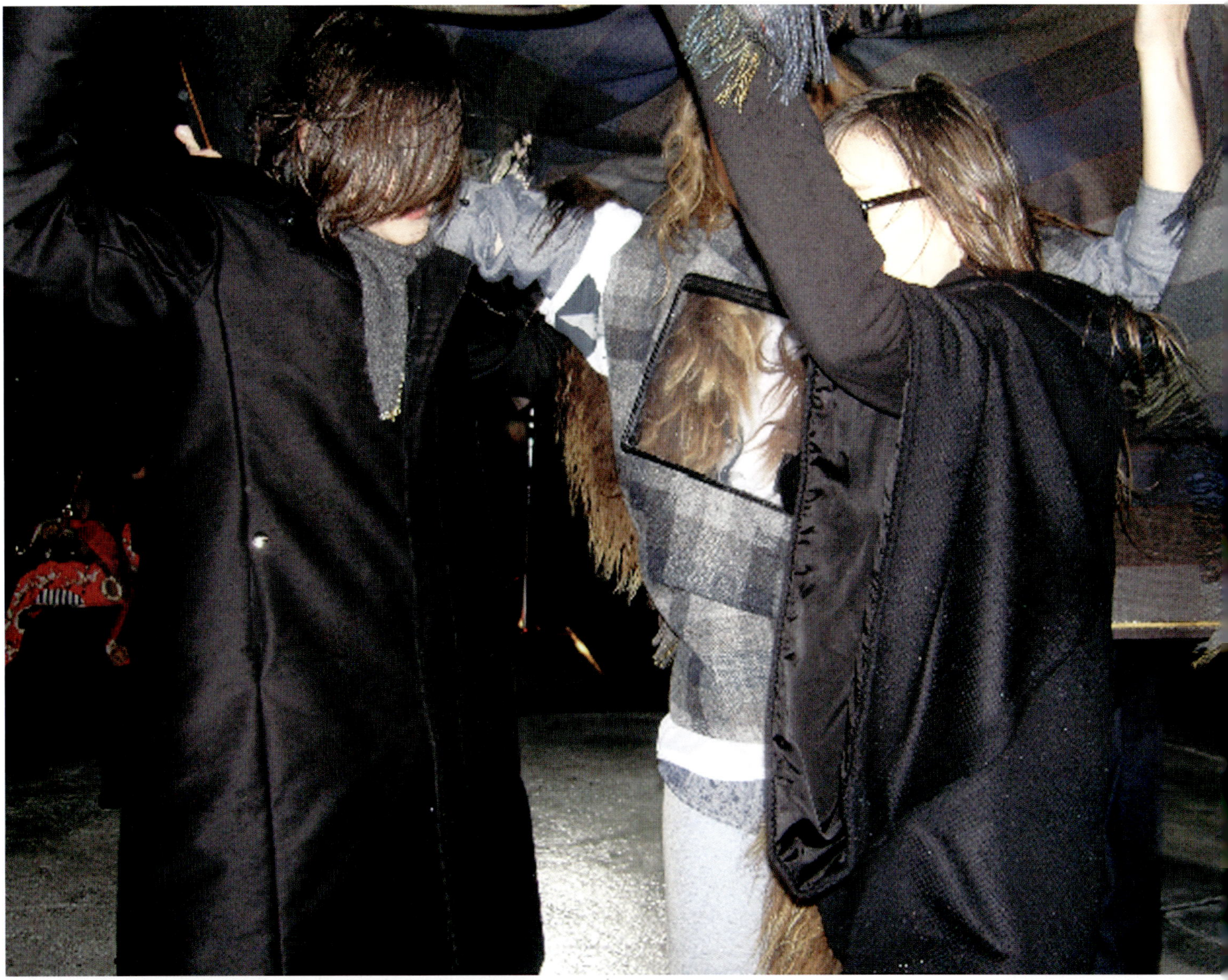

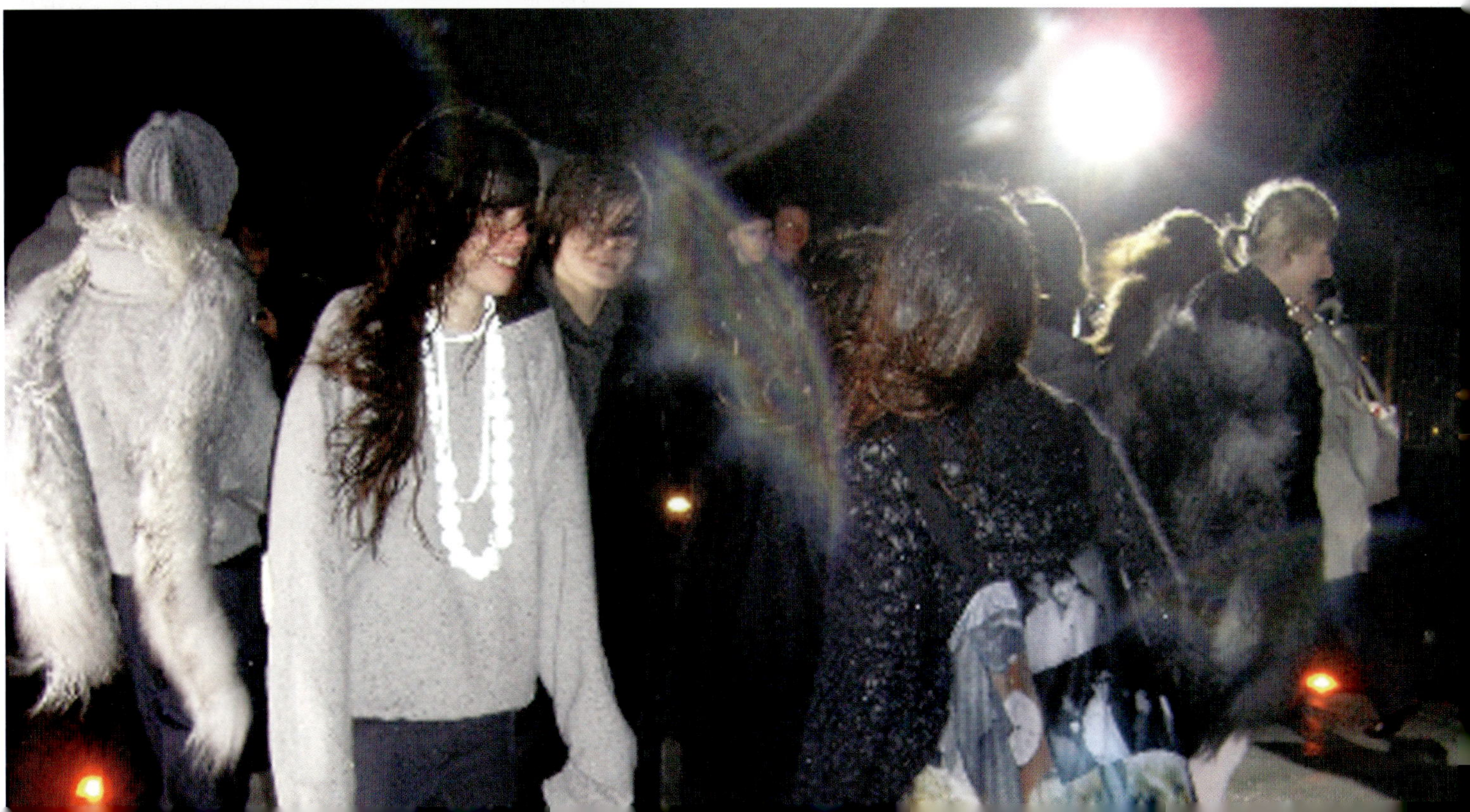

Nino Chubinishvili

Nino Chubinishvili est d'origine géorgienne, et elle est tout juste sortie du programme de postgraduate de Création de Mode de l'Institut Français de la Mode à Paris. Avant l'IFM, elle avait étudié le design de costume à l'Académie des Beaux-arts de Tbilissi. Nino Chubinishvili est à l'origine de diverses manifestations culturelles et artistiques dans son pays. Elle a présentée à plusieurs reprises ses collections de vêtements. Son style essentiel et épuré défie le temps.

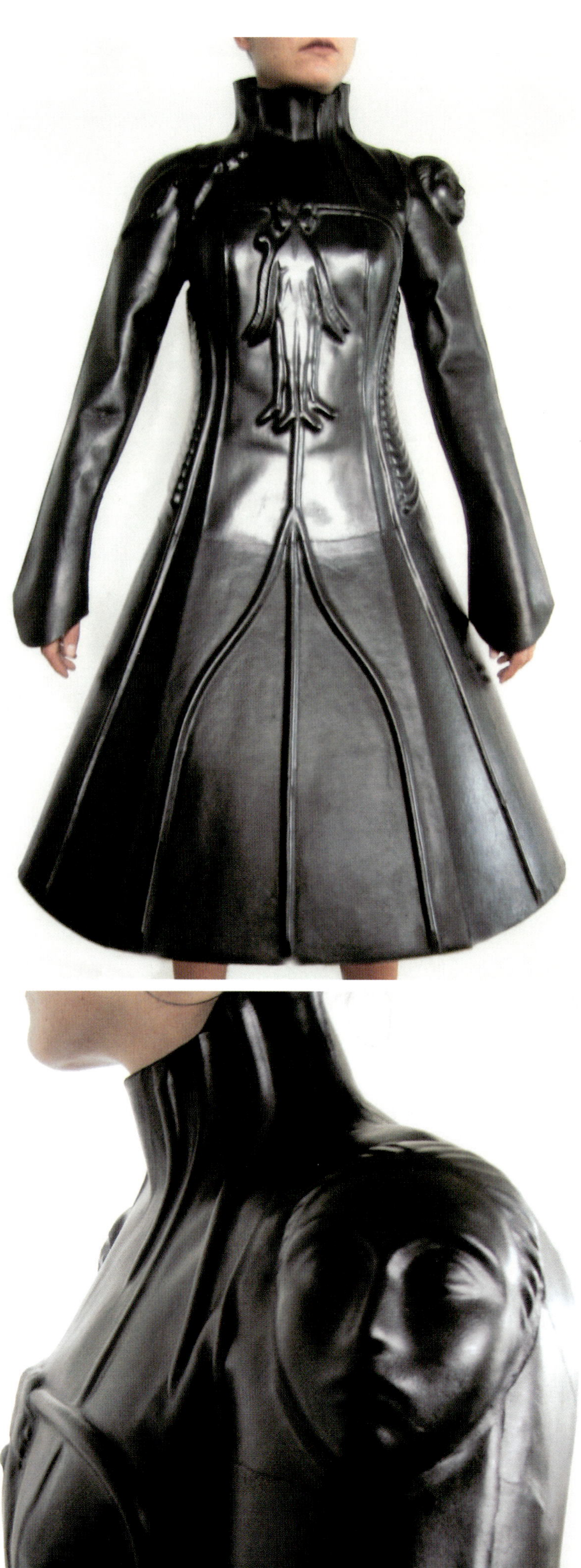

Nino Chubinishvili · *Black Angel* · 2006

Fabrice Laroche

Fabrice Laroche est né à Lyon. Après 4 ans d'études dans une école de photographie à Nice, il décide de s'installer à Paris où il commence à collaborer avec Javier Vallhonrat, entre autres. En 2001, il rencontre la créatrice Anne-Valérie Hash et, depuis lors, ils travaillent sur un projet de livre poétique retraçant la carrière de la créatrice. Ce projet devrait voir le jour cette année, en 2007. Les thèmes qui habitent le travail photographique de Fabrice Laroche sont basés sur ses obsessions : la route et la reconstruction.

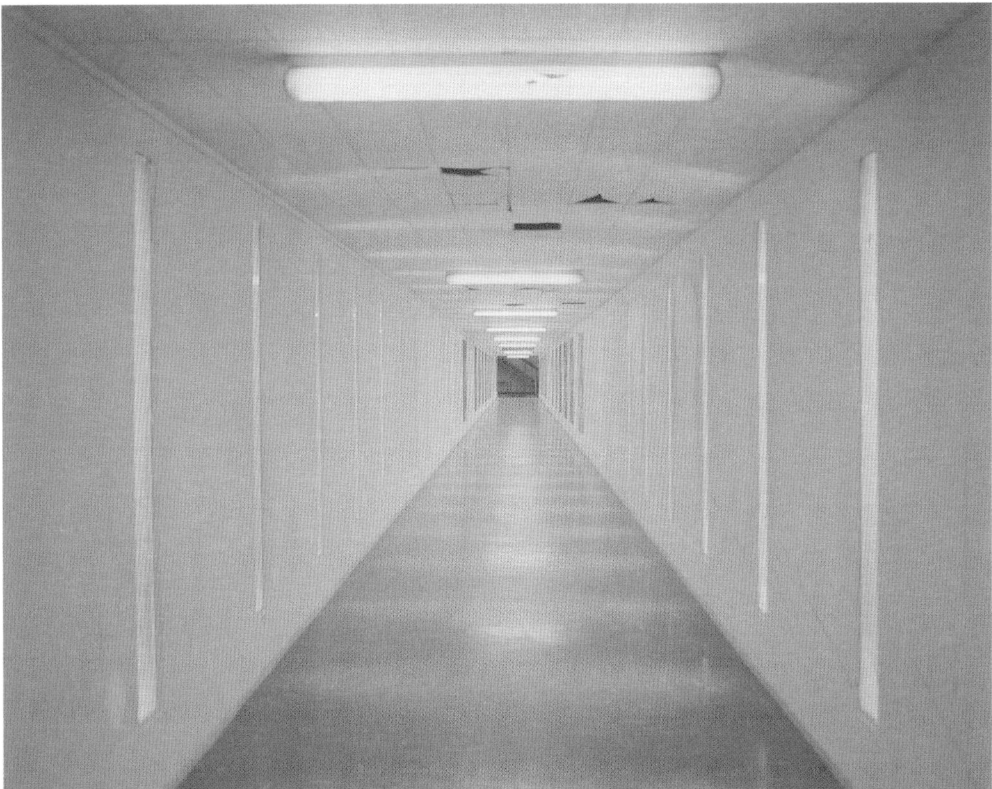

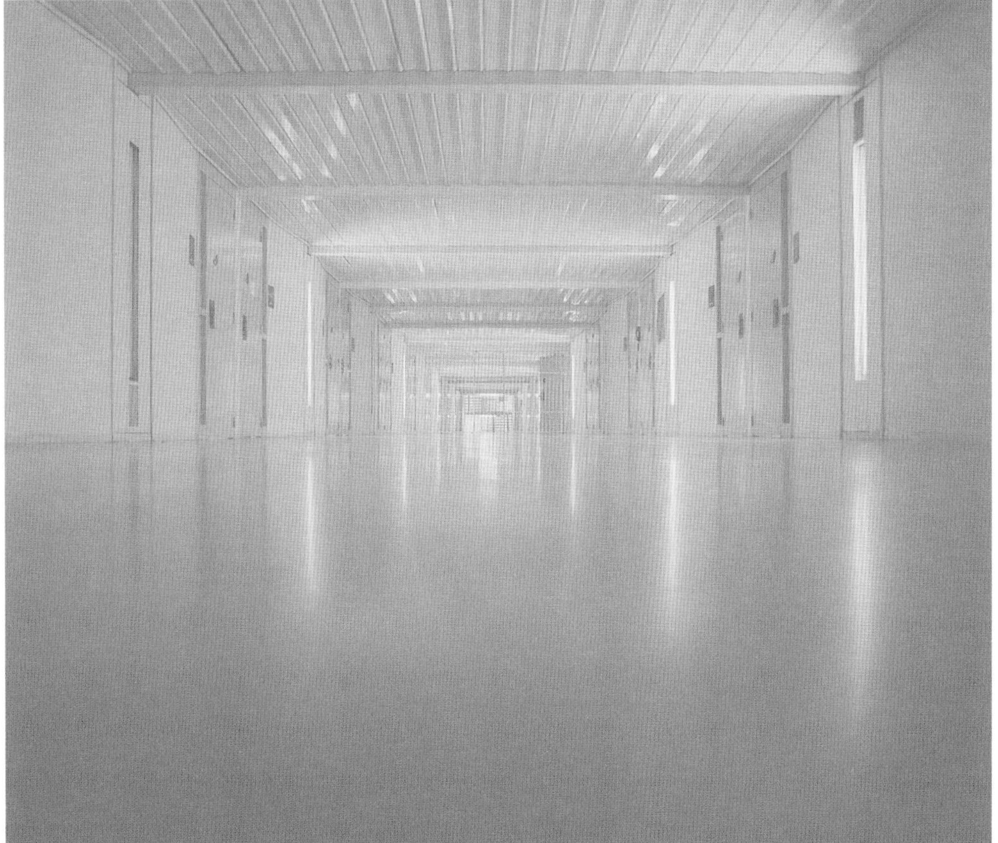

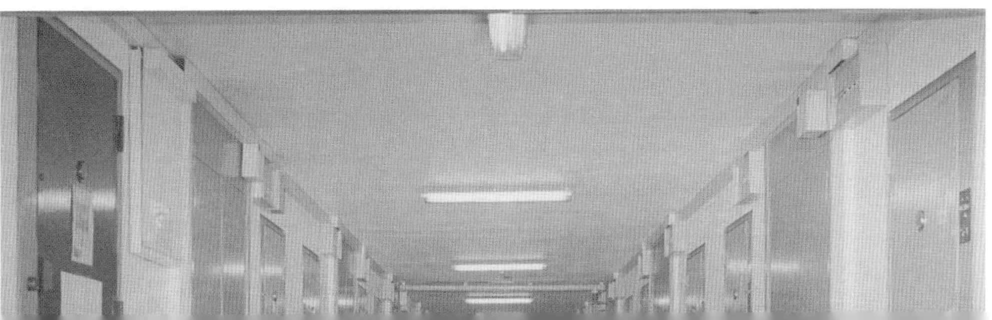

Fabrice Laroche · *Sans titre*

Anne-Marie Herckes

Née en 1978 au Luxembourg, elle étudie le dessin de mode à l'Académie royale d'Anvers et à l'Université des Arts Appliqués de Vienne, en suivant le masterclass avec Viktor & Rolf et Raf Simons. Après avoir travaillé pour différentes maisons (Viktor & Rolf, Kostas Murkudis, the girl and the gorilla, Ute Ploier), elle travaille comme designer freelance entre le Luxembourg et l'Autriche. En 2006, elle crée sa marque d'accessoires *anne-marie herckes*, qui travaille sur des miniatures de collections emblématiques : icones classiques ou contemporaines à porter comme des broches...

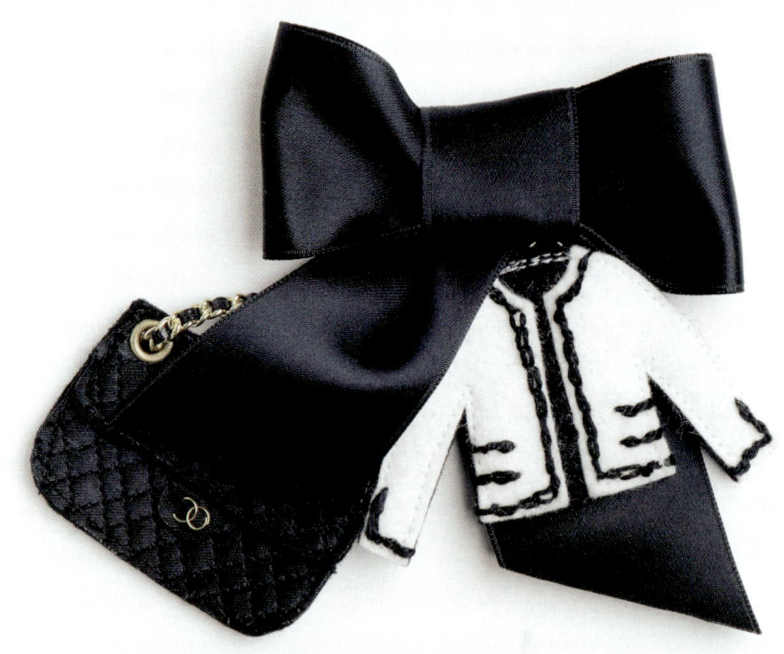

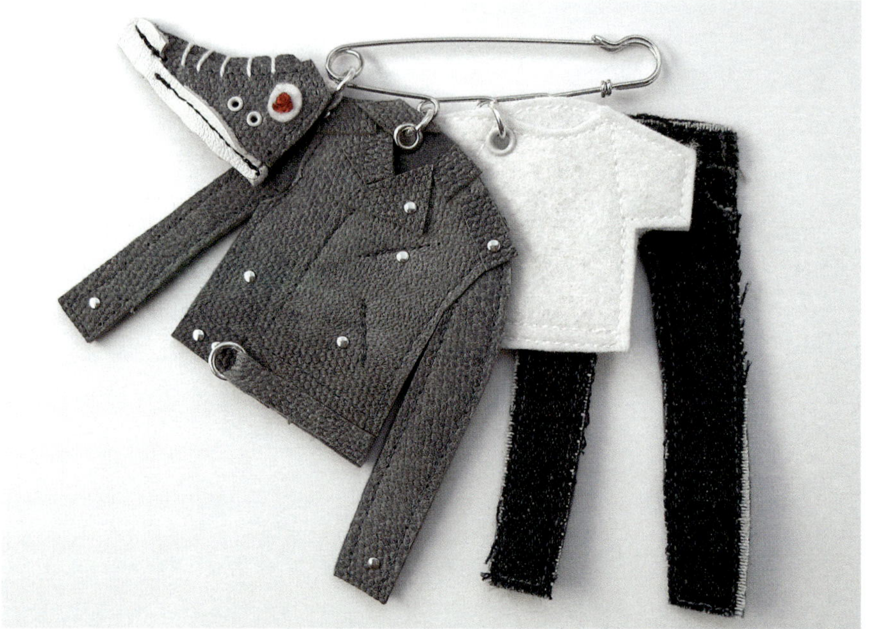

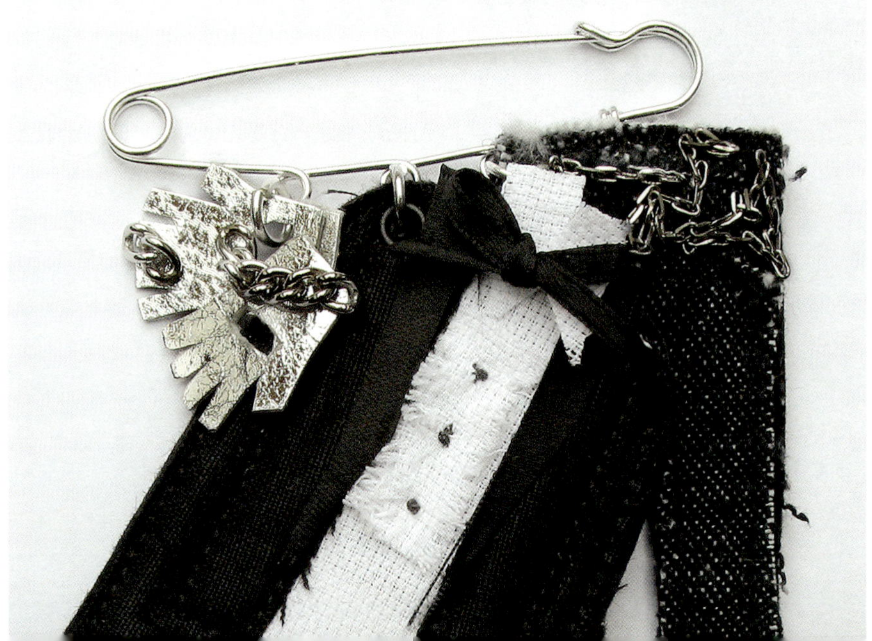

Véronique Mersch

Styliste 3D, modéliste et maquettiste, elle est née
en 1979 au Luxembourg. Après son diplôme d'Arts
et Métiers, elle poursuit ses études de stylisme
à La Cambre Mode (Bruxelles) et à l'Institut
Français de la Mode à Paris. Elle est à l'origine
de plusieurs collections personnelles *(LevelOne /
Sie / Dissimulation / OutfitOver / SoldOut /
UnderConstruction)*, mais elle collabore également
avec Fernando Guzman (Luxembourg), Christophe
Coppens (Bruxelles), Xavier Delcour (Bruxelles),
Delvaux 175D (Bruxelles), Jean- Paul Knott,
Rick Owens, Sharon Wauchob, Lanvin by Albert
Elbaz (Paris). Véronique Mersch a notamment été
sélectionnée dans les concours suivants : Gwand
(Suisse, 2002), ITs#Two (Trieste, Italie), Silk award
Como & Mittelmoda Small.

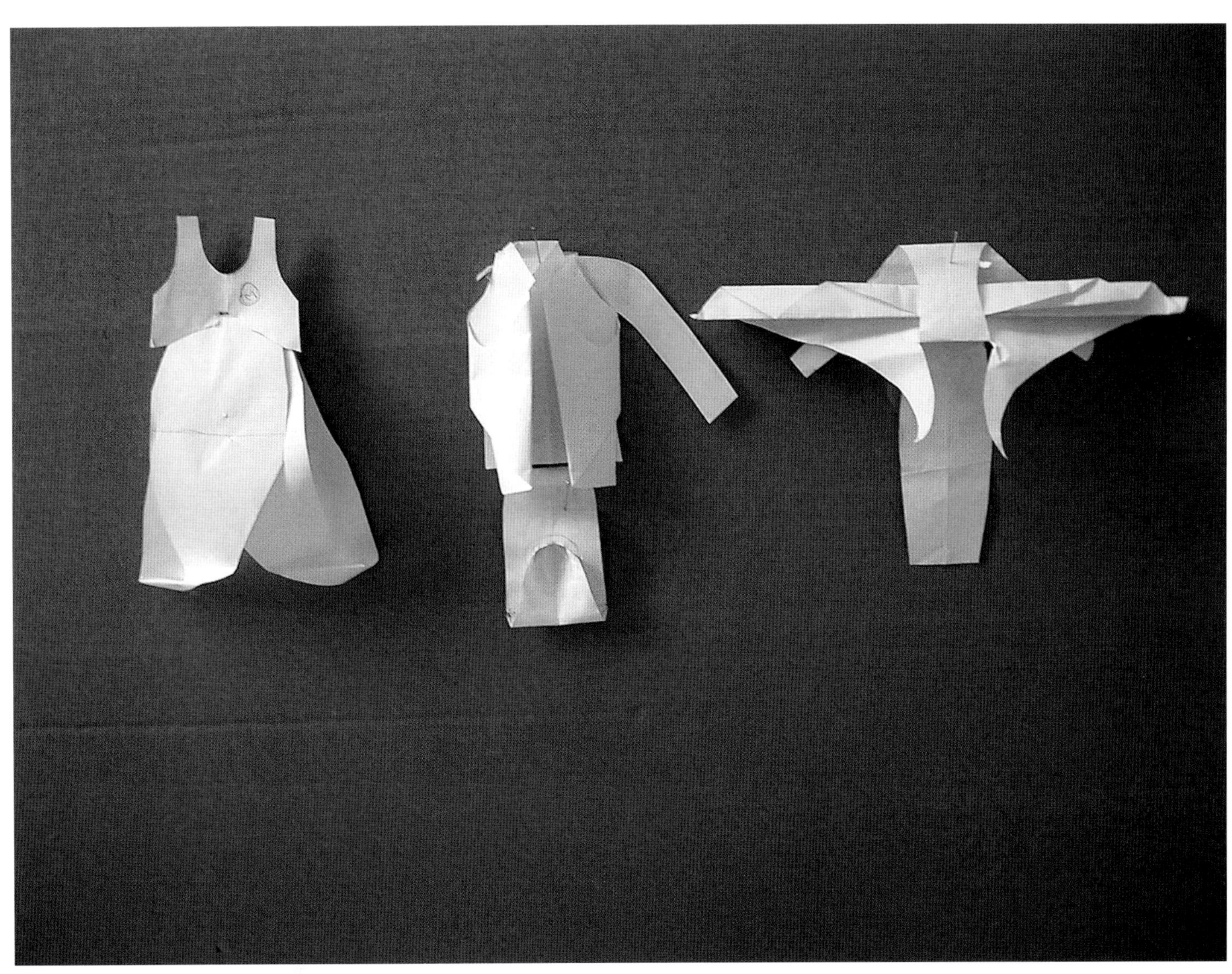

Veronique Mersch · *Papierkleid* · 2007

Leyla Piedayesh (Lala Berlin)

Passionnée par le tricot et lassée de sa carrière
d'éditeur chez MTV, Leyla Piedayesh fonde le label
Lala Berlin en 2003. Elle commence à tricoter de
simples chandails dans des couleurs et des formes
différentes. Aujourd'hui, ses tricots sont vendus
dans plus de soixante boutiques dans le monde
entier. 80 % de ses collections sont fabriquées en
pièces uniques et à la main avec des matières nobles
(cashmere, mohair et soie). *www.lalaberlin.de*

Leyla Piedayesh · *Triangle Cashmere* · 2007

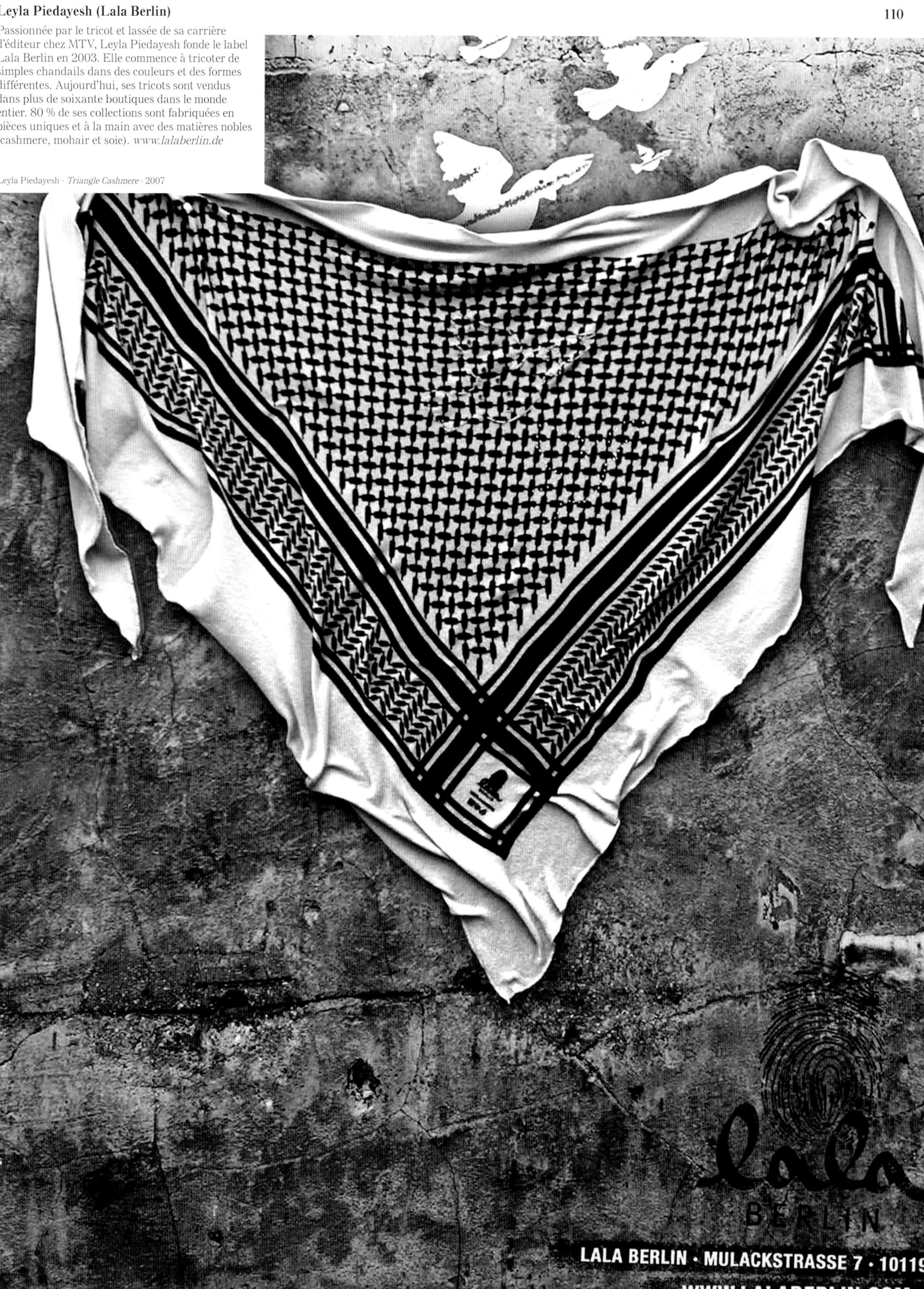

Alfredo Piola

Alfredo est né à Caracas au Venezuela en 1976.
En 2001, après avoir étudié pendant quatre ans
à la faculté d'Architecture, il décide de quitter le
Venezuela et de partir pour l'Europe. Il s'installe
à Paris où il suit des cours de photographie et de
multimédia à l'Université Paris 8. En 2005, il
commence sa collaboration avec l'artiste Christophe
Hamaide-Pierson sous le pseudonyme de Paloma
Mentirosa. La même année, il collabore avec
le collectif AVAF (Assume Vivid Atro Focus) à
l'exposition *Ecstasy: In and About Altered States*
au MOCA à Los Angeles. En 2006, il poursuit sa
collaboration avec AVAF avec l'exposition *Absorb
Viral Attack Fantasy* à la Galerie Hiromi Yoshii à
Tokyo. Le travail d'Alfredo est aujourd'hui reconnu
et présenté dans de nombreux magazines (Beaux
Arts, Tokyon, i-D, Le Monde 2, etc.).

Alfredo Piola · *Sans titre*

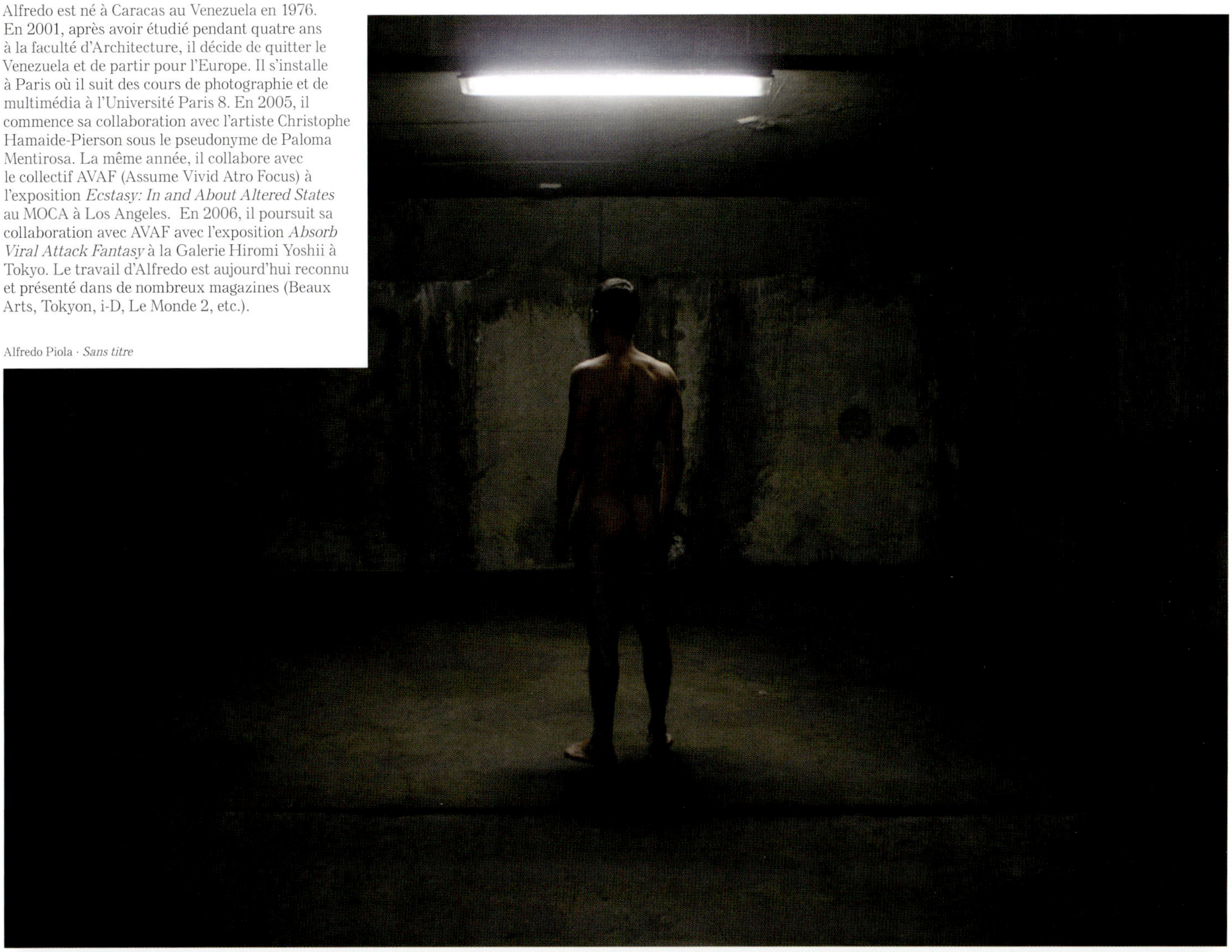

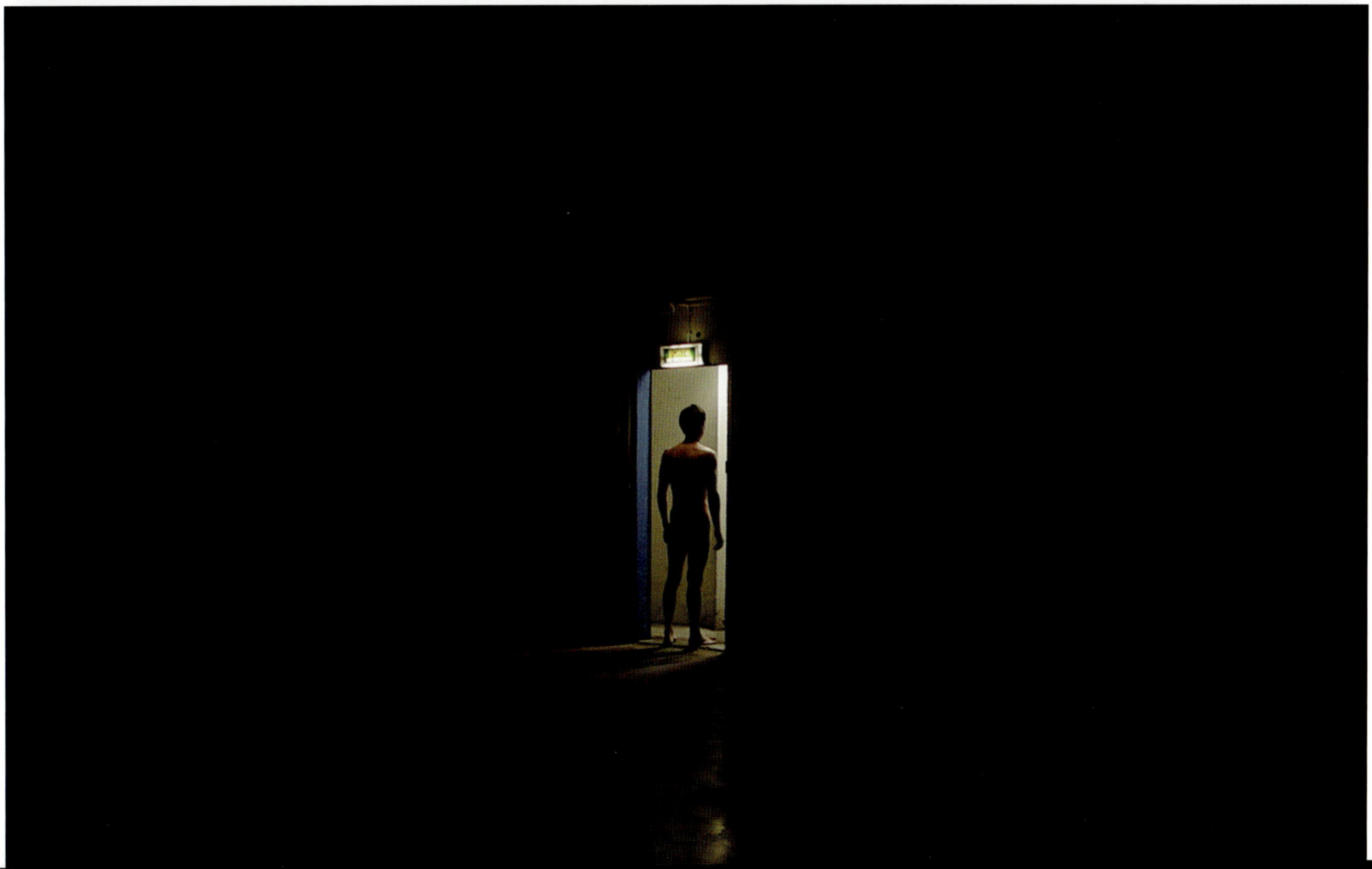

Ben Hassett

D'origine anglaise, Ben Hassett a fait ses études
aux Beaux-arts de Londres. Il expérimente d'abord
l'écriture et la réalisation de courts métrages avant
de se consacrer à la photographie. Depuis 3 ans, Ben
Hassett vit à Paris et travaille comme photographe. Il
collabore régulièrement aux éditions internationales
du magazine Vogue (Paris, Chine, Japon, UK, etc.).
Les images de Ben Hassett sont visibles sur
www.benhassett.com

Ben Hassett · *Sans titre*

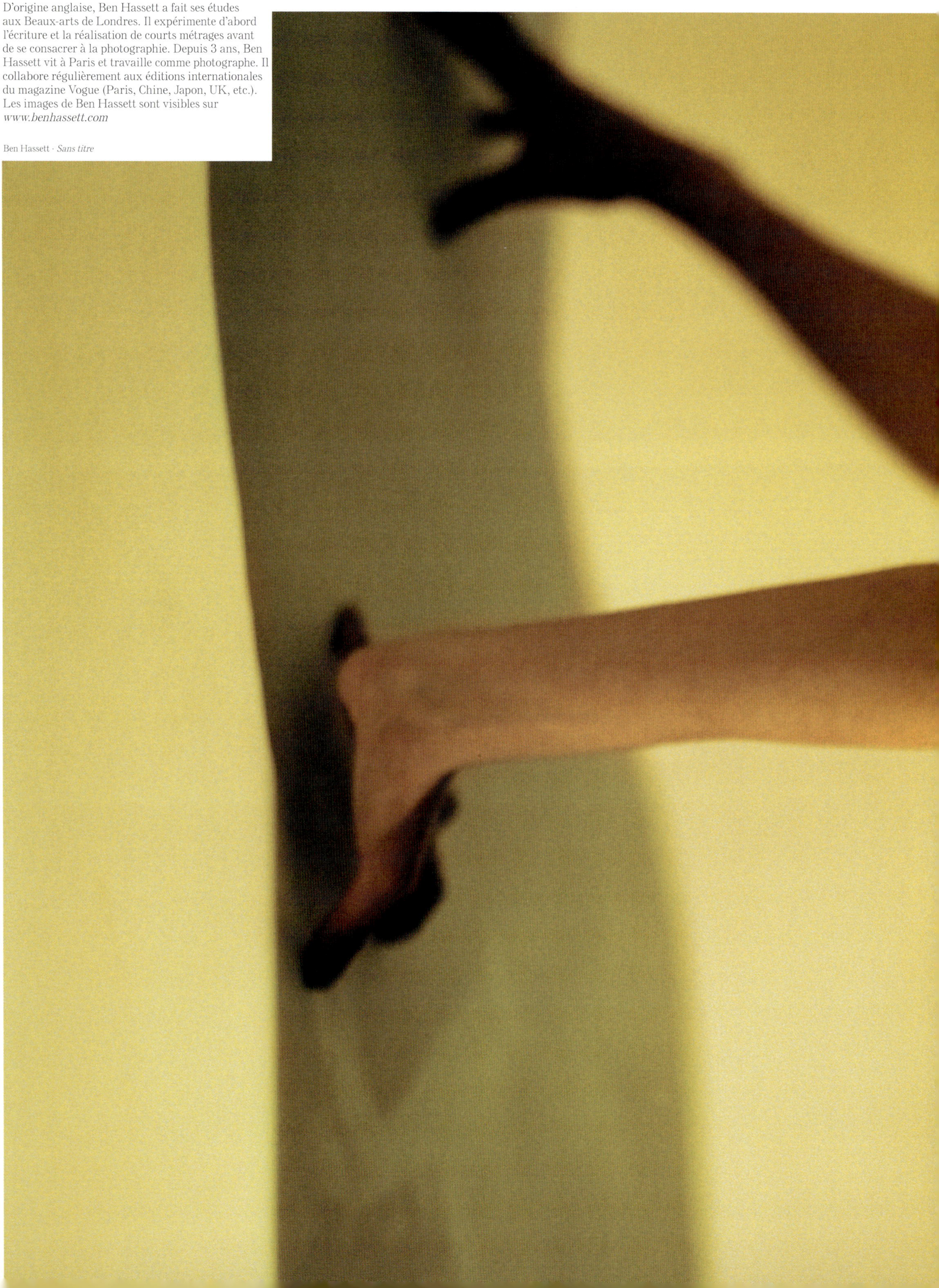

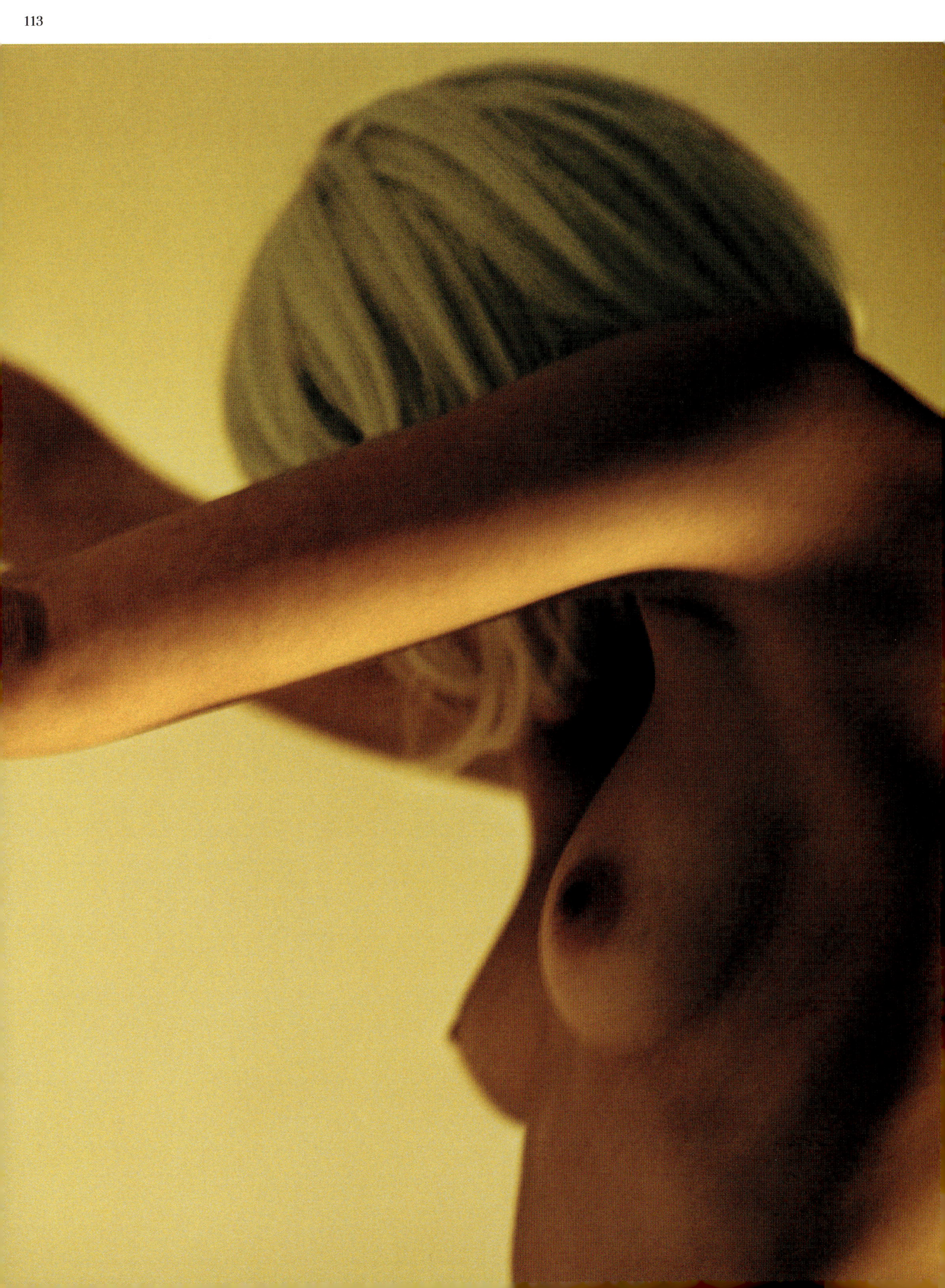

Justin Morin

Né en 1979, Justin Morin a développé un travail de broderie contemporaine. Nourri par le symbolisme de ce medium, son travail explore les notions de réseaux et de liens, à l'image de ces galeries de portraits brodés. Narrative, sa production accorde une place importante à l'écriture, qu'elle soit fleuve ou télégraphique. Il est notamment l'auteur du livre *Pèlerinage sur soi*, coréalisé avec le chorégraphe Sidi Larbi Cherkaoui, et publié chez Actes Sud.

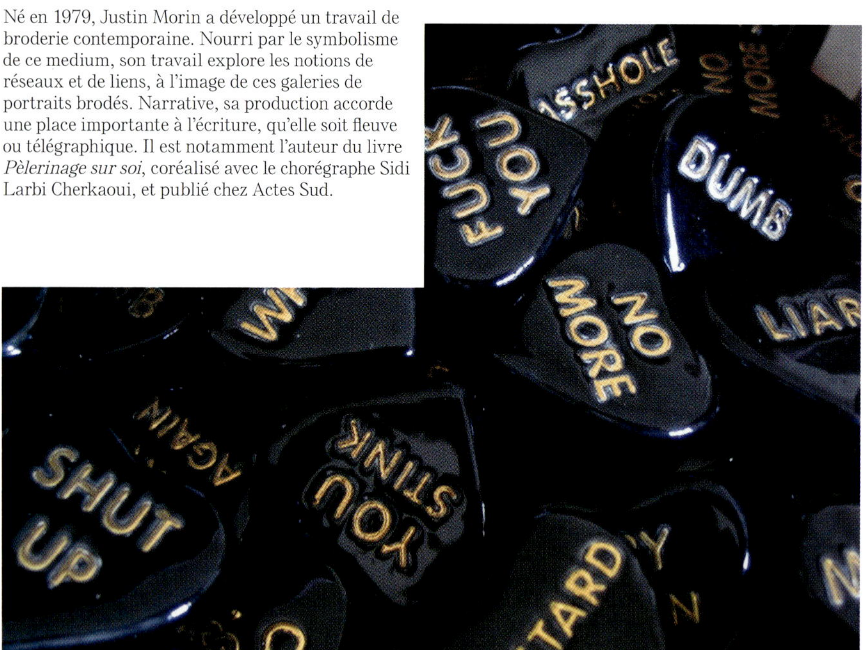

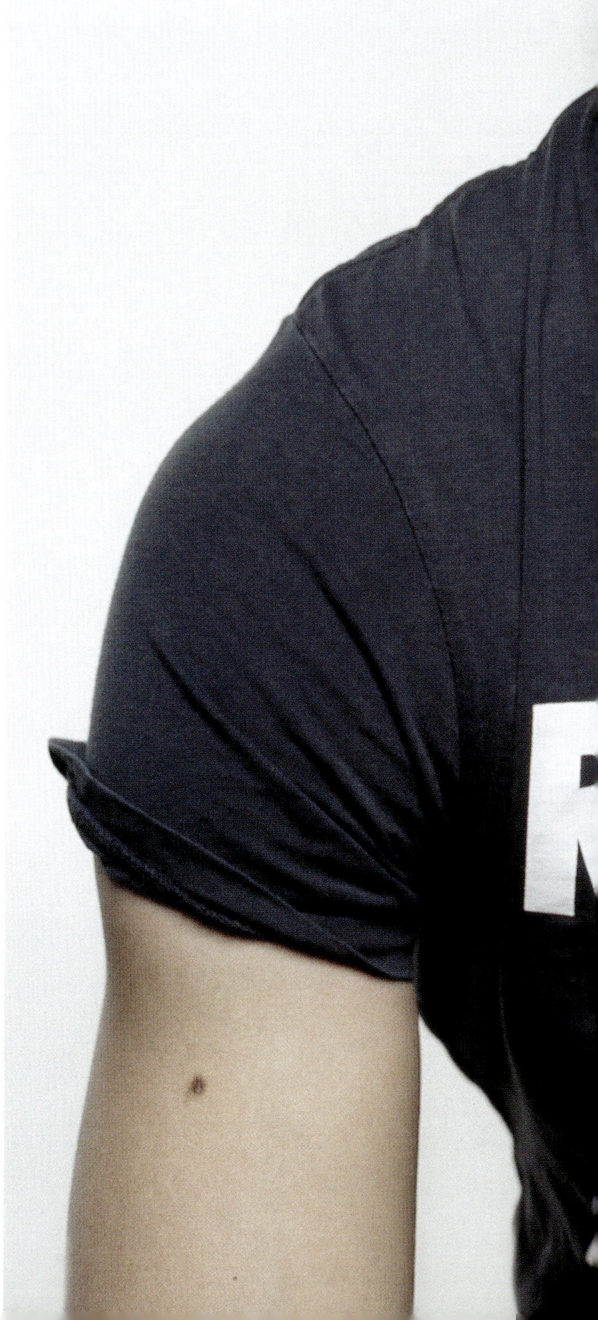

Justin Morin · *Sweethurt necklace* · 2006

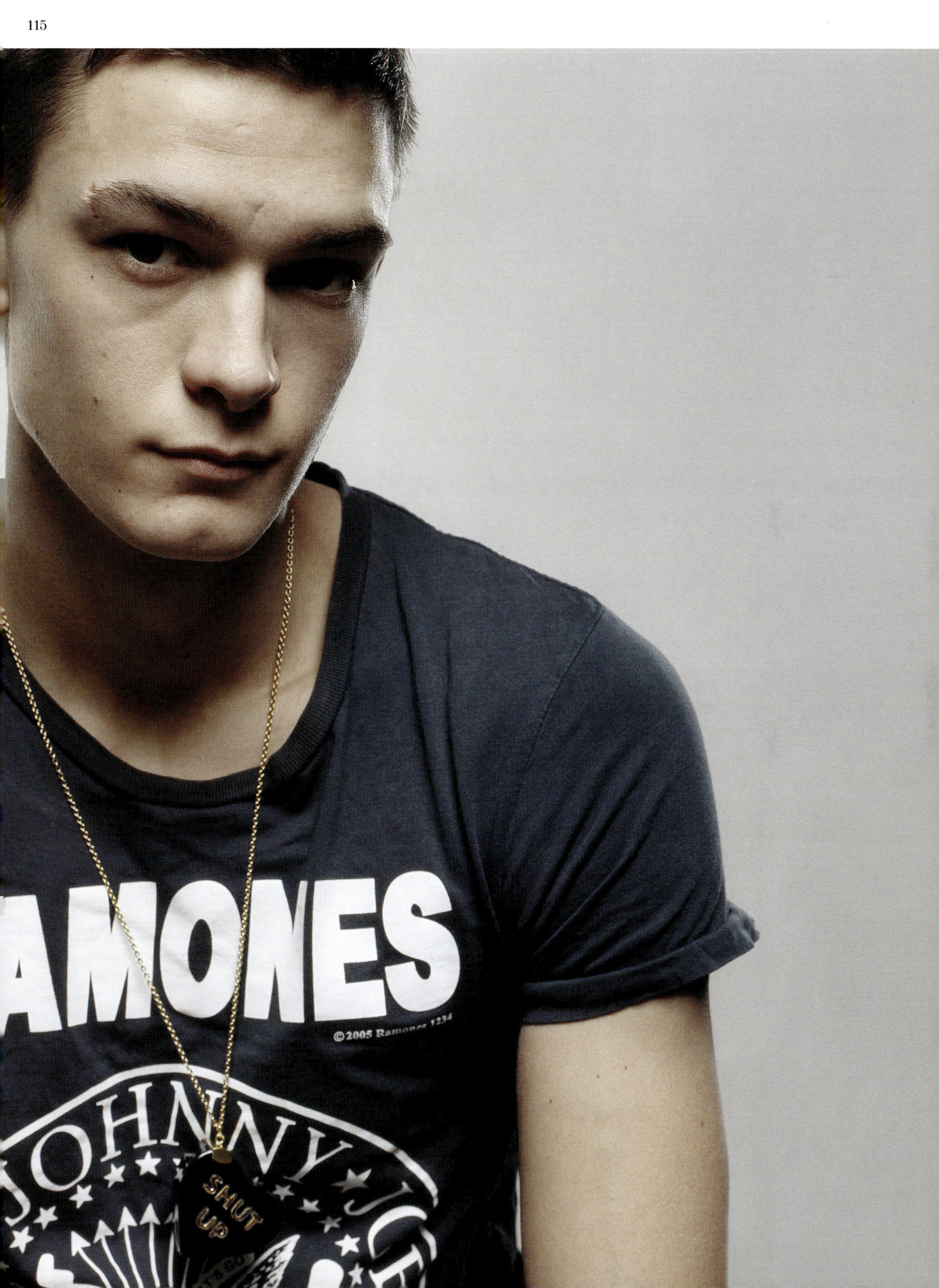
RAMONES
©2005 Ramones 1234
JOHNNY
SHUT UP

Cem Bora

Depuis 1990, Cem Bora développe, conçoit et réalise des showrooms et des présentations de produits aussi bien dans le domaine du design que dans le domaine de la décoration et de l'art de vivre. Elle travaille pour des clients dans le monde entier : Heimtextil, Tendance, Paperworld, Christmasworld, Light & Building, entre autres. Inspirée par un environnement musical, graphique et artistique, Cem Bora est toujours à la recherche de nouveaux champs émergents à explorer. Elle présente ses trouvailles avec un regard sensible, original et artistique.

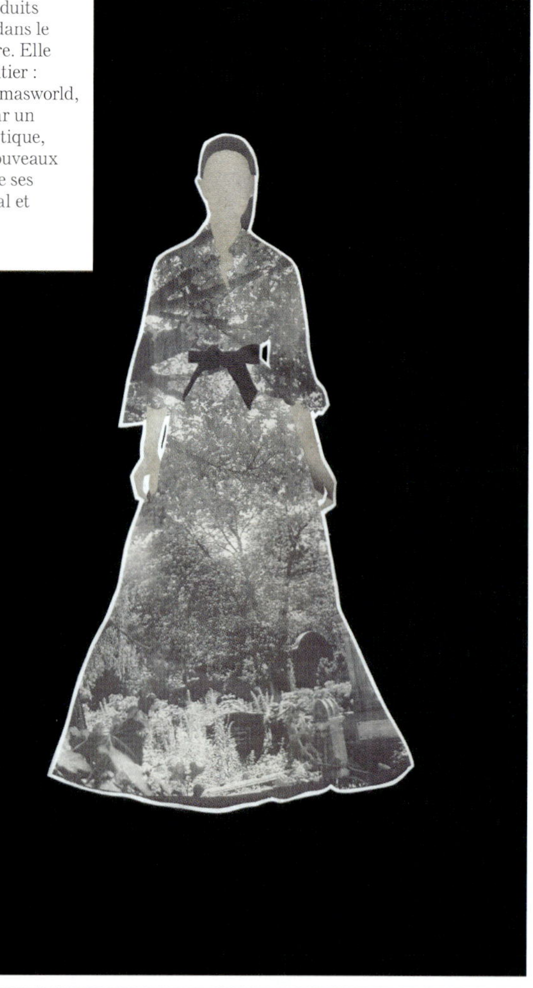

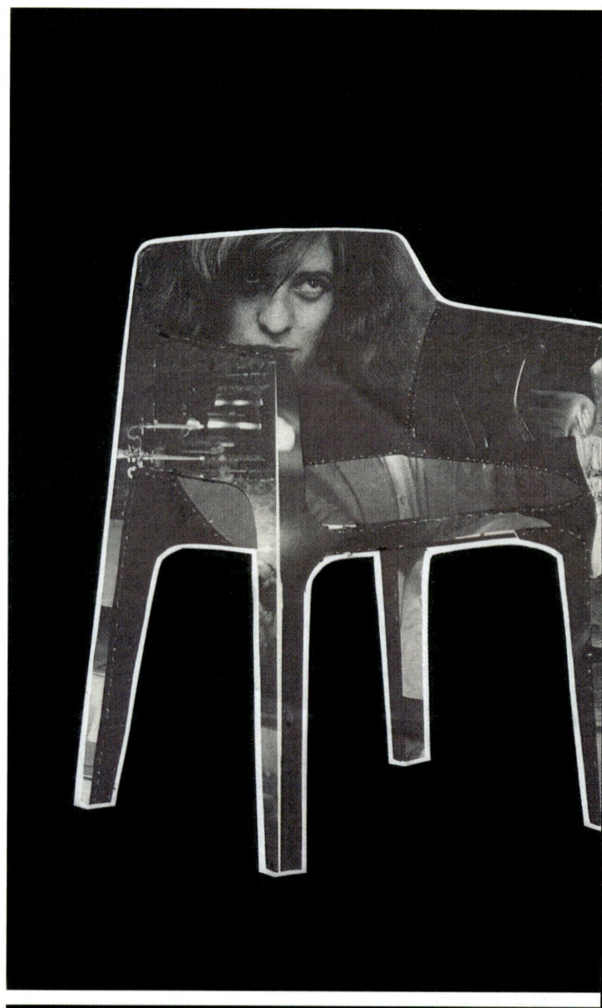

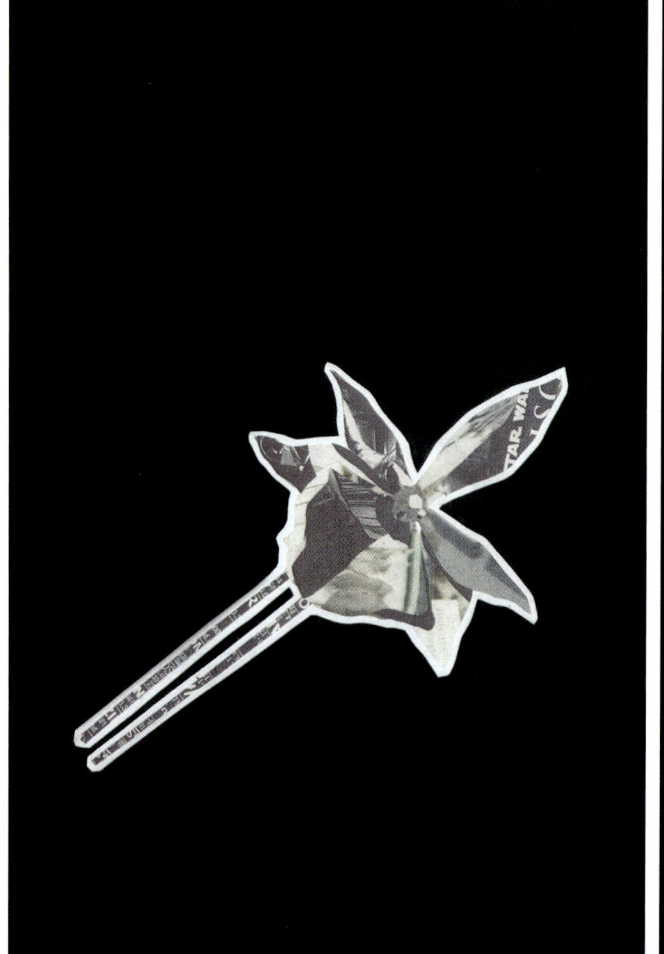

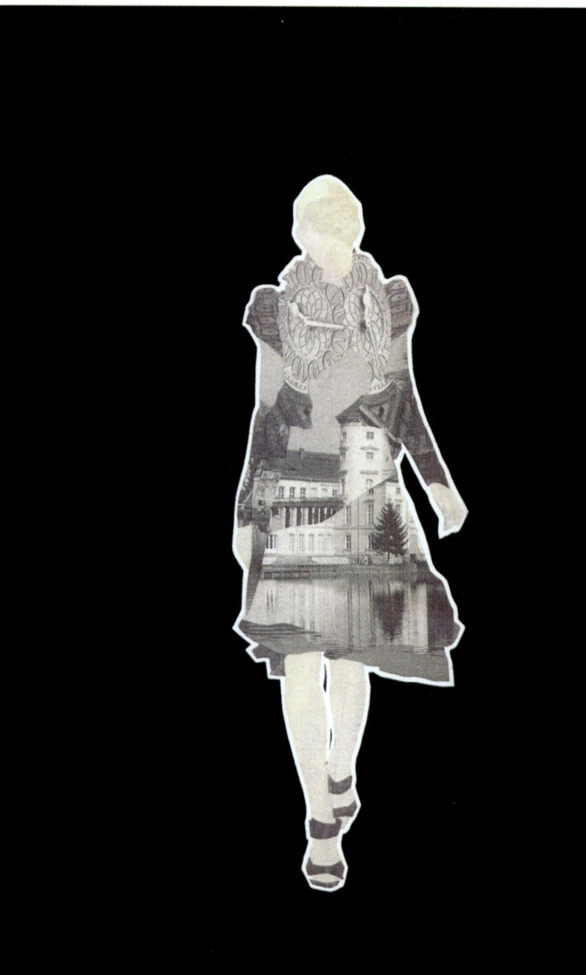

Cem Bora
· *Sans titre*

Elise Magne
· *La doudoune* · 2006

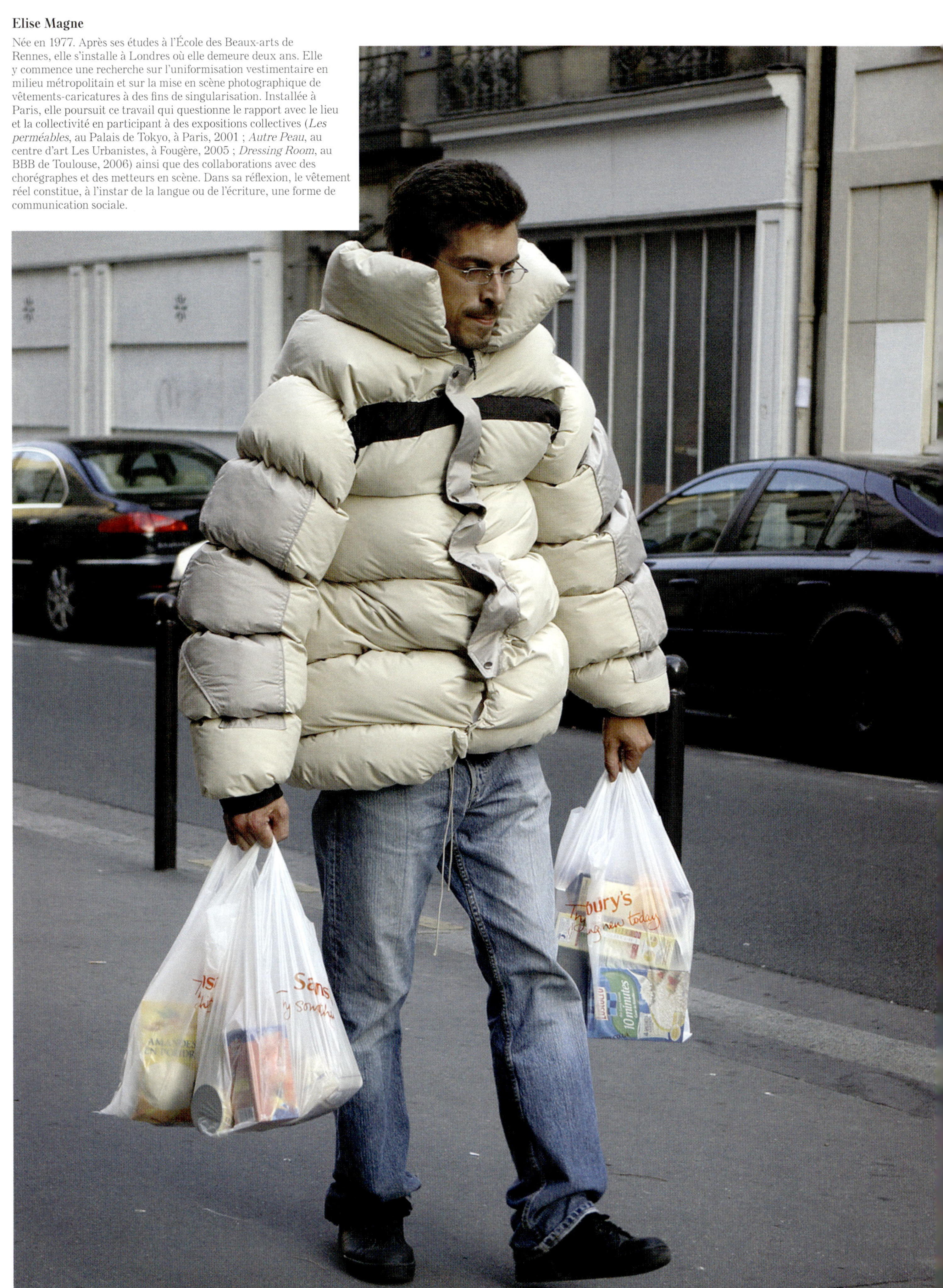

Elise Magne

Née en 1977. Après ses études à l'École des Beaux-arts de Rennes, elle s'installe à Londres où elle demeure deux ans. Elle y commence une recherche sur l'uniformisation vestimentaire en milieu métropolitain et sur la mise en scène photographique de vêtements-caricatures à des fins de singularisation. Installée à Paris, elle poursuit ce travail qui questionne le rapport avec le lieu et la collectivité en participant à des expositions collectives (*Les perméables*, au Palais de Tokyo, à Paris, 2001 ; *Autre Peau*, au centre d'art Les Urbanistes, à Fougère, 2005 ; *Dressing Room*, au BBB de Toulouse, 2006) ainsi que des collaborations avec des chorégraphes et des metteurs en scène. Dans sa réflexion, le vêtement réel constitue, à l'instar de la langue ou de l'écriture, une forme de communication sociale.

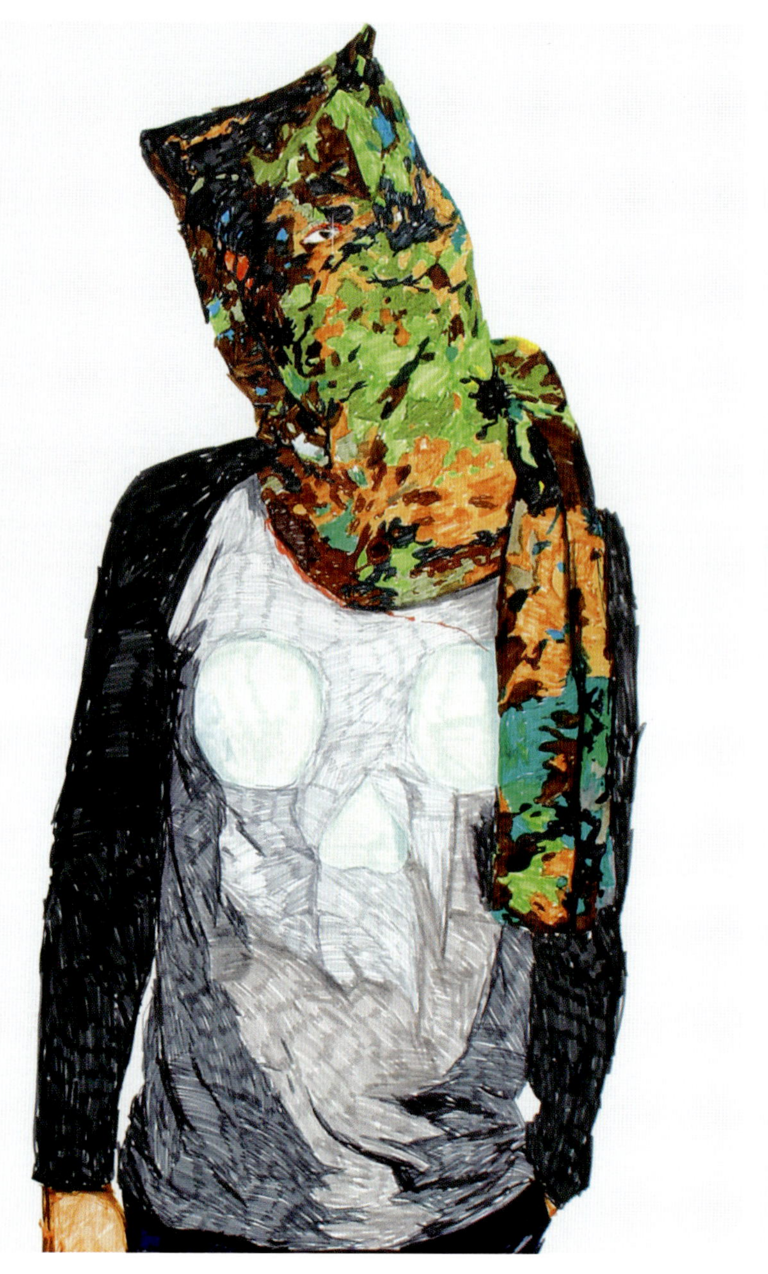
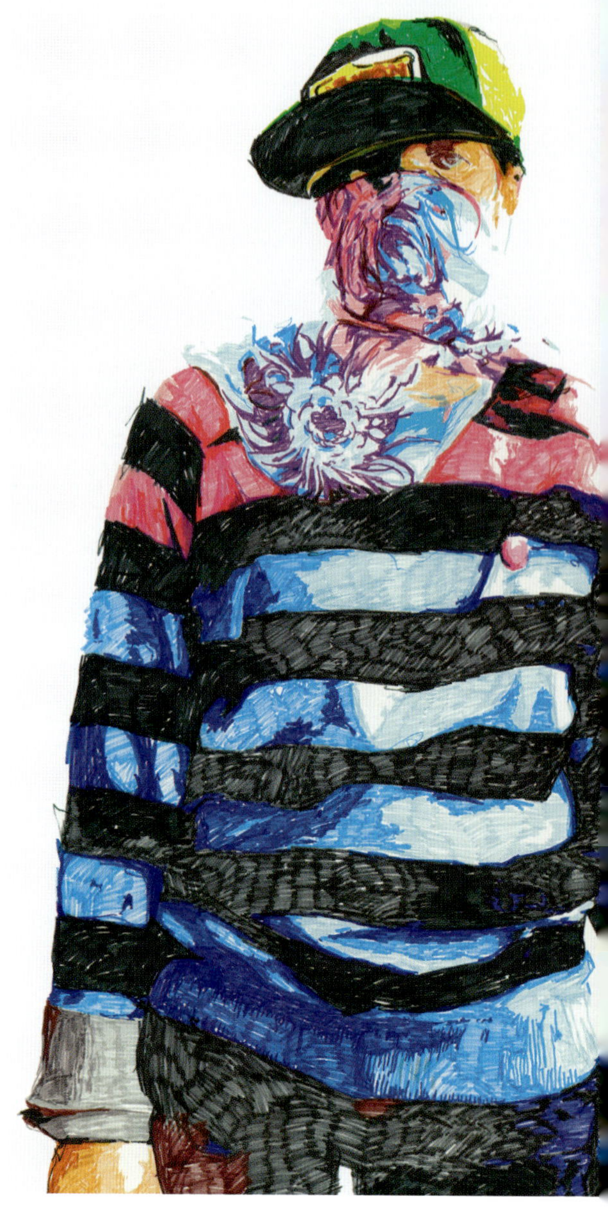

Samuel François
· *We are not from the ghetto* · 2005-2007

Samuel François

Témoin des mutations culturelles liées à l'espace
urbain, Samuel François questionne ses règles,
ses codes et ses représentations. Il propose de
réinventer le motif, sous forme d'interventions en
extérieur ou par le biais d'installations colorées.
Jouant de son background, son travail détourne de
façon ludique les références de la culture urbaine
en les transposant dans un univers rural. Et c'est
paradoxalement là que son œuvre trouve son identité,
celle d'un magma en perpétuel bouillonnement,
prêt à cracher ces aplats de peinture.

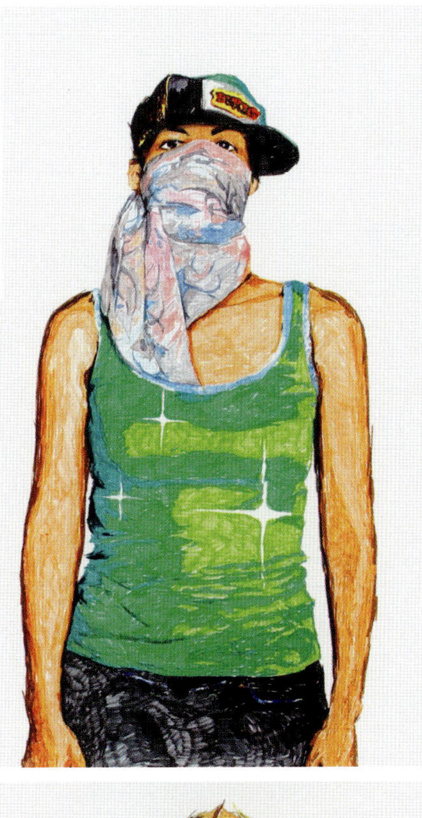

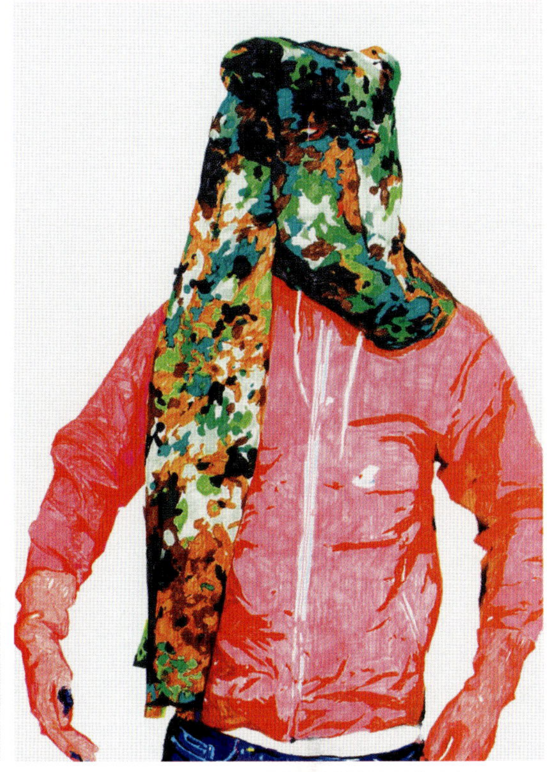

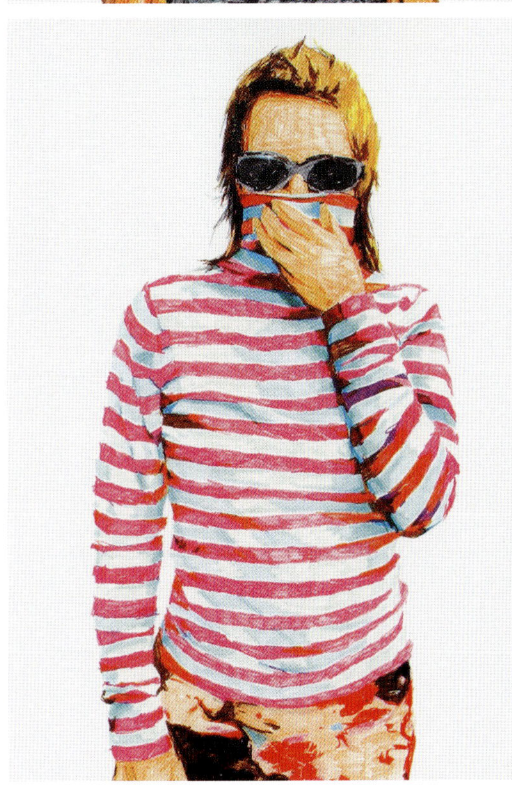

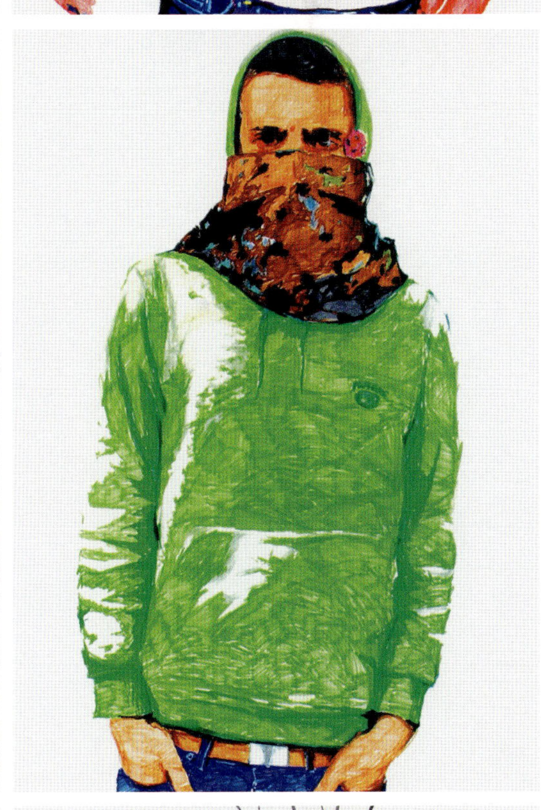

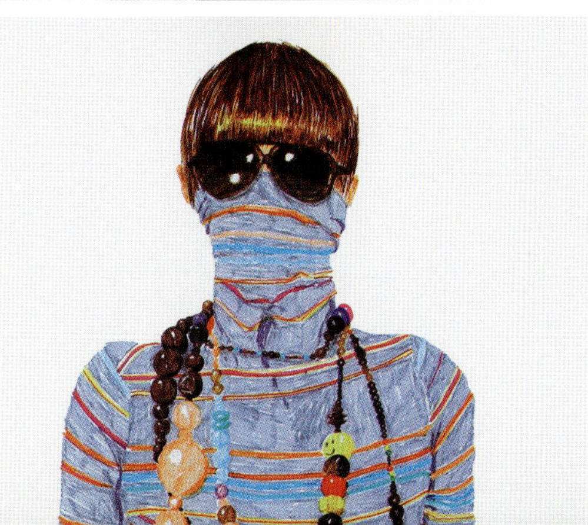

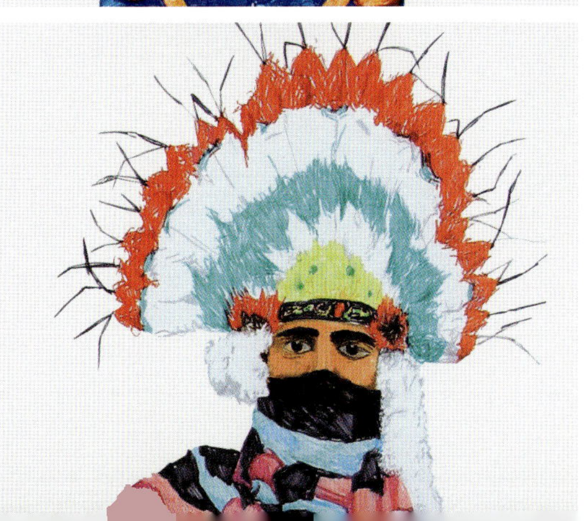

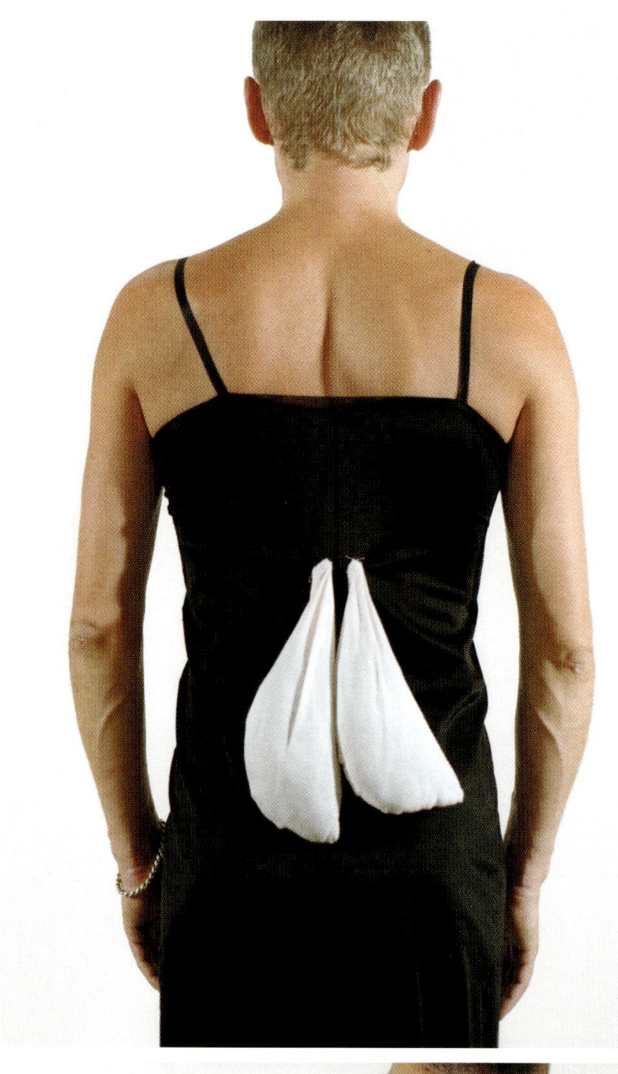

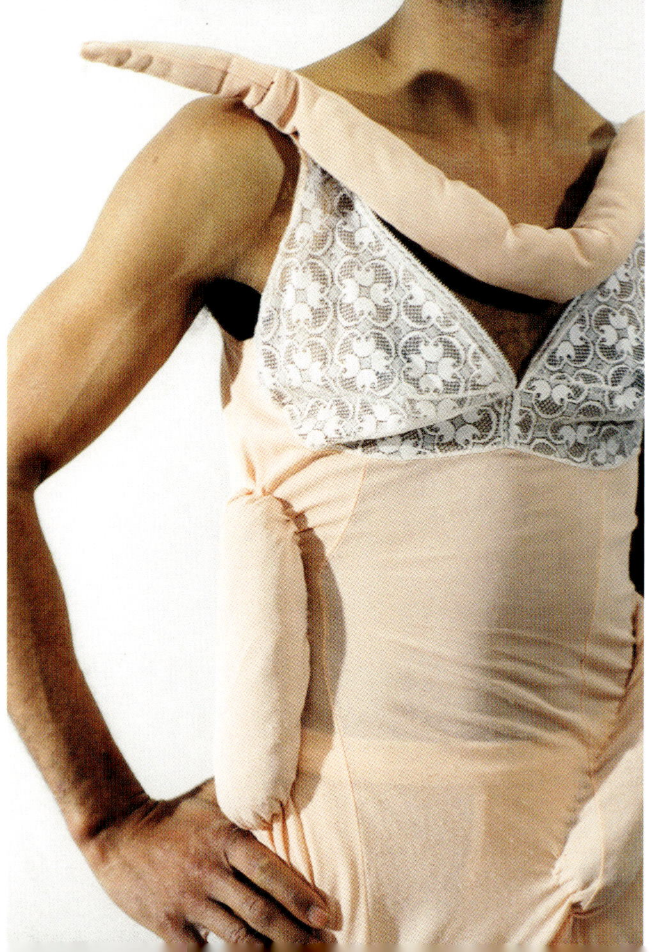

Marianne Stoll

Marianne Stoll est une artiste multimédia qui réalise
des performances, des vidéos et des peintures. Elle
vit et travaille entre Berlin et Darmstadt. Les objets
et installations que Marianne Stoll imagine traitent
de la beauté véhiculée par les magazines de mode,
de la séduction, de la sensualité et de la poursuite
incessante du corps idéal.

Marianne Stoll · *Underwear*

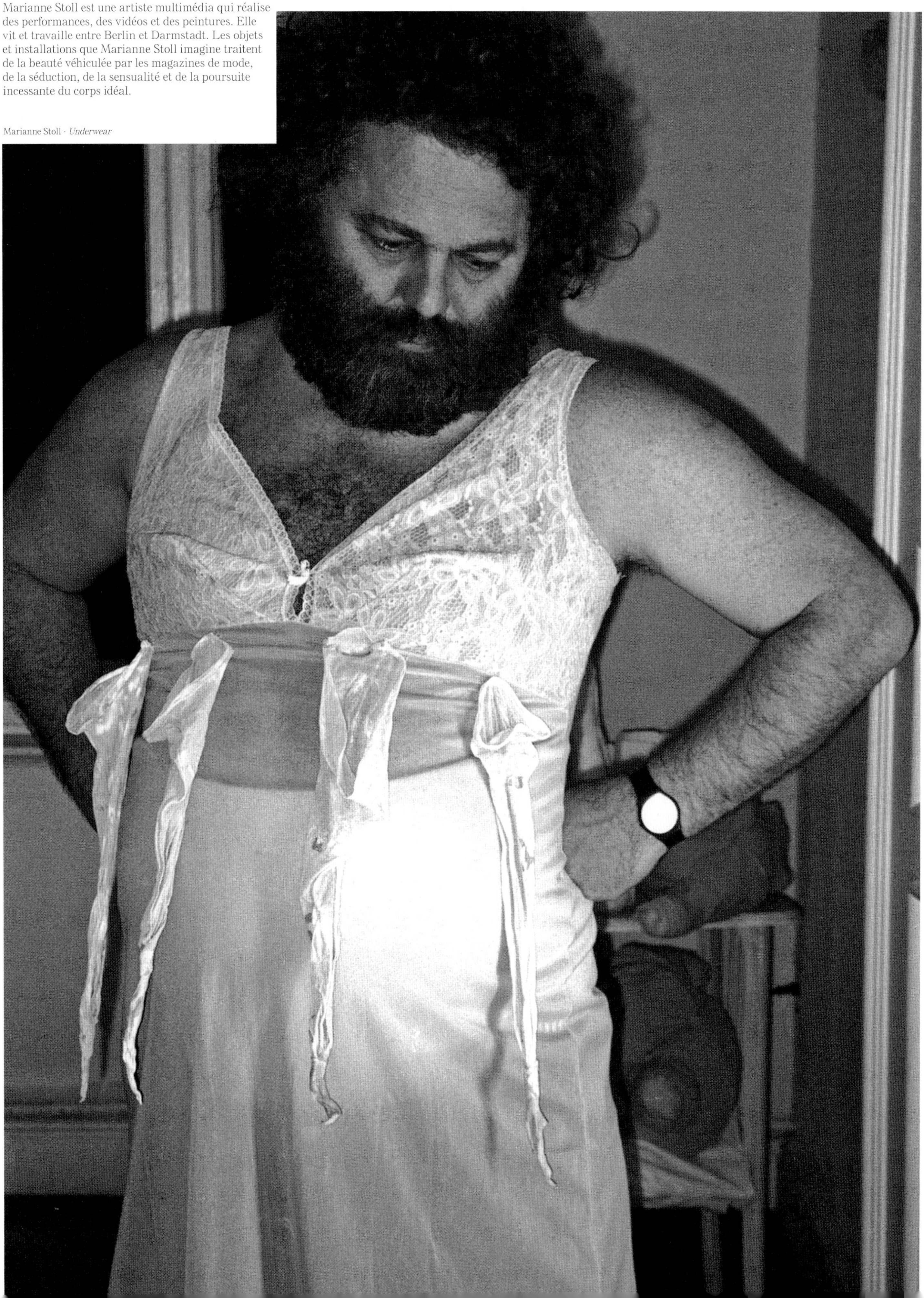

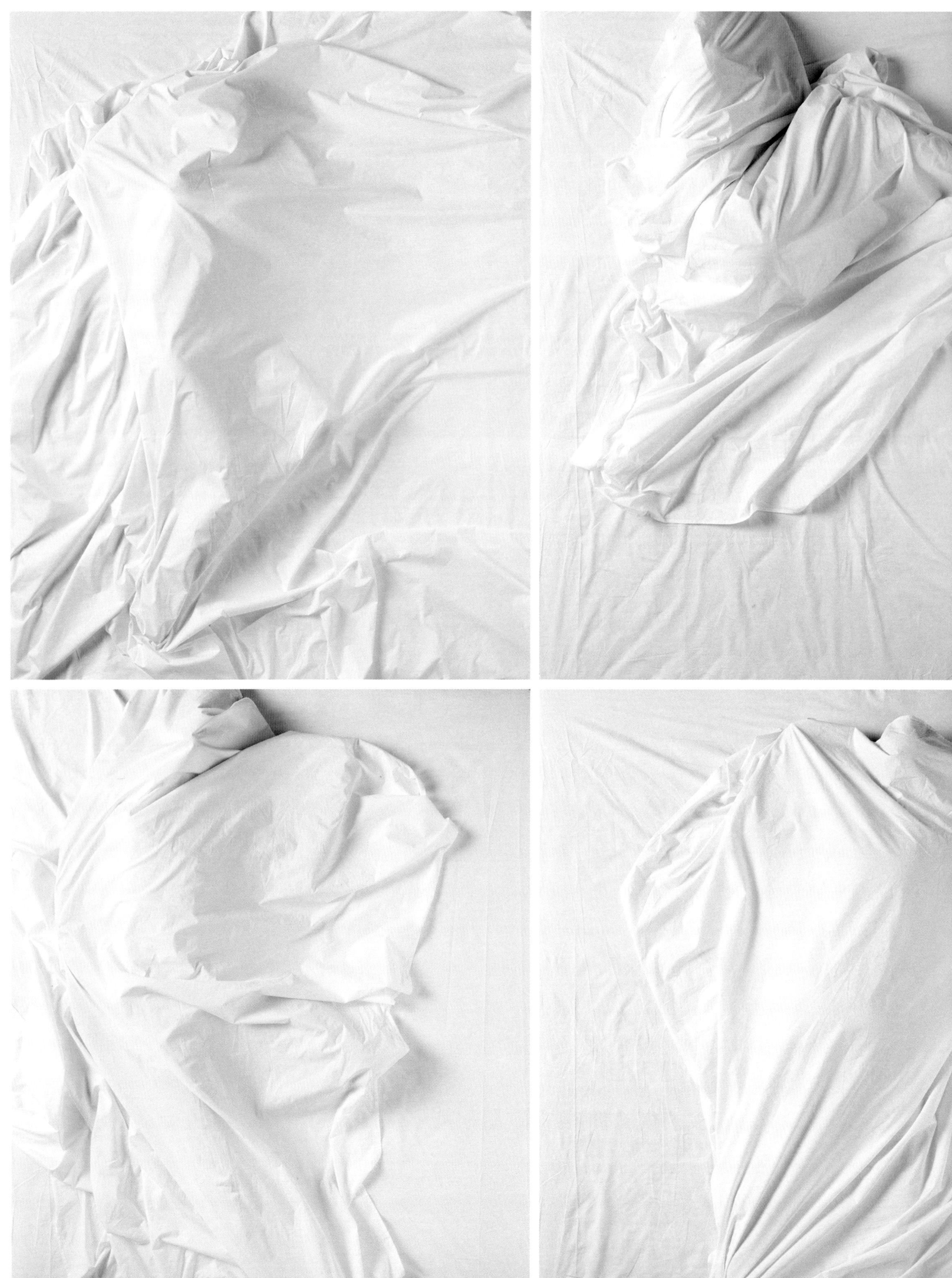

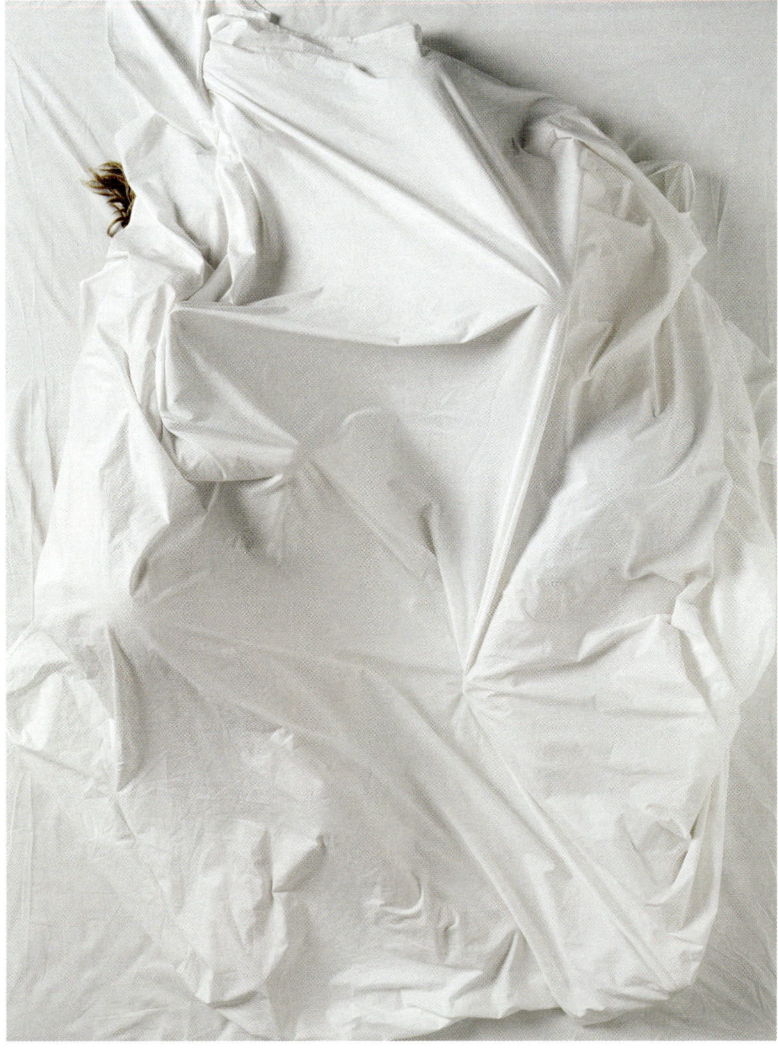

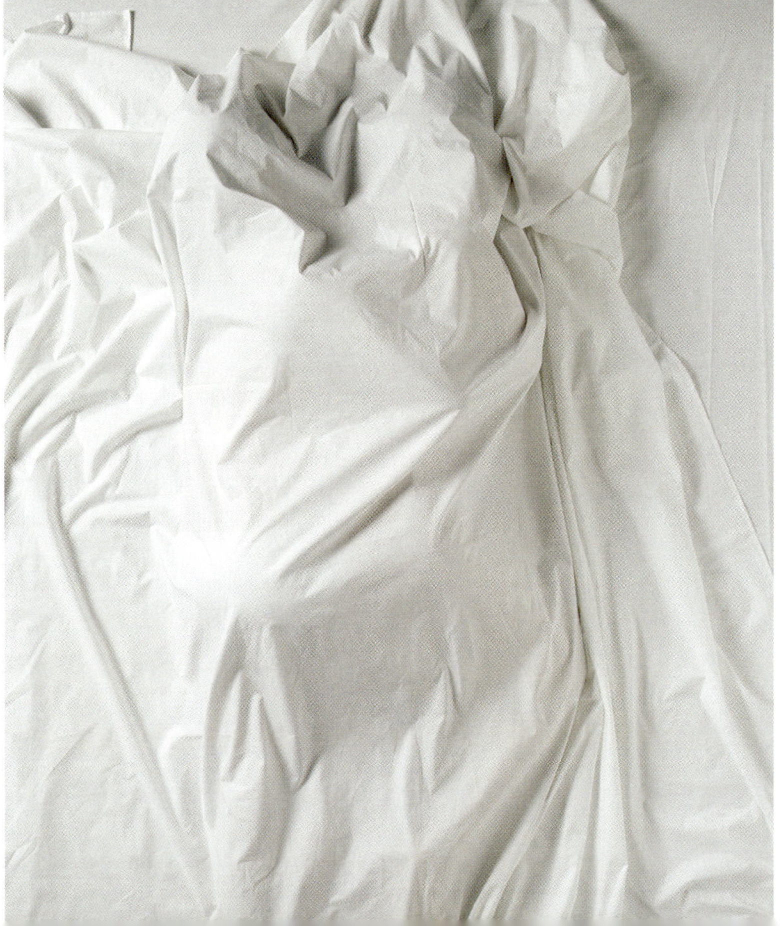

Sarah Maurer

Sarah Maurer découvre la photographie à l'âge de
11 ans quand son père lui offre son premier Mamiya.
À l'âge de 20 ans, elle cesse ses études de Lettres
classiques et passe les trois années suivantes en
apprentissage chez un photographe suisse travaillant
à Paris. Après cela, elle décide de se lancer seule dans
la photo ; elle est très vite publiée par des magazines
tels que l'Officiel Russe, le Black Book, Blow Up,
le Figaro Homme, etc. Sarah Maurer vit aujourd'hui
entre Zurich et Paris. Elle travaille comme
photographe et développe des projets personnels qui
ont déjà fait l'objet de deux grandes expositions en
Suisse.

Sarah Maurer
· *Stéphanie* · 2006
· *Milena* · 2006
· *Jan* · 2006
· *Nicola & Rainer & Fynn*
· *Oliver* · 2006
· *Sandro & David*

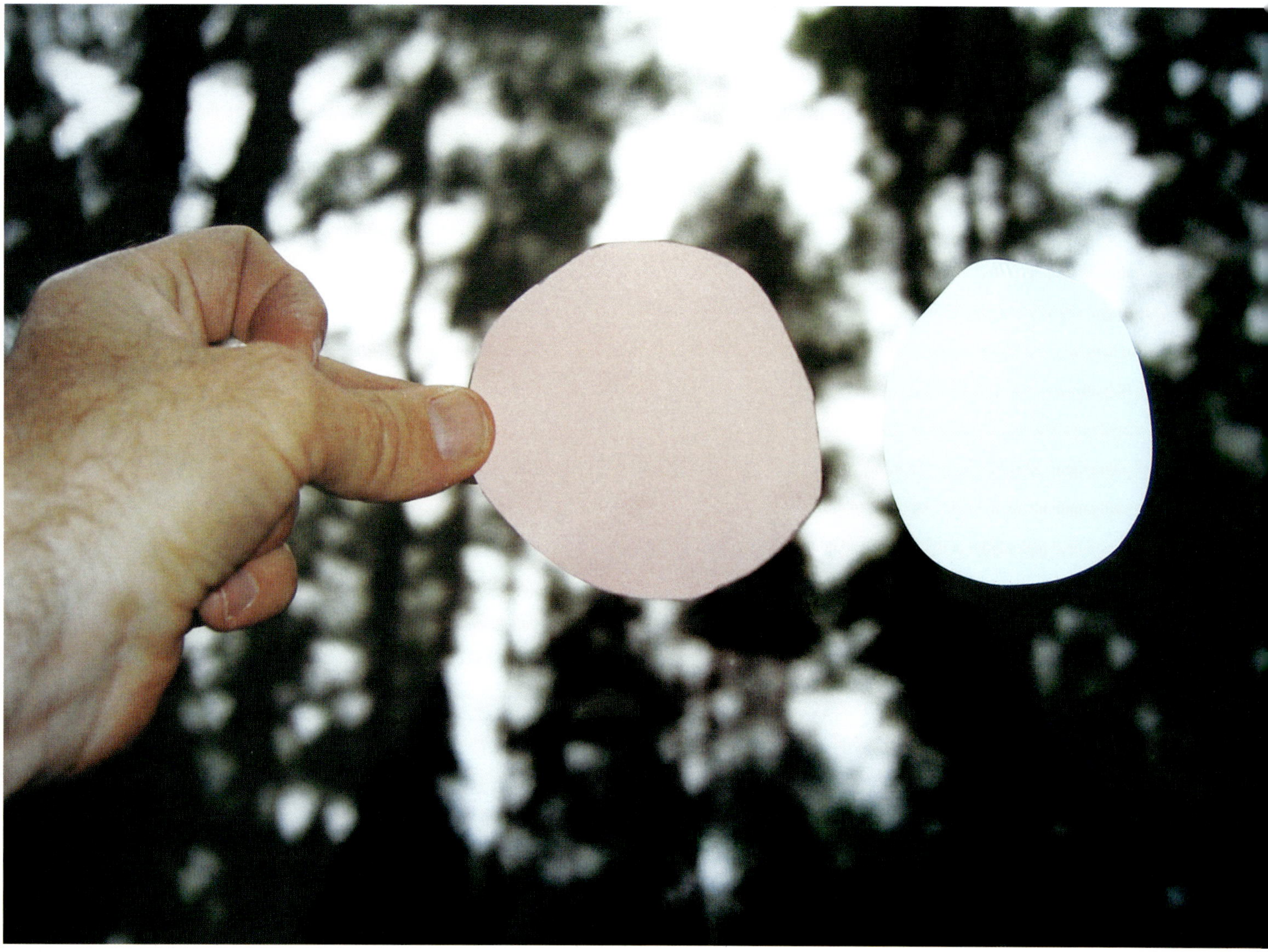

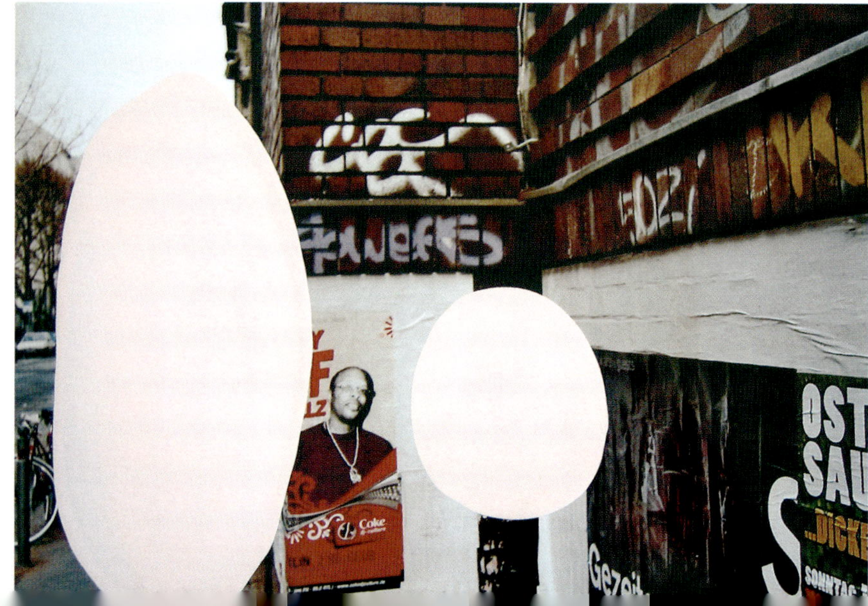

Wilhelm Beestermöller

Wilhelm Beestermöller est né à Emsland en 1956 et
il étudie les arts graphiques et les arts plastiques. Il
vit et travaille à Berlin. Dans son travail, le hasard
et la coïncidence ont un rôle primordial dans son
processus de création car ils déterminent la sélection,
la disposition ainsi que la composition des formes
colorées. Ses productions, créées par ordinateur,
sont un habile et sensible arrangement entre la
photographie et la peinture.

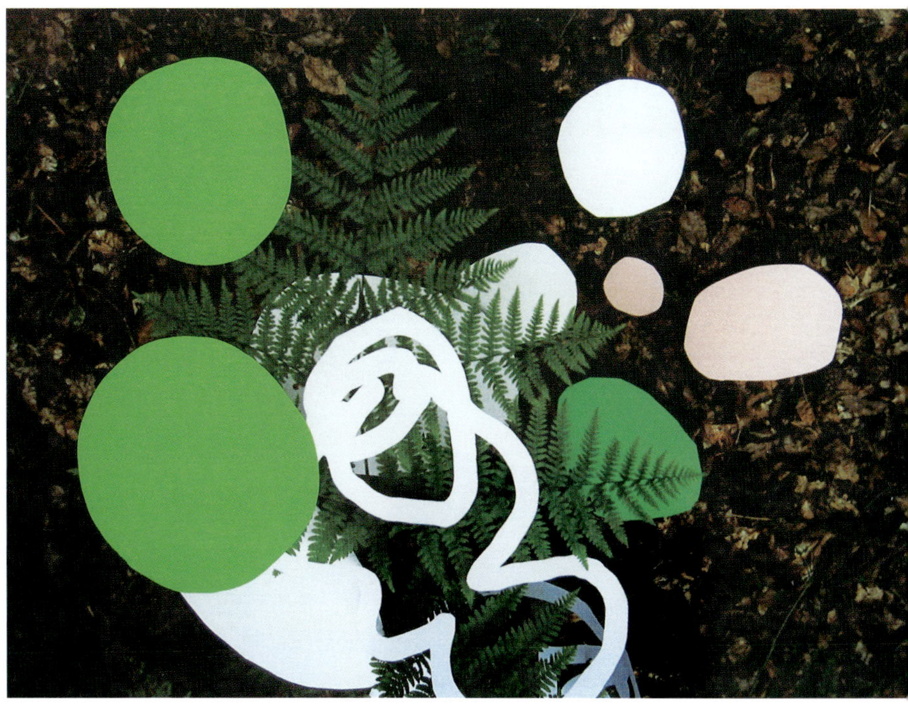

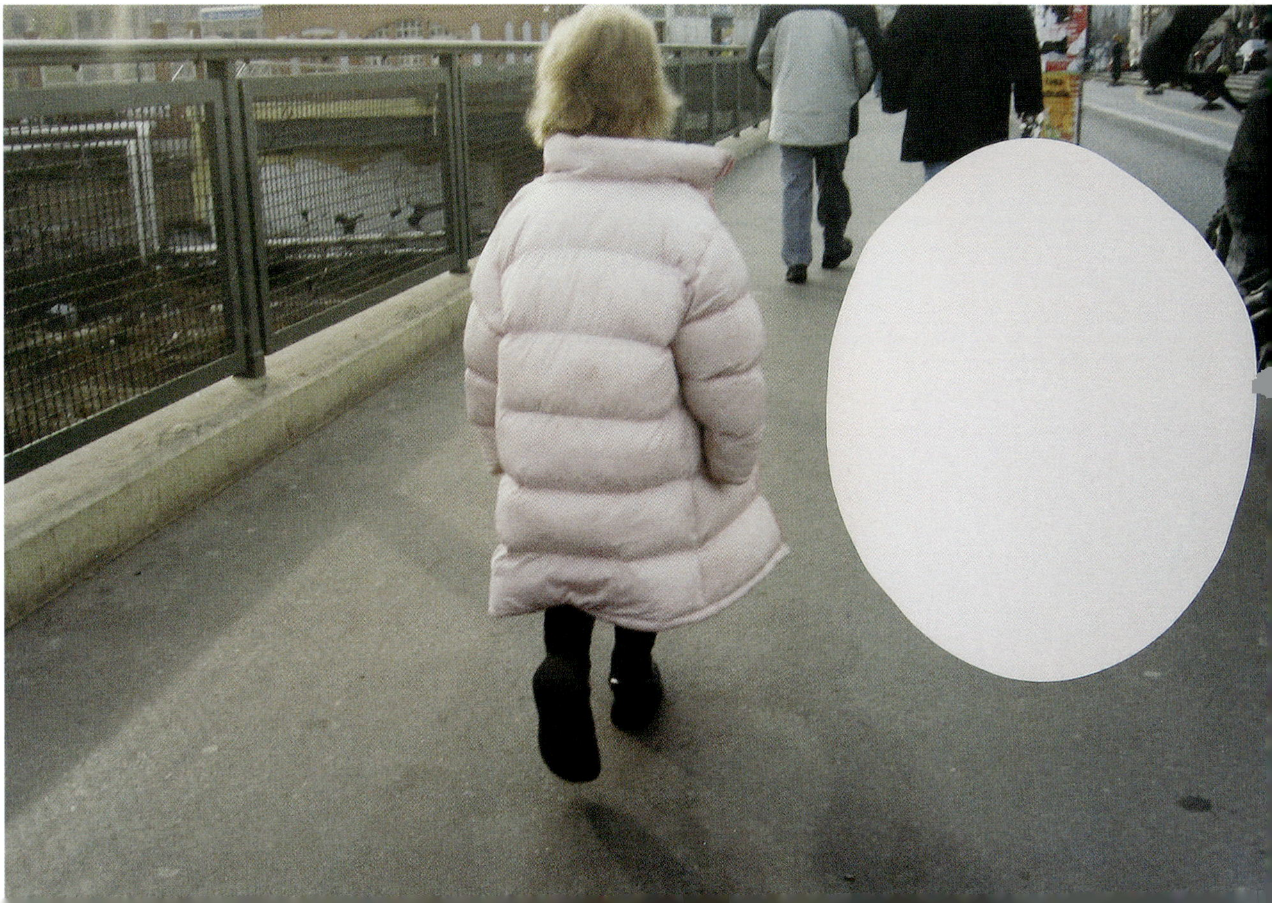

Wilhelm Beestermöller
· *Sans titre*

François Cadière

François Cadière vit et travaille à Berlin. Il fonde son processus de création et sa démarche artistique sur la notion de contraste. Les contrastes psychologiques entre passé et futur l'intéressent autant que les contrastes artistiques entre le dessin et la photo, les contrastes de genre entre les hommes et les femmes, entre les enfants et les adultes ou encore les contrastes historiques et géographiques entre le local et l'international. Toutes ces relations « d'écart » ont une importance majeure dans son travail car elles sont sources de sentiments et d'histoires nouvelles, inépuisables. *www.cadiere-art.com*

François Cadière · *Faila*

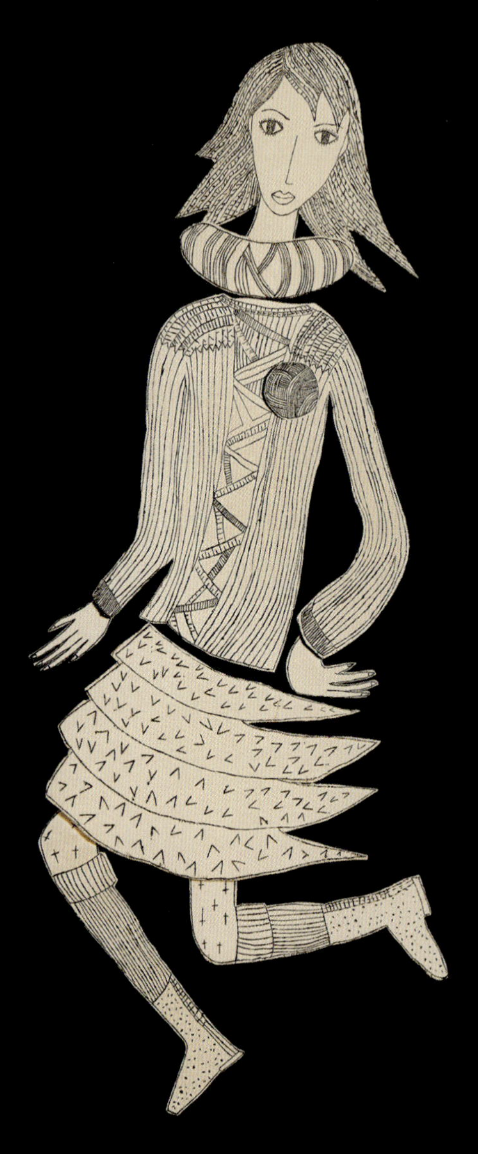

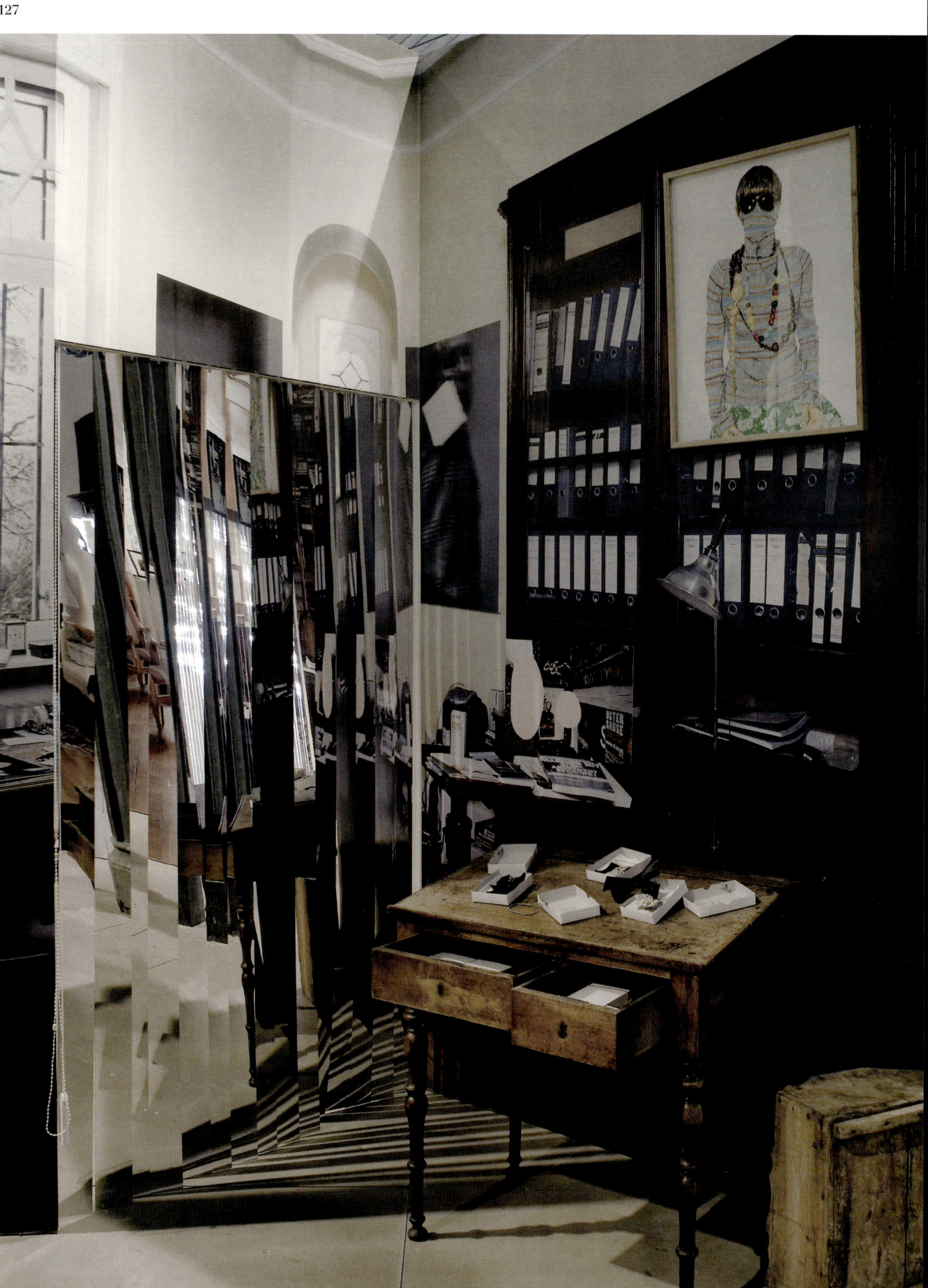

Sidi Larbi Cherkaoui et Hermès,
une histoire de rencontres

Ma rencontre avec la Maison Hermès remonte à 2004. Depuis cette première collaboration, nous nous sommes retrouvés annuellement autour de plusieurs créations. Je me reconnais dans le goût du détail et la sensibilité de leur travail. C'est un état d'esprit assez traditionnel, mais dans sa définition la plus noble. Leurs vêtements ont un sens de l'histoire. C'est une rencontre.
Le spectacle que nous présentons à Luxembourg en est une également. Sur scène, je suis rejoint par Sri Louise (Amérique) et James O'Hara (Australie), deux de mes danseurs et la chanteuse Cristina Branco qui m'a été présentée par Hermès, ainsi que ses musiciens. C'est la mélancolie qui m'unit à cette incroyable interprète de fado, une certaine idée du Sud. Il y a dans son chant le rythme de la mer, le mouvement perpétuel des vagues qui finissent immanquablement par se briser sur le rivage. Cette fluidité régit notre quatuor, c'est un moment simple emprunt de nostalgie.
J'apprécie énormément le cadre dans lequel se produisent ces événements Hermès. C'est une occasion généreuse, ces instants me font voir la danse comme quelque chose de très paisible.

Sidi Larbi Cherkaoui

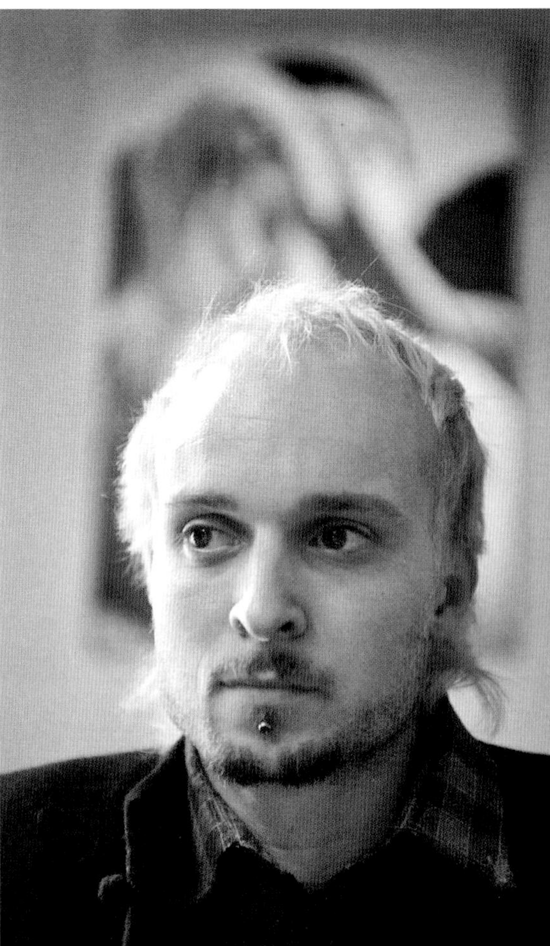

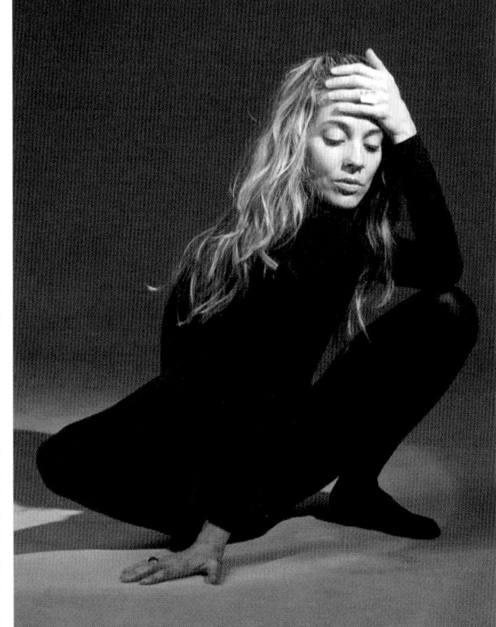

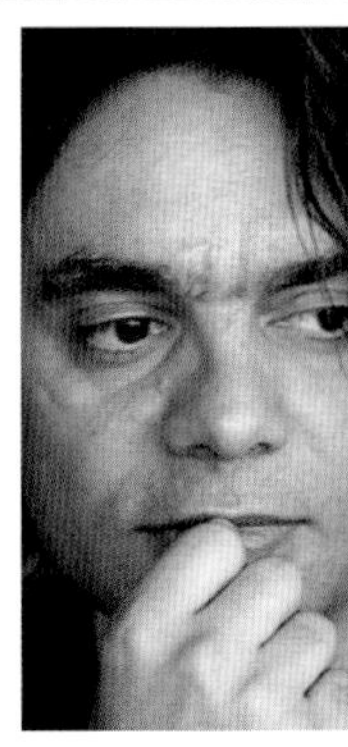

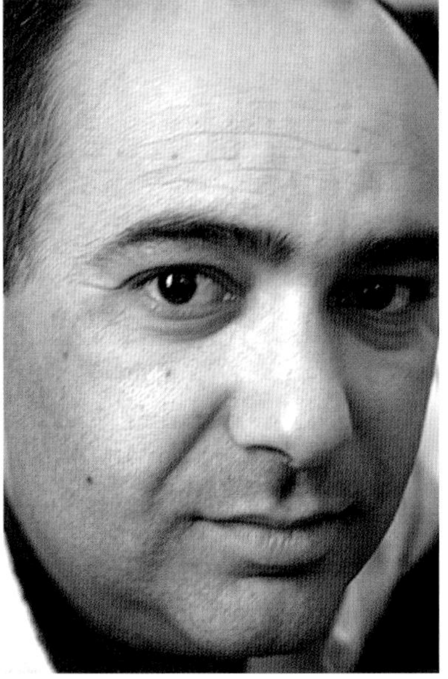

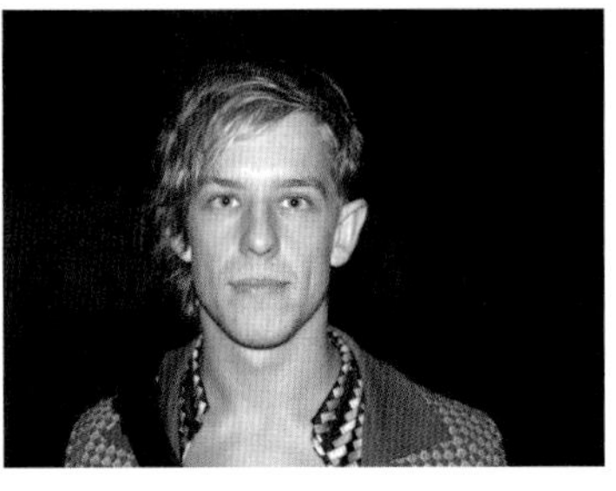

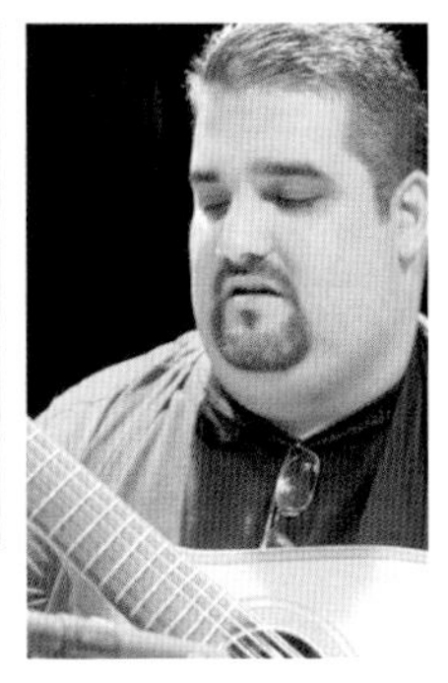

Hermès, le carrefour des arts

Créé par Jean-Louis Dumas il y a maintenant 25 ans pour
célébrer la naissance d'Hermès Japon, *le Salon de musique* est un
événement qui résonne intimement dans le cœur des clients les
plus fidèles de la maison. Lieu de découverte musicale, ces concerts
privés renouent avec la tradition du salon baroque et se vivent
comme un moment privilégié et amical. Après avoir exploré la
musique classique française, le jazz mais aussi la polyphonie, la
Maison Hermès réinvente son salon en y conviant la danse. Ce
mariage est apparu comme une évidence. Delphine Quoi,
coordinatrice de ces rencontres, explique : « le danseur a une
exigence et une rigueur similaires à l'artisan. Il a un savoir-faire
qui lui est propre. Nos artisans quant à eux s'investissent
corporellement dans leur ouvrage, leurs gestes sont presque dansés,
il faut voir la magie chorégraphiée du piqué sellier de l'aiguille.
Les bras virevoltent avec amplitude, les mains caressent et
retournent le cuir, c'est un vrai ballet. »
Sidi Larbi Cherkaoui, chorégraphe belge prodige au parcours impressionnant, a naturellement séduit Hermès par l'approche narrative
de son travail. Son univers luxuriant est un cocktail vivifiant de
danse, de théâtre et de musique jouée en direct sur scène. C'est
dans cette générosité de mouvements, de couleurs, de sons et, bien
évidemment, de sensations que s'est reconnue Hermès la conteuse,
l'institution qui raconte des histoires à travers ses créations. Entamé
en 2004, leur dialogue s'est transformé, au fil des années, en conversation grâce à l'implication d'artistes talentueux : Damien Jalet et
Daniel Larrieu, chorégraphes et interprètes ; Ophélie Gaillard,
violoncelliste ; Marie-Agnès Gillot, danseuse étoile de l'Opéra de
Paris ; Jiri et Otto Bubenicek, danseurs étoiles des Ballets
d'Hamburg ; et Cristina Branco, chanteuse portugaise au répertoire
mi-traditionnel mi-contemporain. En 2006, cette dernière retrouve
Sidi Larbi Cherkaoui, cette fois-ci accompagné par deux de ses
danseurs, l'Australien James O'Hara et l'Américaine Sri Louise.
Pour Hermès et *Dysfashional*, ce quatuor éphémère se reforme
le temps d'une représentation exceptionnelle, véritable fête scénique
et carrefour des arts les plus enjôleurs.

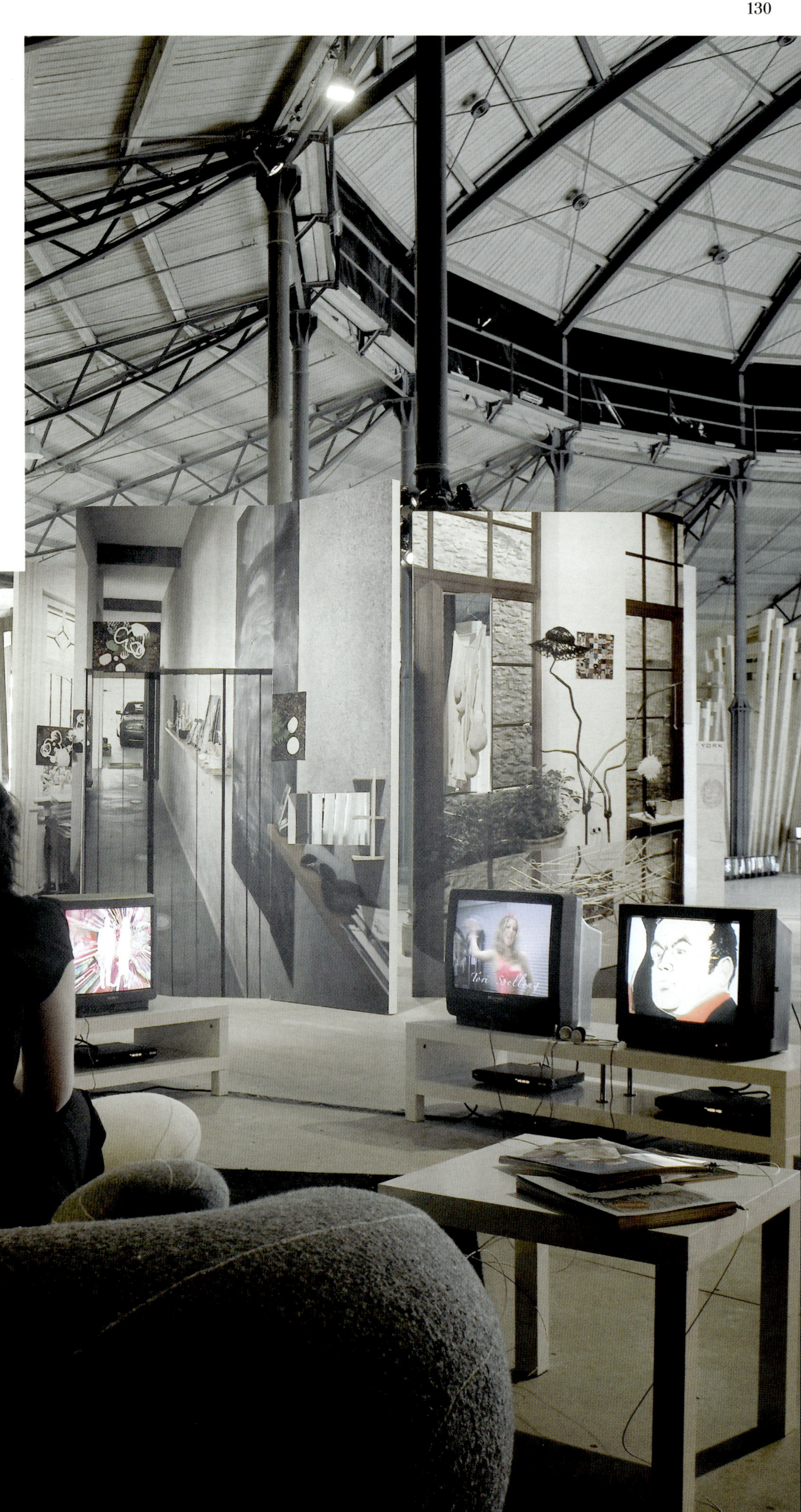

Films de Mode
En Collaboration avec le Festival
You Wear It Well
de Diane Pernet et Dino Dinco
(programmation 2007)
Remerciements à Antoine Asseraf

Vidéos Danse
Three girl's matter de Julie Nioche
Shirtologie de Jérôme Bel
100 % polyester
(Objet dansant à définir n°…) de
Christian Rizzo / Caty Olive

Magazines De Mode /
Luxe / Lifestyle
Colophon 2007
International Magazine
Symposium

Festival luxembourgeois, né à l'initiative
d'Andrew Losowsky, Jeremy Leslie et
Mike Koedinger, consacré aux magazines
d'art, de mode, de luxe et de lifestyle
www.colophon2007.com

Lounges

Répartis dans l'espace de la Rotonde, les Lounges, conçus par le designer d'intérieur Tony Lemâle, et composés de fauteuils de créateurs et de moniteurs vidéo, mettent à disposition des visiteurs une programmation vidéo mêlant danse, arts plastiques et mode mais aussi des publications de mode, d'art et de design consultables sur place. La programmation des Lounges est choisie en partenariat avec le festival Colophon 2007 et le festival de film de mode *You Wear it Well.*

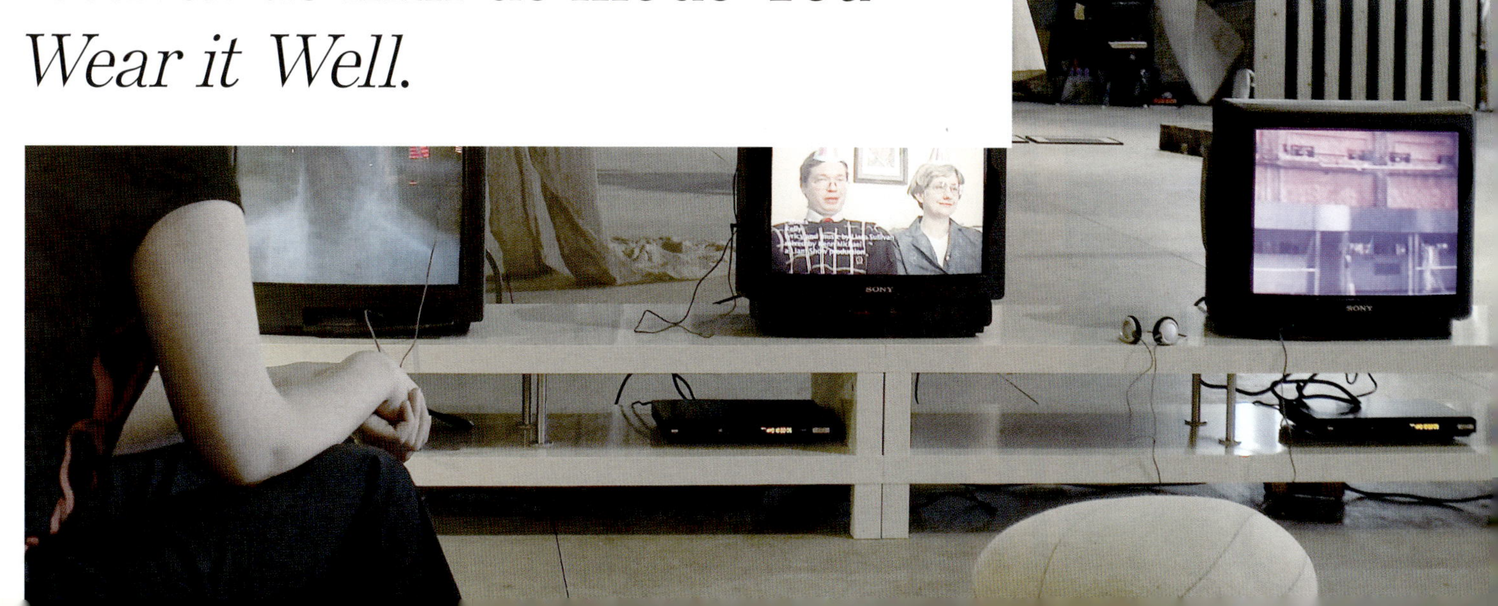

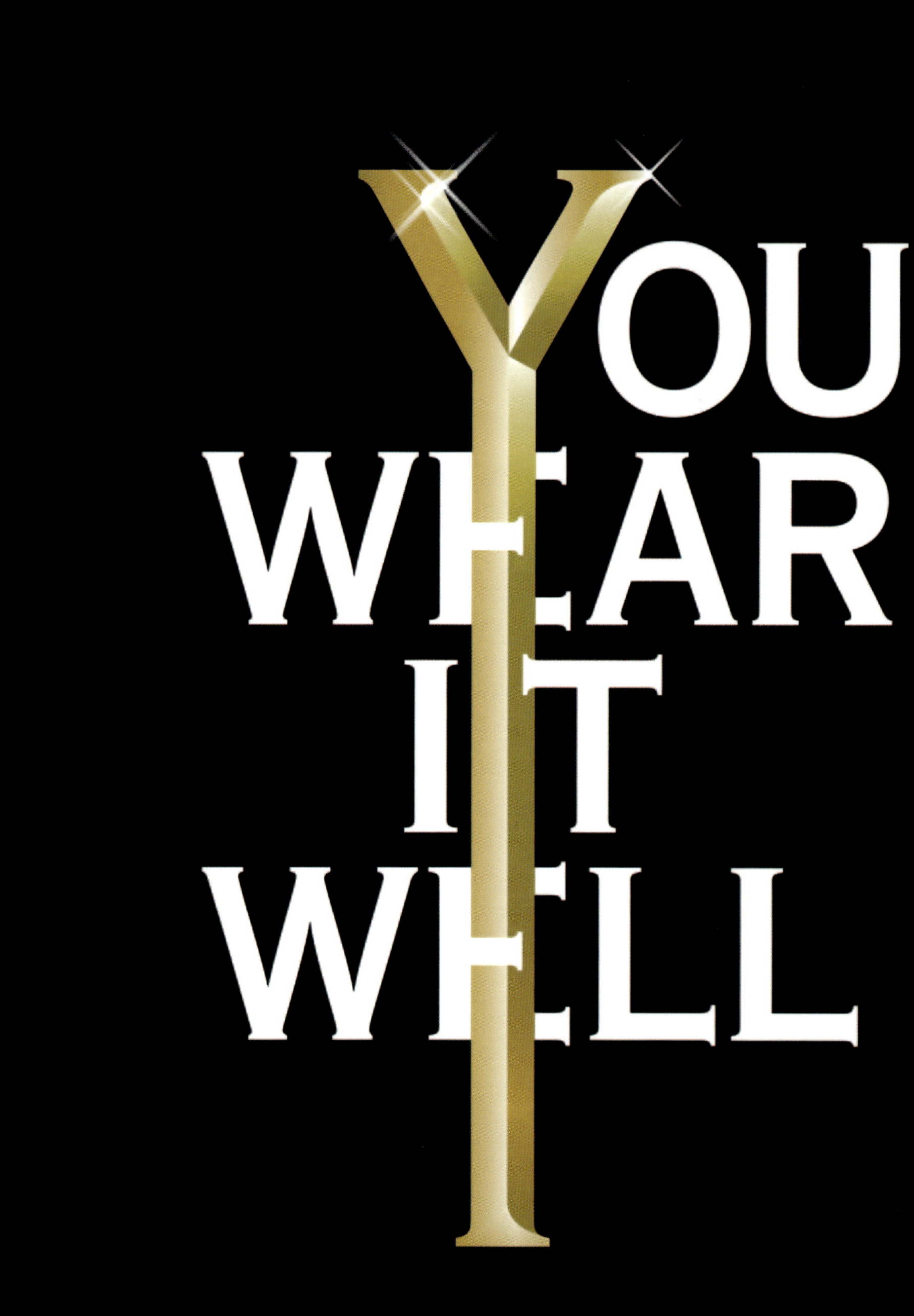
YOU
WEAR
IT
WELL

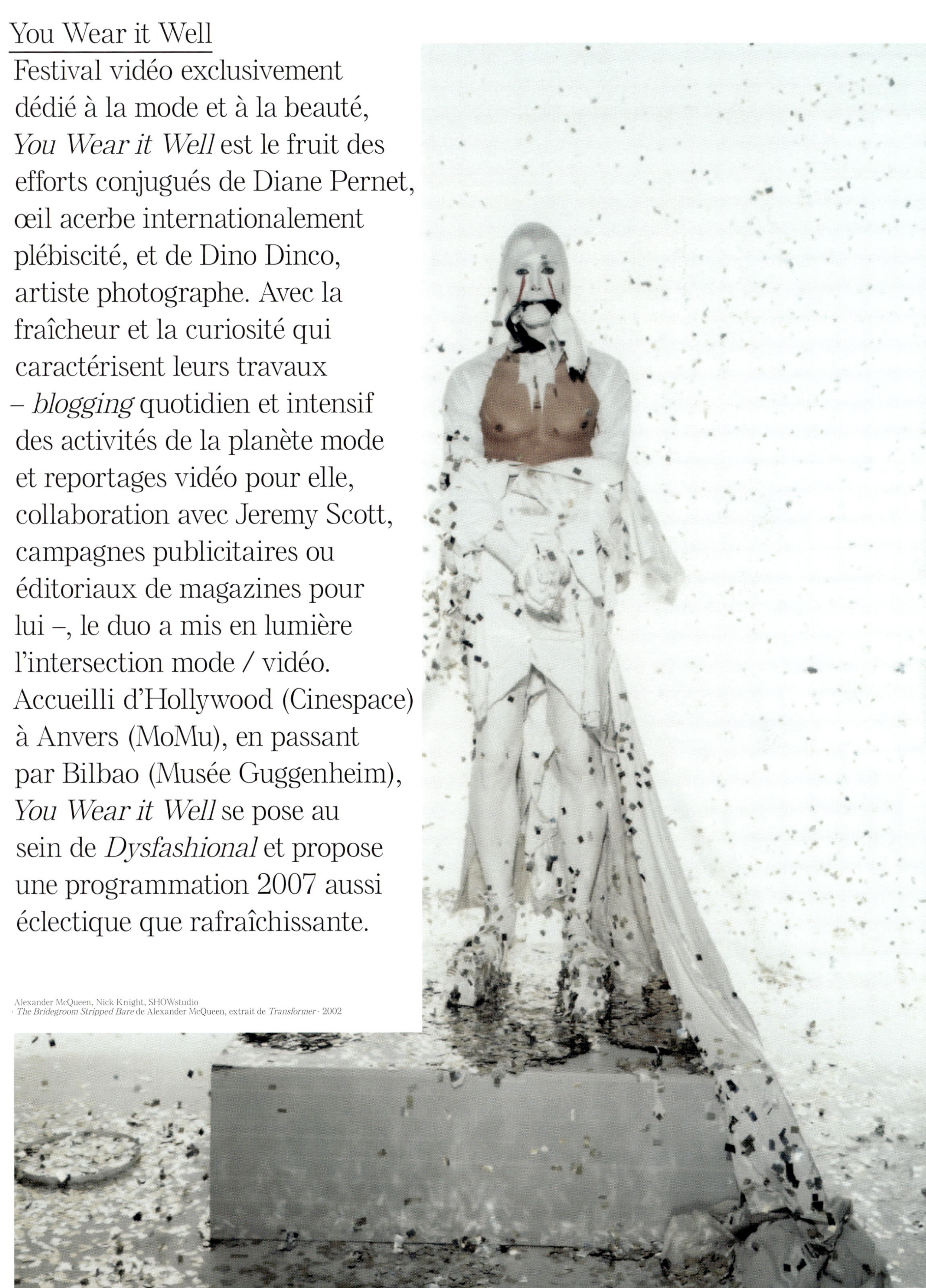

<u>You Wear it Well</u>
Festival vidéo exclusivement
dédié à la mode et à la beauté,
You Wear it Well est le fruit des
efforts conjugués de Diane Pernet,
œil acerbe internationalement
plébiscité, et de Dino Dinco,
artiste photographe. Avec la
fraîcheur et la curiosité qui
caractérisent leurs travaux
– *blogging* quotidien et intensif
des activités de la planète mode
et reportages vidéo pour elle,
collaboration avec Jeremy Scott,
campagnes publicitaires ou
éditoriaux de magazines pour
lui –, le duo a mis en lumière
l'intersection mode / vidéo.
Accueilli d'Hollywood (Cinespace)
à Anvers (MoMu), en passant
par Bilbao (Musée Guggenheim),
You Wear it Well se pose au
sein de *Dysfashional* et propose
une programmation 2007 aussi
éclectique que rafraîchissante.

Alexander McQueen, Nick Knight, SHOWstudio
· *The Bridegroom Stripped Bare* de Alexander McQueen, extrait de *Transformer* · 2002

Entretien avec Diane Pernet

Comment vous est apparue la nécessité de créer un festival consacré aux films de mode ?
J'aime l'image en mouvement et je suis intéressée par le point d'intersection de la mode et du film. Je fais personnellement des vidéos-mode depuis 7 ans et mon travail est diffusé à côté de celui d'autres réalisateurs depuis quelques années. Dino Dinco et moi avons décidé que le moment était venu de créer *You Wear it Well*, le premier festival vidéo consacré à ce genre.

You Wear it Well réunit quelques grands noms de la mode et du spectacle. Pouvez-vous nous en citer quelques-uns ?
En mai dernier, nous avons reçu des films inspirants de Nick Knight/SHOWstudio, avec Alexander Mc Queen, Maison Martin Margiela (créateur, Paris), Ruben Toledo (illustrateur / réalisateur, New York), Jeremy Scott (créateur, Los Angeles), Bernhard Willhelm (créateur, Paris), Marcelo Krasilcic (photographe / réalisateur) Jean-Charles de Castelbajac (créateur, Paris), Patrik Soderstam (créateur suédois), Twotom (créateur, Paris) ainsi que de nombreuses autres personnalités.

Quels sont les films les plus plébiscités par le public ?
Shoes de Liam Sullivan ! C'est un clip musical de Liam qui se met en scène au travers du personnage de Kelly. C'est une adolescente rebelle qui n'aime pas le cadeau d'anniversaire que lui offrent ses parents. Elle décide donc d'obtenir ce qu'elle désire réellement : des chaussures ! C'est une vidéo plutôt hilarante.
Il y a aussi un des films que j'ai réalisé avec Disciple Films. Il est consacré à Bernhard Willhelm. L'idée derrière la série des *Chapelles* (dont est tiré ce film) était d'élargir les paramètres qui définissent les vidéos de mode. L'idée du film m'est apparue alors que j'interviewais Bernhard. Il me disait à quel point il était important pour lui d'avoir un repas chaud tous les jours. C'est de là qu'est venue notre envie de « cuisiner la mode » et de mélanger la fiction à la réalité.

Quel est votre coup de cœur parmi ces films ?
Étant du signe de la balance, je peux difficilement ne choisir qu'un seul film. Je citerai donc les deux propositions de Marcelo Krasilcic, *Myself* et *VPL*. Elles sont très différentes. J'apprécie *Myself* pour sa définition essentielle de la mode : la mode est là lorsque les choses fonctionnent entre elles, lorsque l'on porte un vêtement et que l'on s'y sent bien. Le concept de la vidéo est simple : Chloe Sevigny essaie des fringues, et elle atteint pratiquement un orgasme alors qu'elle enfile un vêtement du label Myself. *VPL* met en scène, quant à lui, deux actrices d'apparence banale, portant des sous-vêtements *VPL*, qui ne sont pas du tout glamours. J'aime leur manière chaotique de communiquer, la manière dont elles utilisent le langage corporel pour s'exprimer. J'aime aussi le fait qu'il n'y ait aucune bande sonore.
Parmi les films que j'affectionne, il y a aussi *Dress Code : Tenue de Cocktail* de Patricia Canino et Sergei Pescei. Je trouve cette vidéo très provocatrice, fraîche et nostalgique. C'est indiscutablement une manière raffinée de montrer de splendides robes *vintage*.
Chaque film de *You Wear it Well* a sa propre identité. Certains ont été créés spécialement pour le festival, d'autres ont leur propre histoire. Prenons l'exemple de *19 Cafés* de la Maison Martin Margiela. Plutôt que d'avoir recours au défilé traditionnel, le créateur a décidé de montrer sa collection à travers un film diffusé simultanément dans dix-neuf cafés parisiens. Ça a été une expérience plutôt drôle. Certains patrons et clients de ces établissements – qui n'avaient pour la plupart strictement aucun rapport avec le monde de la mode – sont restés pour regarder la vidéo. Une femme à ma table m'a demandé si ce que nous étions en train de voir était le travail d'un étudiant. Je pense que la Maison Martin Margiela a dû apprécier le commentaire : en effet, avec plus d'une vingtaine d'années de création à son actif, elle a su maintenir une certaine fraîcheur !

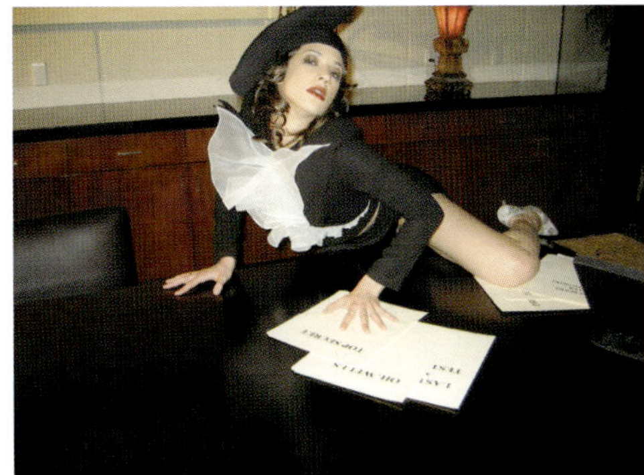

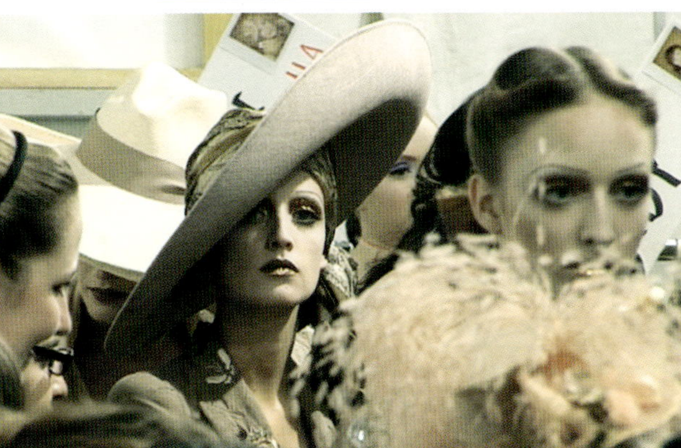

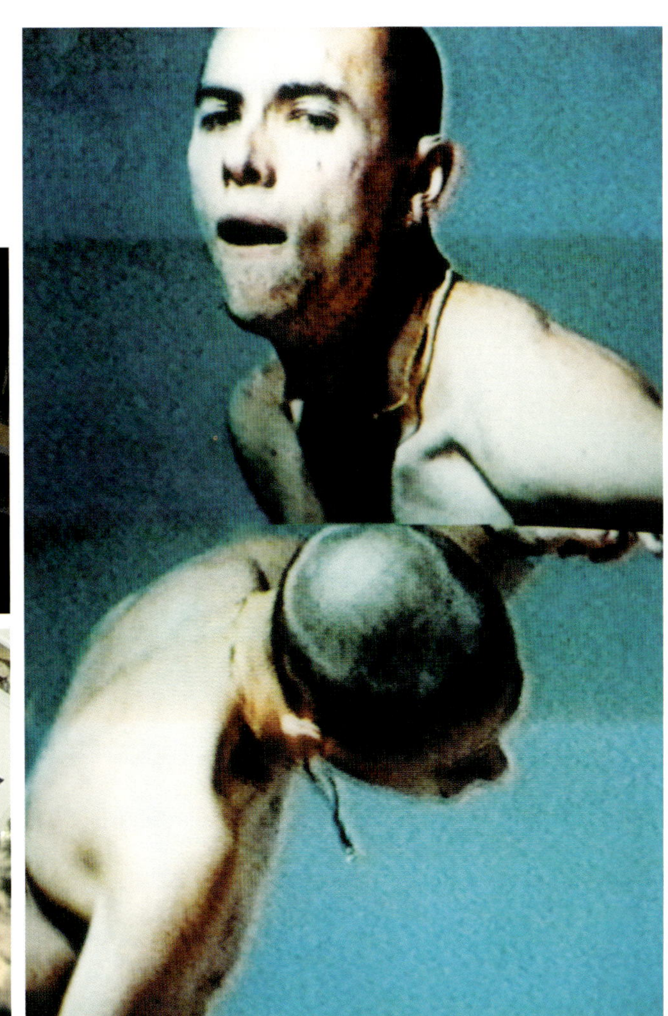

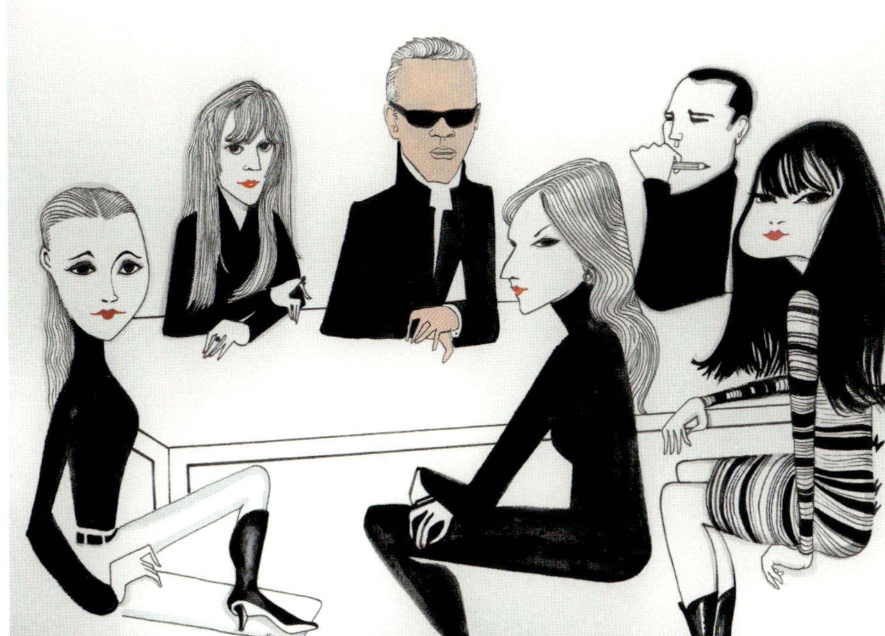

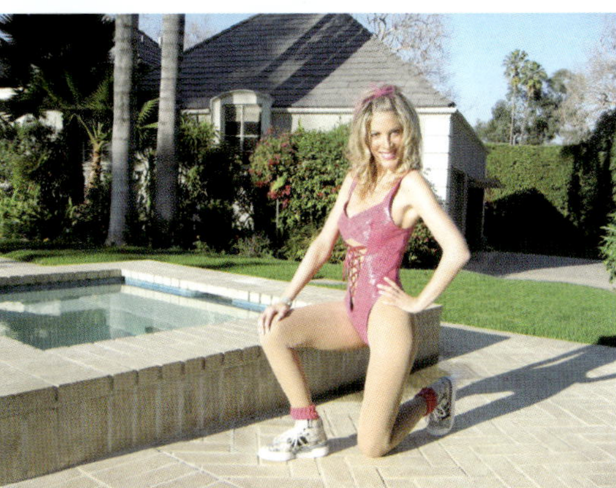

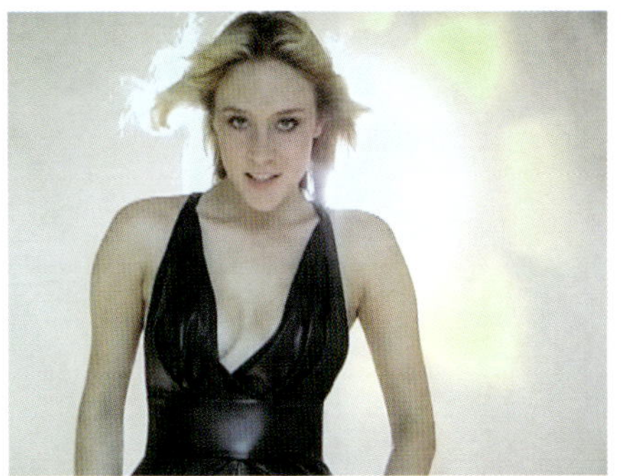

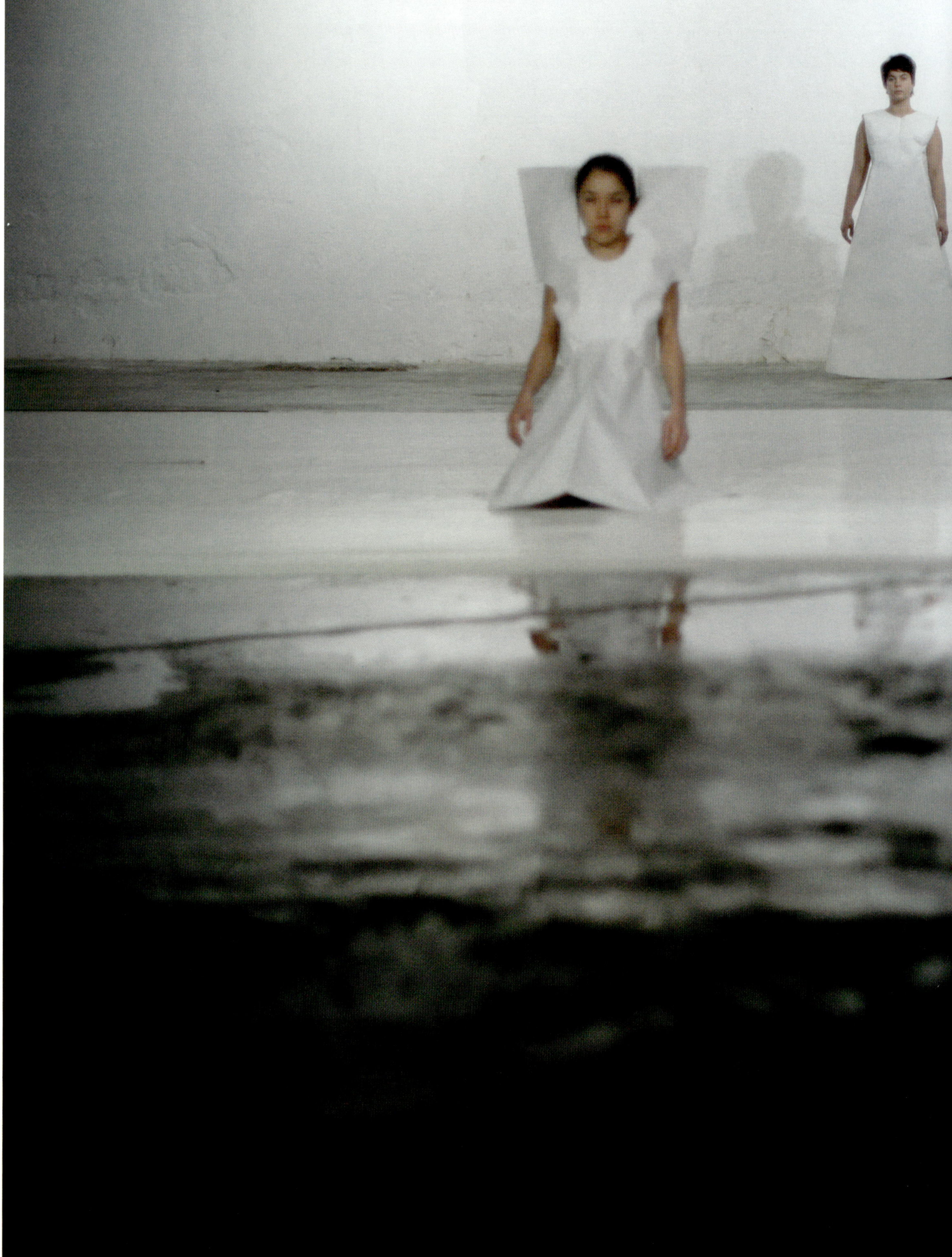

Three girl's matter (2007), Julie Nioche

Three girl's matter est une étape dans le processus de création de Matter, projet réalisé par la chorégraphe Julie Nioche. Cette étape de travail a eu lieu en janvier 2007 à la Ménagerie de Verre à Paris, avec trois des cinq danseuses chorégraphes engagées dans le projet. *Matter* est une mise en lien entre artistes tous engagés pour une place utopique du « sensible - sensuel » dans la société, le rassemblement de cinq femmes danseuses et chorégraphes (Mia Habib, Filiz Sizanli, Bouchra Ouizguen, Rani Nair et Julie Nioche) qui travaillent à révéler leurs identités à travers la dilution des couches superficielles devenues vêtements éphémères : la créatrice de mode Nino Chubinishvili donne une peau aux fantômes de toutes ces femmes avec des costumes en papier qui disparaissent dans l'eau ; l'architecte Virginie Mira et le réalisateur Sylvain Giraudeau s'attachent à créer les dispositifs aquatiques qui infiltrent l'espace et les corps avec l'eau ; et le musicien Alexandre Meyer fait écho aux différentes musicalités propres à chacune des performeuses. La création de *Matter* est prévue pour l'année 2008.

Réalisation vidéo : Laure Delamotte Legrand
en collaboration avec Julie Nioche
Avec Mia Habib, Filiz Sizanli et Julie Nioche
Costumes : Nino Chubinishvili
Dispositif scénique : Virginie Mira et Sylvain
Giraudeau
Lumières : Laure Couturier
Musicien : Alexandre Meyer

Le projet *Matter* est produit par l'association
Fin Novembre (http://www.finnovembre.org).
Coproducteurs : la Ménagerie de Verre, Paris, et
le Centre d'Art contemporain Le Consortium /
département des Nouvelles Scènes, de Dijon.
Avec le soutien de Cultures France, de l'Institut
français d'Istanbul, de l'Institut français de
Marrakech.

Remerciements : Centre culturel français d'Oslo ;
Studio Wee ; Compagnie Francesco Scavetta,
Oslo ; association Catì de danse contemporaine,
Istanbul ; Université d'Istanbul ; association Anania,
Marrakech.

L'association Fin Novembre est dirigée par Julie
Nioche et Rachid Ouramdane. Elle est soutenue par
le Ministère de la Culture et de la Communication /
DRAC Île de France, au titre de l'aide aux compagnies
chorégraphiques conventionnées, ainsi que par
Cultures France pour ses projets à l'étranger.
L'association Fin Novembre est en résidence à la
Ménagerie de Verre à Paris.

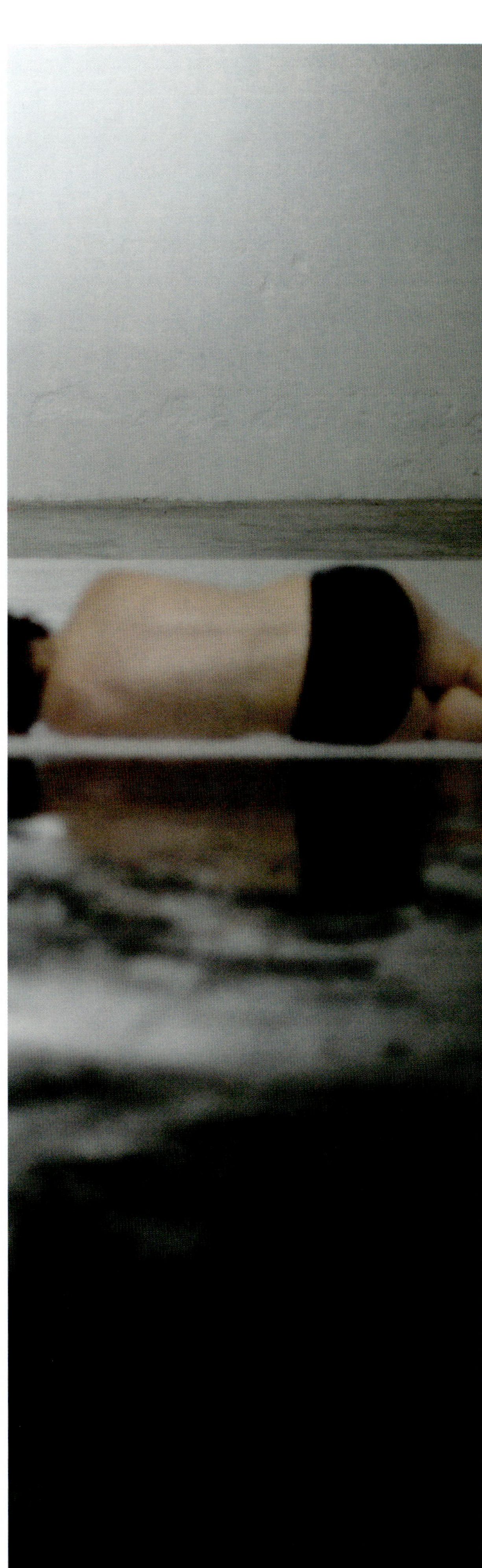

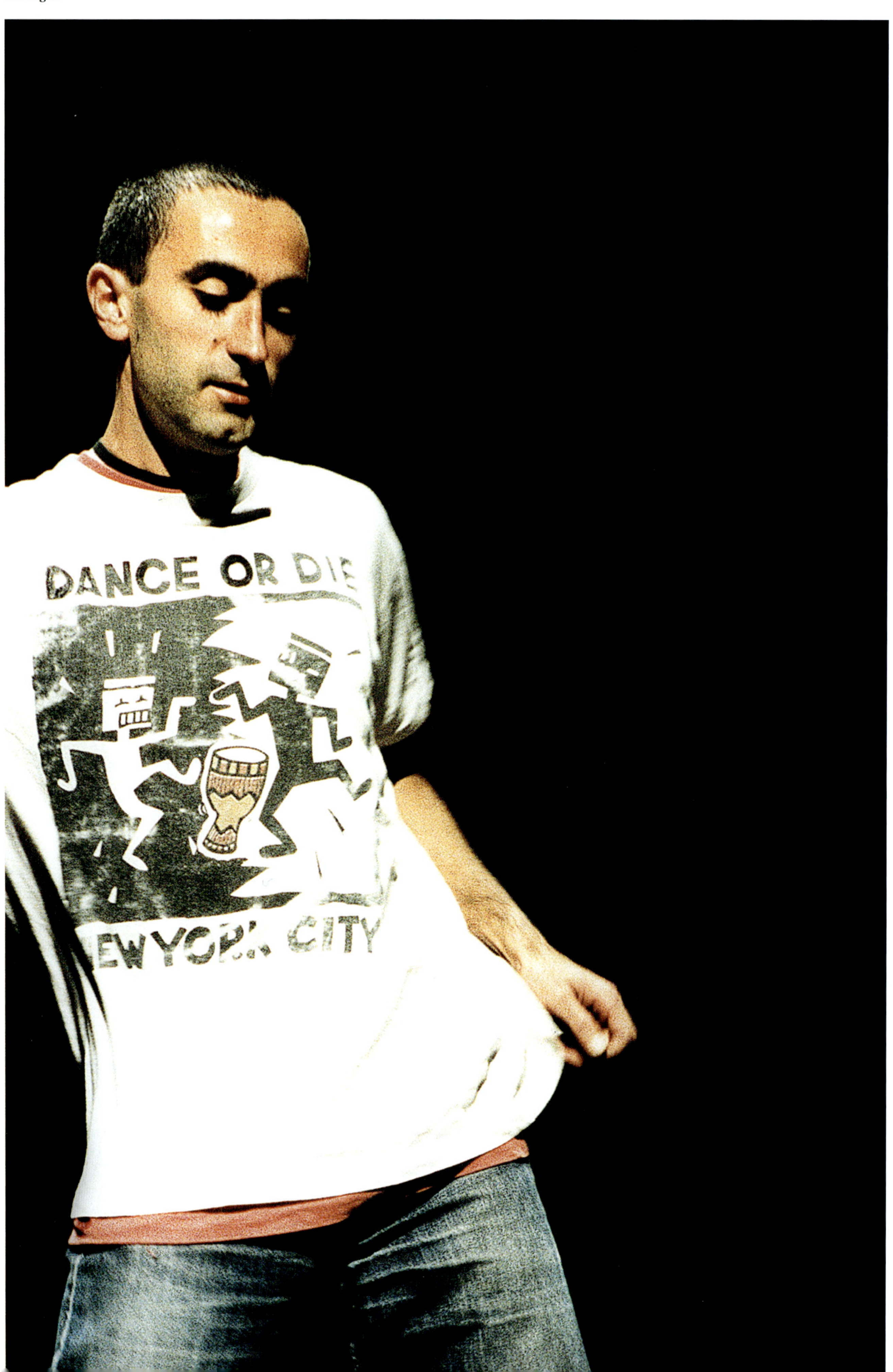
DANCE OR DIE
EW YORK CITY

Shirtologie (1997), Jérôme Bel

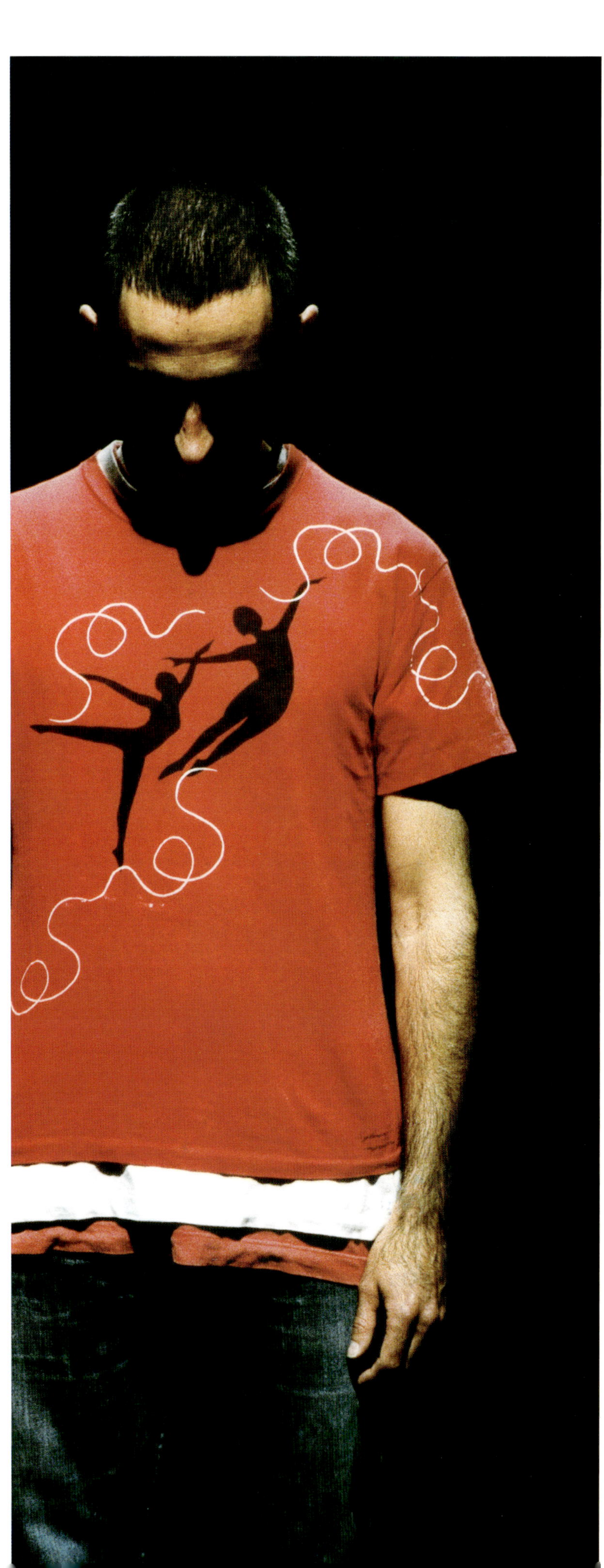

« La langue est une institution sociale,
indépendante de l'individu, c'est une
réserve normative dans laquelle
l'individu puise sa parole, c'est un
système virtuel qui ne s'actualise que
dans et par la parole ». La parole est
un acte individuel, « une manifestation
actualisée de la fonction de langage »,
langage étant un terme générique
qui comprend la langue et la parole.
Il semble extrêmement utile de
distinguer d'une façon analogue dans
le vêtement, une réalité institutionnelle,
essentiellement sociale, indépendante de
l'individu, et qui est comme la réserve
systématique, normative, dans laquelle
il puise sa propre tenue ; nous proposons
d'appeler cette réalité, qui correspond
à la langue de Saussure, le *costume* ; et
une réalité individuelle, véritable acte
de « vêtement », par laquelle l'individu
actualise sur lui l'institution générale
du costume ; nous proposons d'appeler
cette seconde réalité, qui correspond à
la parole chez Saussure, *l'habillement.*
Costume et habillement forment un
tout générique, auquel nous proposons
désormais le nom de *vêtement* ».

Roland Barthes in *Annales* « Histoire et sociologie du vêtement », juillet-
septembre 1957

Bien qu'il ait une formation de choréo-
graphe, Jérôme Bel oublie l'essentiel
de la danse, comme si, à travers
l'oubli, quelque chose d'autre pouvait
être possible. Travaillant dans un
langage de mouvement et d'image qui
pourrait être décrit comme une sorte
de minimalisme délicat, empreint
d'humanité, ses intérêts se situent juste
au point de rencontre insaisissable
et évocateur entre le physique et le
philosophique – le corps lui-même et
les procédés par lesquels une présence
sur scène se compose, les processus

du langage et la relation du langage aux objets (animés ou inanimés), le processus par lequel la narration (ou le sens) est construite à travers l'utilisation des objets (animés ou inanimés) dans le temps et l'espace. (…) Les tee-shirts d'occasion – remplis de slogans de tous les jours, logos, icones et images de la culture capitaliste internationale, la plupart dépassés ; slogans pour des produits ou des idées dont on ne se souvient pas si bien, nombres et dates (festivals, occasions), statistiques, blagues, visages, exhortations, avertissements, demandes. Dans Shirtologie, pièce aussi ludique que minimaliste, il est « simplement » question de déploiement des personnes et des tee-shirts dans des combinaisons et des dispositions – structures dans le temps, images dans l'espace. Le travail de la pièce est celui de l'habillement et de l'apparence – changer de vêtements, présenter quelqu'un, en tee-shirt – le corps vêtu, toujours en langage, le plus souvent en silence –, la conversation fragmentée des slogans écrits sur des tee-shirts voisins.

Tim Etchells in *Certain fragments*. Éd. Routledge

Conception et mise en scène : Jérôme Bel
Création : Lisbonne, 22 février 1997,
Centro Cultural de Belem
Interprétation : Frédéric Seguette
Production : Centro Cultural de Belem (Lisbonne),
Victoria (Gand), R. B. Jérôme Bel (Paris)
Durée : 25 minutes en trois parties
Partenaires : R. B. reçoit le soutien de la Direction
régionale des Affaires culturelles d'Ile-de-France
Ministère de la Culture et de la Communication, au
titre de l'aide aux compagnies chorégraphiques et de
Cultures France - Ministère des Affaires étrangères
pour ses tournées à l'étranger.
Administration : Sandro Grando

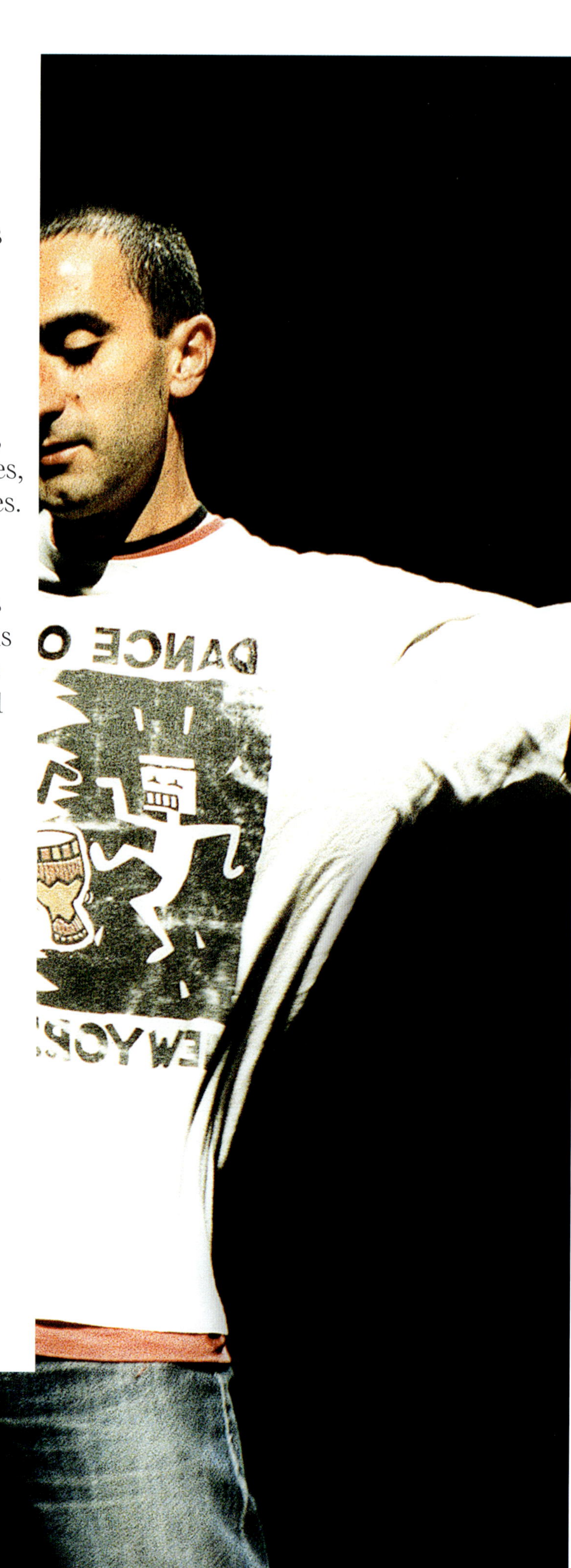

Jérôme Bel · *Shirtologie* · 1997

100 % polyester (1999)
(Objet dansant à définir n°…),
Christian Rizzo / Caty Olive

« Ce monde tel que nous le voyons
est en train de passer. »
Paul de Tarse

« L'origine du projet *Objet dansant à
définir n°…* vient de l'envie de pouvoir
présenter une danse où le corps matière
est absent. Je voulais rendre visible
une idée « dansante » qu'un temps de
contemplation/hypnose amènerait à
un cheminement imaginaire et/ou à
une réflexion sur l'absence… C'était
aussi la volonté de réunir mes activités
principales (mouvement, costume, son)
en un seul et même projet. L'image
du vent dans les rideaux à l'heure
de la sieste, l'idée des fantômes de
chacun, le livre de Paul Virilio
Esthétique de la disparition, (peut-
être certains mobiles de mon enfance)
m'ont accompagné et m'accompagnent
encore aujourd'hui dans cette pièce.
Objet dansant à définir n°… est un
projet qui tient sur la fragilité et la
simplicité de la proposition. Il me paraît
donc important de re-contextualiser
l'objet à chaque représentation.
Ainsi, *l'accrochage / le temps / le
déroulement / la matière* sont modifiés
en fonction du lieu architectural. »
Christian Rizzo

Conception et son : Christian Rizzo
Installation lumière : Caty Olive
Durée : 15 min
Remerciements : Mannux, Pascale Paoli, Catarina
Campino, Emmanuelle Huynh, João Fiadero / lab7 et
l'équipe de la Ménagerie de Verre. L'association fragile
est soutenue par la Direction des Affaires culturelles
d'Île-de-France - Ministère de la Culture et de la
Communication au titre de l'aide aux compagnies
chorégraphiques conventionnées et par Cultures
France pour ses tournées à l'étranger.

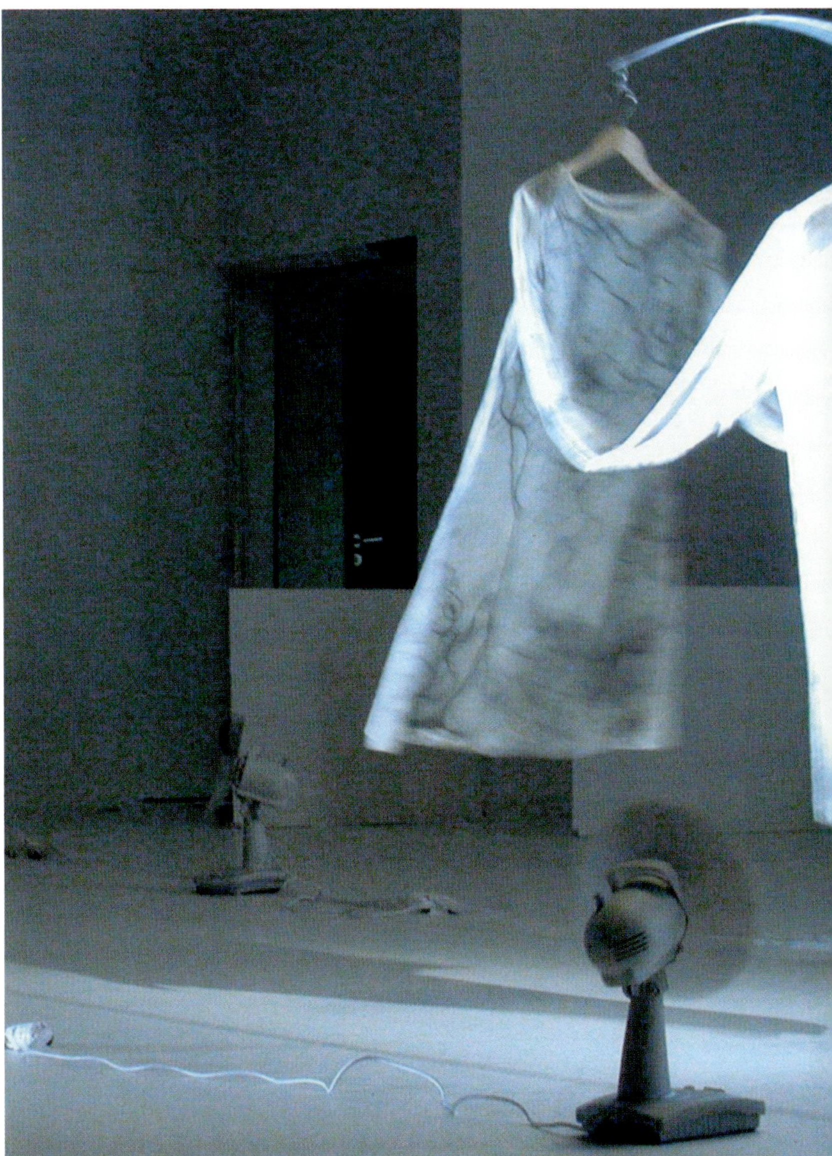

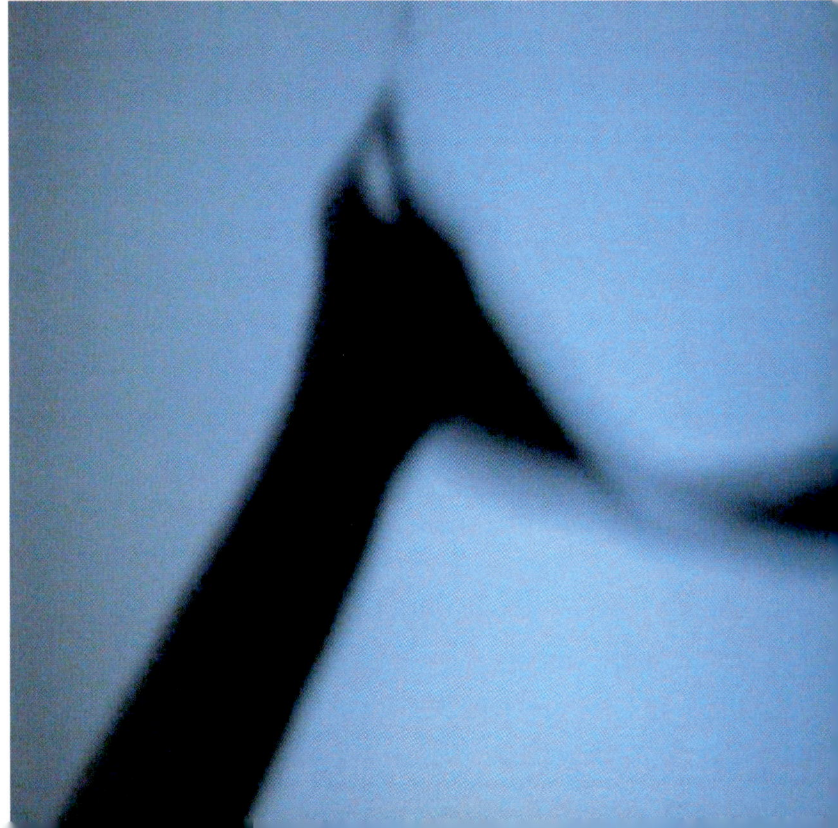

Christian Rizzo & Caty Olive - 100% polyester (Objet dansant à définir n°…)

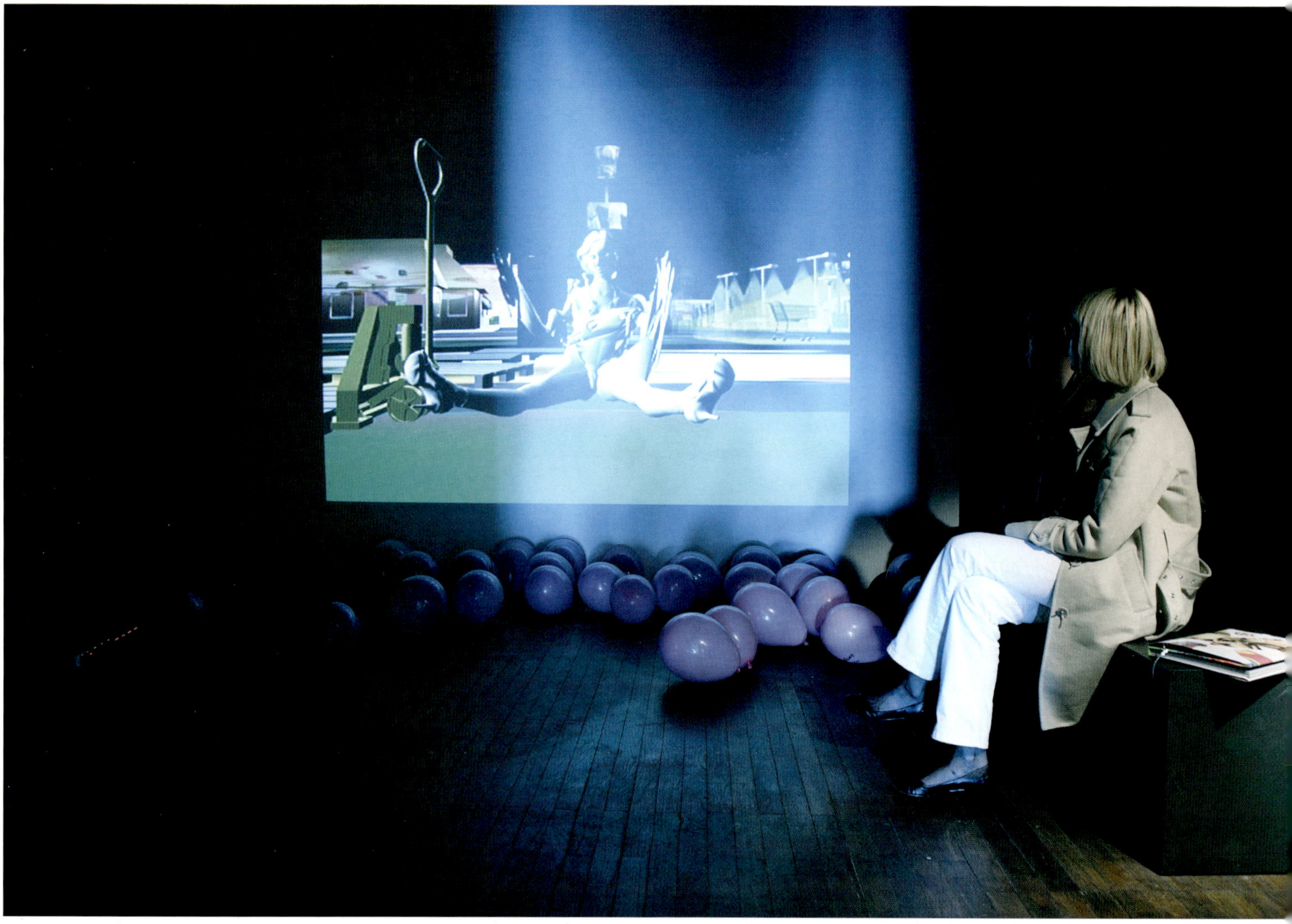

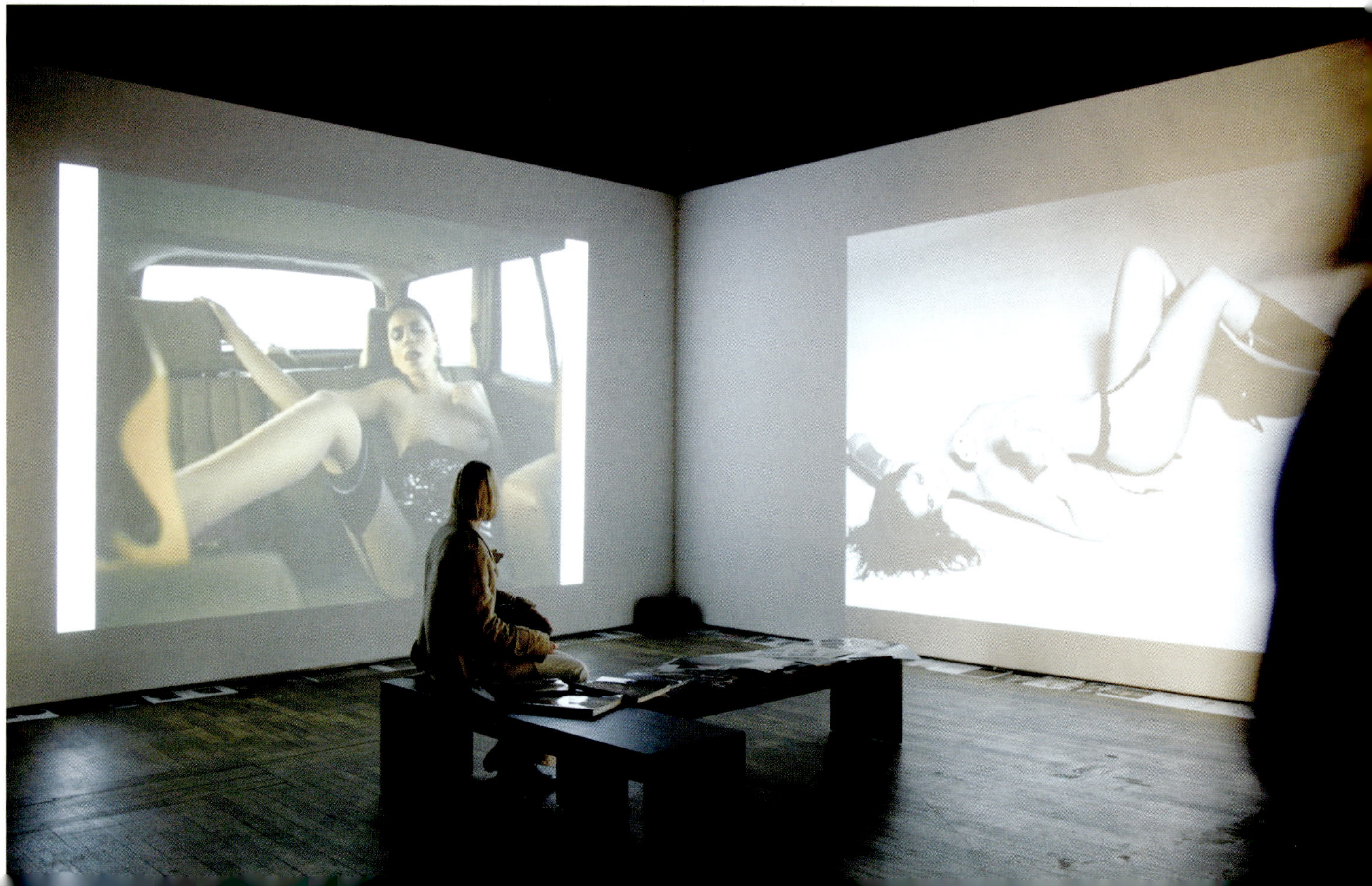

Après le succès de sa première
édition en mars 2007, Colophon –
International Magazine Symposium
(www.welovemags.com) travaille
actuellement sur le second événement
prévu pour 2009. D'ici là, le site web
www.welovemags.com continue à se
développer en tant que plus importante
base de données en ligne répertoriant
plus de 1.300 magazines de « pop
culture », un véritable centre de
ressources et une plate-forme pour
"magazine makers and –lovers". Le livre
We Love Magazines est paru en mars
2007 (approx. 400 pages). Pour
Dysfashional, Colophon a sélectionné
des magazines qui au-delà de reporter
des tendances influencent sans doute
le milieu de la création de mode.

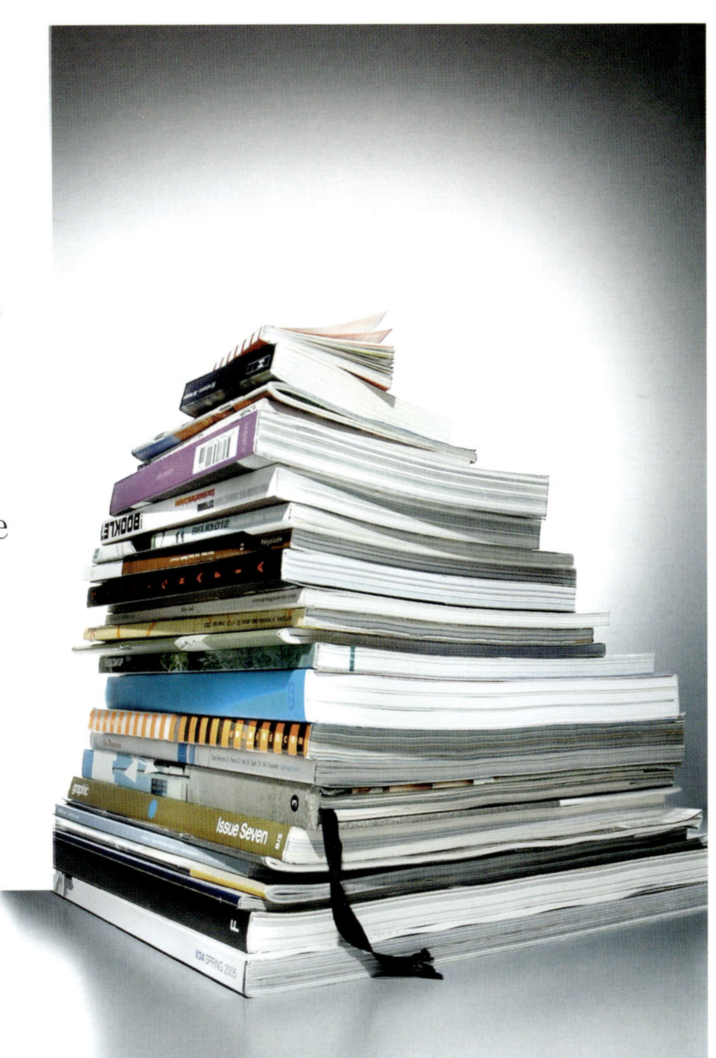

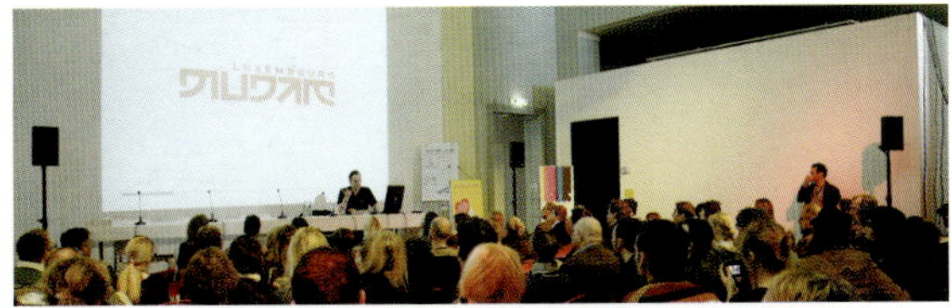

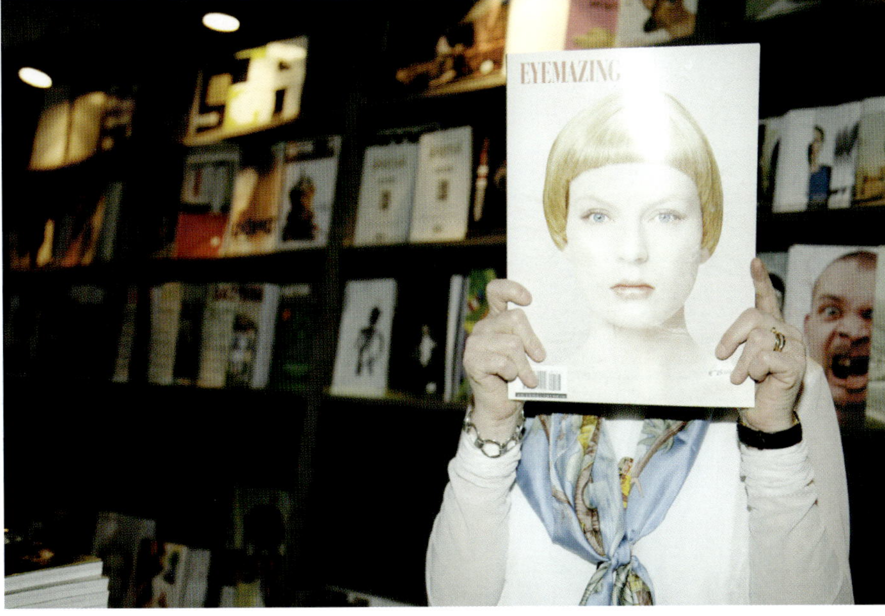

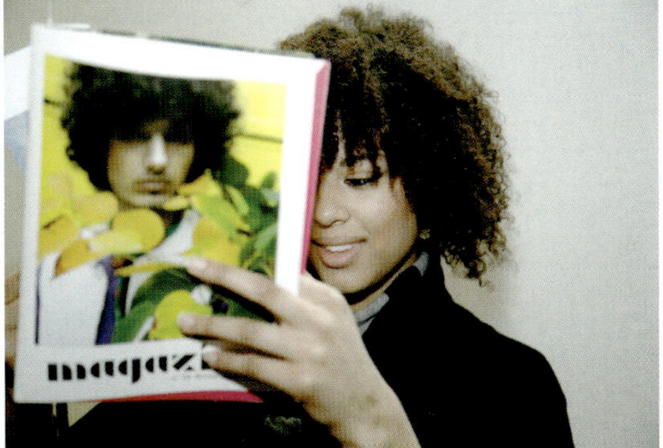

Crédits

Couverture
Direction Artistique : Stéphane Delgado & Alexandra Ruiz @ ArtList
Hair & make-up : Valeria Fereira
Photo © Alfredo Piola @ ArtList

Page 2-4
Photo © André Morin

Page 14
Daniel Firman · *Clementine* · 2007
Courtesy Galerie Alain Gutharc · Photo © Marc Domage

Page 16/17
Daniel Firman · *Esther* · 2006
Courtesy Galerie Alain Gutharc · Photo © Marc Domage

Page 18
Boris Charmatz · *Con forts fleuve* · 1999
Sur la photo: Catherine Legrand · Photo © Jean-Michel Cima

Page 19
Christian Rizzo · *Et pourquoi pas,
"bodymakers", "falbalas", "bazaar", etc, etc...?* · 2001
Photo © Laur Meyrieux / L'association Fragile

Page 21
Christian Rizzo et Rachid Ouramdane · *Skull*Cult* · 2002
Courtesy Fin Novembre · Photo © Patrick Imbert

Page 22/23
Gilles Jobin · *The Moebius Strip* · Photo © Manuel Vason

Page 24
Antonio Marras
· *Défilé Femme A/ H* · 2007-2008
Inspirée de l'oeuvre théâtrale d'Ibsen *Casa di Bambola*.
· *Eleonora, collection A/H* · 2003-2004
Inspirée d'Eleonora d'Arborea, souveraine illuminée et personnage politique de la
Sardaigne du Moyen-Age. Longue robe en satin noir, avec une très longue traîne
et des décorations métalliques.
· *Finale, collection P/E* · 2006

Hussein Chalayan · *Collection "one hundred and eleven"*
Courtesy of Galerist · Photo © Chris Moore

Gaspard Yurkievich
· *Collections Homme et Femme P/E* · 2007 · Photo © Marc de Groot
· *Collection Femme A/H* · 2007/2008 · Photo © Shoji Fujii
· *Collection Femme P/E* · 2006 · Photo © Marc de Groot
· *Collection Homme P/E* · 2006 · Photo © Marc de Groot

Raf Simons
· *Collection P/E* · 2006 · Photo © Giovanni Giannoni
· *Collection P/E* · 2005 · Photo © Etienne Tordoir

Page 29
Hussein Chalayan · *Collection airborne A/H* · 2007
Courtesy of Galerist · Photo © Chris Moore

Page 30/31
Photo © André Morin

Page 32/33
Photo © André Morin · Collection Groningen Museum

Page 34
Hussein Chalayan · *Airmail dresses* · Photo © Galerist Istanbul

Page 35
Hussein Chalayan · *Anaesthetics* · 2004
Film DVD couleur et son PAL
Collection Musée d'Art Moderne Grand-Duc Jean, Mudam, Luxembourg
Ecrit et dirigé par Hussein Chalayan
Actrice : Bennu Gerede · Compositeur : Jean Paul Dessy
Durée : 22 min., 22 sec.
Photo © Mudam

Page 36-41
Jeff Burton & Jean Colonna · 2001
· *Sharon with panda*
· *kneeling on beige*
· *red velvet door with handmarks*
· *nude girl laughing*
· *Sharon's legs in colonna*
· *five 'til twelve*
· *untitled*
117 diapositives 35 mm · Durée : 25 min., 32 sec. · Ed. 1/3
Commande pour le Festival d'Hyères 2001
Coproduction Villa Noailles-Festival International des arts de la mode Hyères/
Fondation Musée d'Art Moderne Grand-Duc Jean, Mudam, Luxembourg
Collection Musée d'Art Moderne Grand-Duc Jean, Mudam, Luxembourg.
Sélection et ordre de présentation : Jeff Burton · Photo © Jeff Burton

Page 42 et 44/45
Hiroaki Ohya · *The Wizard of Jeanz* · 2001
Livres-vêtements en 21 volumes · Ed. 5/50
Collection Musée d'Art Moderne Grand-Duc Jean, Mudam, Luxembourg
Photo © Rémi Villaggi

Page 43
Hiroaki Ohya · *The Wizard of Jeanz* · 2001
Collection Mudam · Photo © André Morin

Page 46/47
Maison Martin Margiela · *Création originale* · 2007 · Photo © André Morin

Page 48-53
Maison Martin Margiela · *Projet installation* (détail)
pour Dysfashional · Photo © Maison Martin Margiela

Page 54/55
Maison Martin Margiela
· *Veste faite de sacs de voyages en nylon* · P/E 2007
· *Veste faite à partir de sandales* · P/E 2006
· *Gilet fait à partir de baskets en toile* · P/E 2007
· *Trench coat fait à partir d'anciens sacs en coton* · P/E 2007
· *Blouse faite à partir de robes de fillettes* · A/H 2006-2007
Photos © Marina Faust

Page 56/57
Antonio Marras · *Le Orfanelle* · 2004
Courtesy Antonio Marras · Photo © André Morin

Page 58/59
Antonio Marras
· *Il sale* · 1996
Image du deuxième défilé de la marque Antonio Marras. Cape composées de tissus
multiples avec plusieurs interventions de peinture à la main.
· *Fogu, Fogu* · 1996
Image du premier défilé de la marque Antonio Marras (collection Haute Couture
présentée à Rome en Juillet 1996). Les mannequins portent des jupes réalisées
à partir de pantalons masculins vintage, avec une traîne composée de morceaux
d'étoffes peintes à la main et dentelles.
Courtesy Antonio Marras

Page 60-63
Grit & Jerszy Seymour · *T-A-P-E* · 2003 · Photo © André Morin

Page 64/65
Nick Knight, SHOWstudio · *Anechoic* · 2006
Zora Star porte un boa de plume par Undercover et est filmée au National
Physical Laboratory de Teddington. Elle est coiffée par Sam McKnight de
Premier, et maquillée par Makky de Streeters.
Image courtesy of SHOWstudio

Page 66/67
Nick Knight, SHOWstudio · *Anechoic* · 2006
Zora Star porte un top de Maison Martin Margiela, et est filmée au National
Physical Laboratory de Teddington. Elle est coiffée par Sam McKnight de
Premier, et maquillée par Makky de Streeters.
Image courtesy of SHOWstudio

Page 68/70
Raf Simons · *Repeat* · 1995-2005 exhibition
Collection Fondazione Pitti Discovery
Photo © Francesco Guazzelli · Photo © André Morin

Page 71
Raf Simons
· *Collection P/E* · 2003 · Photo © firstview.com
· *Collection A/H* · 2003-2004
· *Collection A/H* · 2007-2008
· *Collection A/H* · 2007-2008 · Photo © Etienne Tordoir

Page 72-75
Sissel Tolaas · *The In-Betweens* · Photo © André Morin

Page 76/78
Gaspard Yurkievich · *Cubismes* · 2003
Commande pour le festival d'Hyères
Sur une idée plastique et chorégraphique de Olivier Casamayou & Carine Charaire
Réalisation B-DREI · Mise en musique Dani Siciliano
Coproduction : Villa Noailles - festival international des arts de la mode Hyères /
Fondation Musée d'Art Moderne Grand-Duc Jean, Mudam Luxembourg
Photo © Joel Tettamanti · Photo © André Morin

Page 79
Gaspard Yurkievich · *Collection homme A/H* · 2007-2008
Photo © Alfredo Salazar

Page 80-83
Gaspard Yurkievich · *Peau d'housse* · 2001 · Photo © Michel Mallard

Page 84
Photo © André Morin

Page 85-89
Photo © Christian Mosar

Page 90
Chorégraphe Marco Berrettini · *Turn things Upside down*
Interprète Lucie Eidenbenz et Alexandre Doublet
Musique de Robert Wyatt « Turn Things Upside Down »
(JB Glasier/Mat Fox) de la compilation Flotsam Jet sam
Vêtements de Givenchy
Extraits de la vidéo de Sophie Laly
Commande de Luca Marchetti et Emanuele Quinz pour Dysfashional
Production anomos / mosign / Luxembourg et Grande Région, Capitale
européenne de la Culture 2007

Page 91
Chorégraphe Fanny de Chaillé · *Underwear (solo)*
Interprète Jérôme Andrieu
Echarpe d'Ann Demeulemeester
Extraits de la vidéo de Sophie Laly
Commande de Luca Marchetti et Emanuele Quinz pour Dysfashional
Production anomos / mosign / Luxembourg et Grande Région, Capitale
européenne de la Culture 2007

Page 92
Chorégraphe et interprète Maria-Clara Villa Lobos · *Dysfunctional*
Musique : Doris Day « whatever will be will be », et Peaches
« Shake yer dix »
Montage sonore: Gaetan Bulourde
Vêtements de Walter Van Beirendonck
réalisés pour le spectacle« Not strictly Rubens » du Ballet de Flandres.
Extraits de la vidéo de Sophie Laly
Commande de Luca Marchetti et Emanuele Quinz pour Dysfashional
Production anomos / mosign / Luxembourg et Grande Région, Capitale
européenne de la Culture 2007

Page 93
Chorégraphe Damien Jalet · *Venus in furs*
Interprète Alexandra Gilbert
Musique originale de Christian Fennesz
Vêtements d'Undercover Jun Takahashi
avec des remerciements à Hiromi Otsuka, Ulrika Kinn Svensson, Pierre Debroux,
Sidi Larbi Cherkaoui et Le Musee d'Afrique de Tervuren.
Extraits de la vidéo de Sophie Laly
Commande de Luca Marchetti et Emanuele Quinz pour Dysfashional
Production anomos / mosign / Luxembourg et Grande Région, Capitale
européenne de la Culture 2007

Page 94
Chorégraphie et interprétation Jennifer Lacey · *Tall*
Styliste interprete Sandra Berrebi
Son : Jennifer Lacey
Vetement de Christian Wijnants, Fabrics Interseason, Romain Kremer, Andrea
Crews, Fade, Paule Ka, Maurizio Galante, House of the very island, Veronique
Branquinho, Stanlowa, Lanvin, Wolford (en collaboration avec Sandra Berrebi)
Accessoires : Sandra Berrebi
Extraits de la vidéo de Sophie Laly
Commande de Luca Marchetti et Emanuele Quinz pour Dysfashional
Production anomos / mosign / Luxembourg et Grande Région, Capitale
européenne de la Culture 2007

Page 95
Photo © Christian Mosar

Page 96/97
Para-Site · 2007 · Photo © André Morin

Page 99-101
BLESS · *Wallscapes* · 2007
Photos d'appartements luxembourgeois marouflées sur structure en bois.
Photo © BLESS

Page 102/103
· *Para-Site* · 2007 · Photo © André Morin

Page 104/105
BLESS
· *N°00 fur wig* · 1997
· *N°26 cable jewellery, multicolored bangles* · 2005
· *N°28 climate confusion assistance, transparent waistcoat* · 2006
· *Collection n°31 Ohyescoolgreat*
Photo © Andreas Schlegel

Page 106
Nino Chubinishvili · *Black Angel* · 2006 · Courtesy Nino Chubinishvili

Page 107
Fabrice Laroche · *Sans titre* · Photo © Fabrice Laroche

Page 108
Anne Marie Herckes · *Brooch Coco, Marlon et Karl* · 2007
Photo © Anne Marie Herckes

Page 109
Veronique Mersch · *Papierkleid* · 2007 · Photo © Veronique Mersch

Page 110
Leyla Piedayesh · *Triangle Cashmere* · 2007 · Photo © Leyla Piedayesh

Page 111
Alfredo Piola · *Sans titre* · Photo © Alfredo Piola

Page 112/113
Ben Hassett · *Sans titre* · Photo © Ben Hassett

Page 114/115
Justin Morin · *Sweethurt necklace* · 2006
Pendentif en émaux de Longwy · Photo © Sarah Maurer

Page 116
Cem Bora · *Sans titre* · Photo © Cem Bora

Page 117
Elise Magne · *La doudoune* · 2006 · Photo © Elise Magne

Page 118/119
Samuel François · *We are not from the ghetto* · 2005-2007
Photo © Samuel François

Page 120/121
Marianne Stoll · *Underwear* · Photo © Marianne Stoll

Page 122/123
Sarah Maurer · *Stéphanie* · 2006 · *Milena* · 2006 · *Jan* · 2006
· *Nicola & Rainer & Fynn* · *Oliver* · 2006 · *Sandro & David*
Photo © Sarah Maurer

Page 124/125
Wilhelm Beestermöller · *Sans titre* · Photo © Wilhelm Beestermöller

Page 126
François Cadière · *Faila* · Photo © François Cadière

Page 127
· *Para-Site* · Photo © André Morin

Page 128
Courtesy Hermès

Page 130/131
· *Lounges* · Photo © André Morin

Page 132
You Wear it Well a été montré :
CineSpace · Los Angeles · Août 2006
The Supper Club · San Francisco · Août 2006
Copenhagen Fashion Week · Copenhague · Août 2006
Modenatie · Anvers · 3 semaines en Septembre
Guggenheim Bilbao/Zinebi · Bilbao, Espagne · Novembre 2006
Mid_E festival · San Sebastien, Espagne · Décembre 2006
Cornell Cinema/Cornell University, NYC · Février 2007
Allmänna Galleriet 925 · Stockholm · Février à Mars 2007
Dysfashional · Luxembourg · Avril/Mai 2007
Festival d'Hyères 2007 · Avril à Juin 2007
Loop Festival, Santa Mònica Art Center · Barcelone · Samedi 26 Mai
7 Festival for fashion and photography · Vienne · Juin 2007
Arnhem Fashion Biennale · Juin 2007
Berlin Fashion Week/Ideal · 13 juillet 2007 (dernière projection
de la première édition de *You Wear it Well*)

Page 133
Alexander McQueen, Nick Knight, SHOWstudio
· *The Bridegroom Stripped Bare* de Alexander McQueen,
extrait de *Transformer* · 2002 · Courstesy SHOWstudio

Page 135
Ari Versluis · Photo extraite de *Silvain Fuckin'Hostile*
Marcelo Krasilcic · Photo extraite de *Myself* – Chloe
Jeremy Scott · Photo extraite de *Starring*
Ruben Toledo · Photo extraite de *Fashionation*

Nigel Buck, Nick Knight, SHOWstudio · Extraits du film de Nigel Buck,
part de *Editing Fashion* · Captures écran réalisées par Nick Knight · 2005
Courtesy SHOWstudio

Page 136/137
Julie Nioche · *Three girl's matter* · 2007 · Photo © Patrick Imbert

Page 138-140
Jérôme Bel · *Shirtologie* · 1997 · Photo © Herman Sorgeloos

Page 141
Christian Rizzo, Caty Olive · *100% polyester (Objet dansant à définir n°...)*
Photo © Caty Olive / L'Association Fragile

Page 142/143
Photo © Andres Lejona
Courtesy Colophon

Cet ouvrage paraît à l'occasion de:
Luxembourg et Grande Région, Capitale européenne de la Culture 2007
9 décembre 2006 –8 décembre 2007

Dysfashional
21 avril - 27 mai 2007
Rotonde1, Luxembourg

Avec:
Jean Colonna & Jeff Burton, Hussein Chalayan, Maison Martin Margiela,
Antonio Marras, Hiroaki Ohya, Grit & Jerszy Seymour, SHOWstudio, Raf
Simons, Sissel Tolaas, Gaspard Yurkievich.

PS.
Architecture: Philippe Rahm
Régie: Sylvain Giraudeau
Lumières : Jean-Michel Hugo / Son : Romain Kronenberg
Vidéo: Sophie Laly
Chorégraphie: Marco Berrettini, Fanny de Chaillé, Damien Jalet, Jennifer
Lacey, Maria-Clara Villa-Lobos / Avec Lucie Eidenbenz, Alexandre Doublet ,
Alexandra Gilbert, Jerôme Andrieu et Sandra Berrebi
Vêtements: Givenchy, Ann Demeulemeester, Undercover, Christian Wijnants,
Fabrics Interseason, Romain Kremer. Andrea Crews, Fade., Wolford, house of
the very island, Paule ka, Maurizio Galante, Véronique Branquinho, Stanlowa,
Lanvin et Walter Van Beirendonck.
Administration: Michel Repellin, Cécile Brazilier. En coproduction avec
Anomos.

PARA-SITE
Architecture: BLESS
Direction artistique: Lil Schlichting-Stegemann et mosign
Web: Daniel Stegemann - www.parasite-project.com
Avec: Wilhelm Beestermöller, Cem Bora, François Cadiere, Nino Chubinishvili,
Samuel François, Ben Hassett, Anne-Marie Herckes, Fabrice Laroche, Elise
Magne, Sarah Maurer, Véronique Mersch, Justin Morin, Leyla Piedayesh,
Alfredo Piola, Marianne Stoll.

LOUNGES
Design: Tony Lemâle
Vidéos: Programmation You Wear It Well (Diane Pernet, Dino Dinco), Julie
Nioche, Jerôme Bel, Christian Rizzo & Caty Olive.
Avec la collaboration de Colophon 2007.

Commissaires:
Luca Marchetti, Emanuele Quinz - mosign
Chargée de projet: Tiphaine Giry
Chargée de production: Elise Magne
Directeur technique: Xavier Hervouet

**Equipe Luxembourg et Grande Région,
Capitale européenne de la Culture 2007**
Coordinateur Général: Robert Garcia
Coordinatrice Générale adjointe: Nancy Braun
Coordinateur projets socio-culturels : Steph Meyers
**Responsable projets art contemporain, coordinatrice projet
Dysfashional:** Laurence Dalloz
Responsable communication: Valérie Quilez
Médiation : Sophie Fauvel

Presse et Communication
Italie: Carlo Simula
France et International: Claudine Colin Communication (Paris).

Conception Graphique:
BaseDESIGN
e: basebru@basedesign.com
w: www.basedesign.com

Coordination éditoriale:
Pierre Lefèvre, Luca Marchetti, Emanuele Quinz, Valérie Quilez, Laurence Dalloz

Traductions:
Birgit Lemaire-Pohland, Wesley Trobaugh, Taal Ad Visie

Textes:
Alberto Abruzzese, Marie-Claude Beaud, Laurent Goumarre, Luca Marchetti,
Emanuele Quinz, Olivier Saillard, Justin Morin (interviews des artistes et
présentations des projets)

Édition:
Bom Publishers
e: bom@bompublishers.com
w: www.bompublishers.com

Distribution:
Actar D
Roca i Batlle 2-4
08023 Barcelone - Espagne
t: +34934187759
f: +34934186707
e: office@actar-d.com
w: www.actar-d.com
Actar D NY
158 Lafayette St.
New York, NY 10013
e: officeusa@actar-d.com

Impression:
Ingoprint
Barcelone - Espagne

ISBN 978-84-935844-0-5

Dépôt légal:
B-30921/07
© de l'édition, BOM Publishers
© des images et des textes, leurs auteurs respectifs

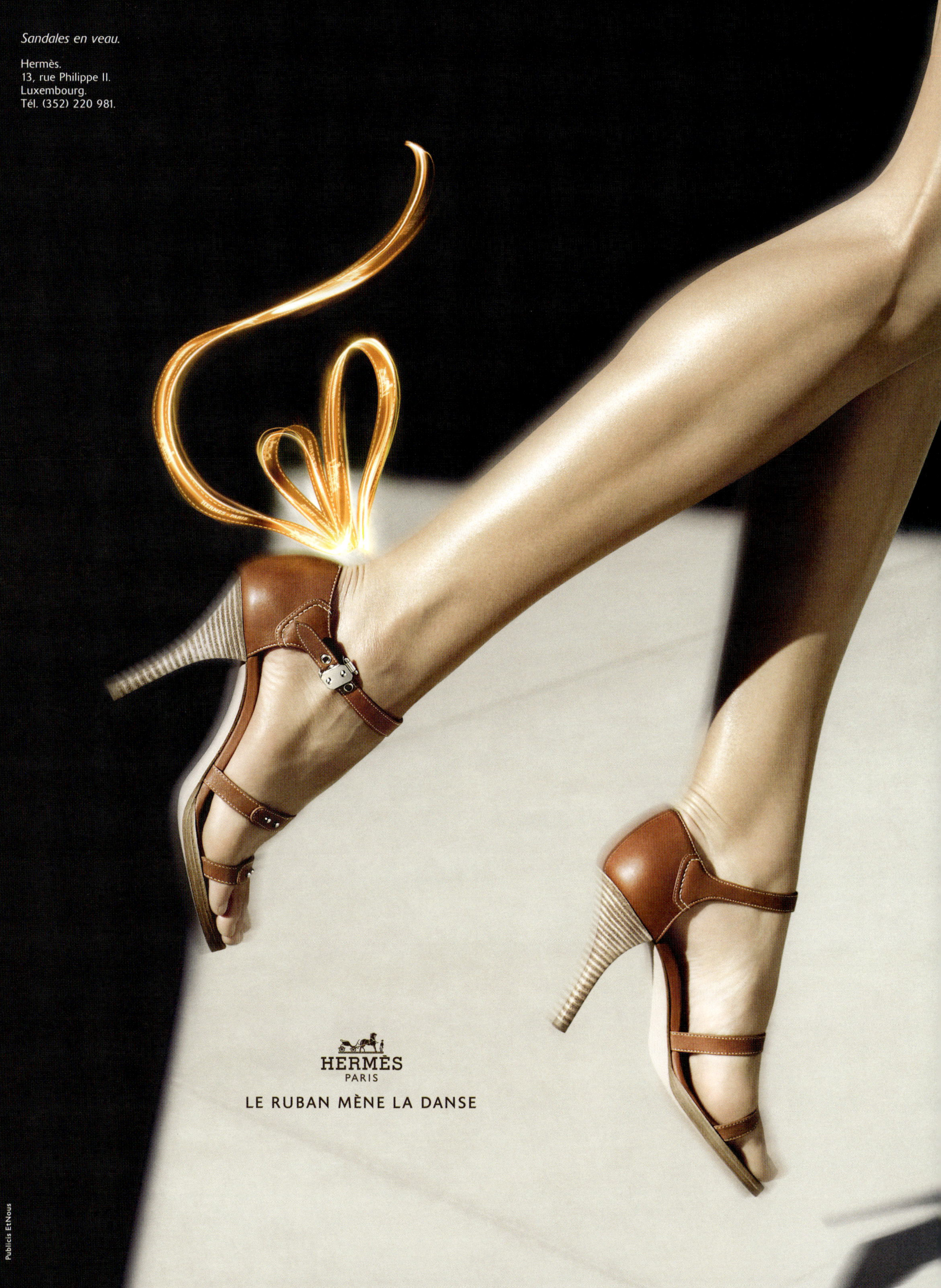

Sandales en veau.

Hermès.
13, rue Philippe II.
Luxembourg.
Tél. (352) 220 981.

HERMÈS
PARIS

LE RUBAN MÈNE LA DANSE

Publicis EtNous

Remerciements

Nous tenons à remercier l'ensemble des prêteurs et tous ceux qui ont contribué à la bonne réalisation de ce projet.

Le conseil d'administration de Luxembourg et Grande Région, Capitale européenne de la Culture 2007:
M. Guy Dockendorf - Président
 M. Georges Fondeur - Vice-président
Membres: Marco Battistella ; Jean Claude Felten ; Robert Philippart ; Christiane Sietzen ; Jean-Marie Haensel ; Alphonse Cruchten ; George Santer ; Jean Reitz ; Georges Metz ; Roland Pinnel ; John Schadeck.

Les partenaires institutionnels de Luxembourg et Grande Région, Capitale européenne de la Culture 2007:
Le gouvernement du Grand-Duché du Luxembourg
Le Ministère de la Culture, de l'Enseignement supérieur et de la Recherche
La Ville de Luxembourg
L'Union Européenne.

Les partenaires privés de Luxembourg et Grande Région, Capitale européenne de la Culture 2007:
Arcelor Mittal, IDS, P&T (partenaires exclusifs) ; PriceWaterhouse Coopers (partenaire thématique « migrations ») ; BCEE, CFL, SES (partenaires officiels) ; Banque Degroof (ami 2007) ; Accor, Bofferding, caves CMC Mathias, Dete publicité, Les domaines de Vinsmoselle, Imprimerie Centrale, Rosport, Villeroy & Boch (fournisseurs officiels)

Les Prêteurs:
MUDAM, Luxembourg, Musée d'Art Moderne Grand-Duc Jean
Groninger Museum, Groningen
Fondazione Pitti Immagine Discovery, Florence

La production de Sissel Tolaas a été réalisée en partenariat avec IFF International Flavors & Fragrances Inc. New York.

Les commissaires remercient Pamela Sticht, sans qui ce projet n'aurait pas eu lieu.

Marie-Claude Beaud, Björn Dalhström, Clément Minighetti, David Brognon, Anna Loporcaro, Valerio D'Alimonte (MUDAM) ; Patrick Scallon, Alice LeFlohic, Camille Martinez, Emilie Thang, Laurent Edmond (Maison Martin Margiela) ; Christine Beinemeier, Nadège Baudon (BLESS); Delphine Quoi, Anita Houede (Hermès) ; Penny Martin, Ross Phillips (SHOWstudio) ; Robbie Snelders (Raf Simons) ; Guido (Gaspard Yurkievich), Jürgen Voss ; Milly Patrzalek (Hussein Chalayan) ; Burcu Gökçek (Galerist Istanbul); Elena Paganini (Antonio Marras) ; Mike Koedinger ; Denis Laurent, Francine Pairon (Institut Français de la Mode, Paris) ; Jean-Pierre Blanc, Stéphane Boudin-Lestienne (Villa Noailles, Hyères) ; Claus Estermann ; Jonathan Ferrari, Nathalie Moussier (ARTLIST Paris) ; Philippe Gallowich (BaseDESIGN) ; Antoine Asseraf ; Irene d'Agostino ; Samuel François ; Anne-Marie Herckès ; La Ménagerie de Verre (Paris) ; Centre National de la Danse (Paris) ; Hiromi Otsuka (Undercover) ; Christian Fennesz ; Jean-Baptiste Dumon ; Christophe Carassus ; Lorraine Motte ; Emile Abinal ; Valérie Châtelet ; Audrey Bartis ; Sandro Grando (Association R.B. / Jérôme Bel) ; Anna Quinz ; Pierre Tzenkoff ; Virginie Mira ; Gilbert Brownstone et Samantha Barroero (Brownstone Foundation); Emmanuel de Bayser (The Corner Berlin) ; Cristina Parma-Djermakoye ; José Teunissen (ARTez) ; Vidya Narine (Rendez-Vous Paris) ; Isabelle Thibault ; Thierry Rondonot et Hervé Yvrenogeau (OWN) ; Danièle Wagener, Gisèle Reuter (Musée d'Histoire de la Ville de Luxembourg) ; Pierre Bourrier, Bruno Theret (Arcelor), Yves Nacher, Max Moulin (Cultures France) Catherine Crosnier, Mathieu Duchêne (Ambassade de France à Luxembourg), Etablissements Wallerich, Inglange, Prop'House, Luxembourg

mosign
75 rue Caulaincourt F-75018 Paris
w: www.mosign.fr

@2007 Luxembourg et Grande Région, Capitale européenne de la Culture 2007, Books on the Move Publishers

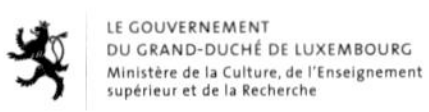

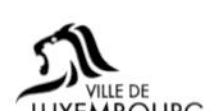

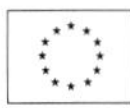

partenaire thématique «migrations»

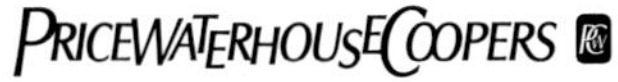

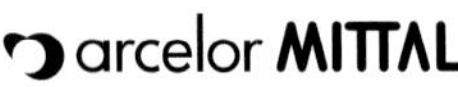

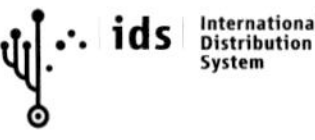

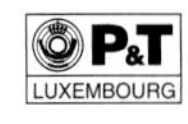

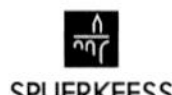

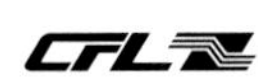

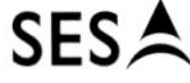

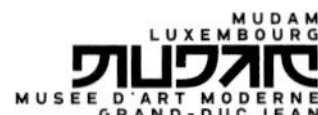